医药新营销

制药企业、医药商业企业营销模式转型

史立臣◎著

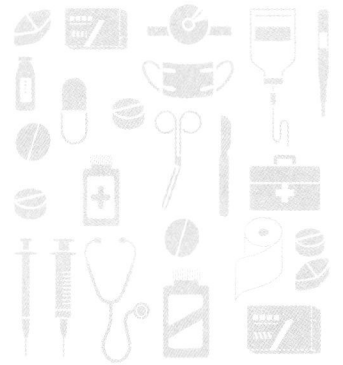

企业管理出版社

ENTERPRISE MANAGEMENT PUBLISHING HOUSE

图书在版编目（CIP）数据

医药新营销：制药企业、医药商业企业营销模式转型/史立臣著.—北京：企业管理出版社，2017.9

ISBN 978-7-5164-1579-5

Ⅰ.①医… Ⅱ.①史… Ⅲ.①制药工业－工业企业－营销模式－研究－中国 Ⅳ.①F426.77

中国版本图书馆 CIP 数据核字（2017）第 207764 号

书　　名：医药新营销：制药企业、医药商业企业营销模式转型

作　　者：史立臣

责任编辑：张　平　程静涵

书　　号：ISBN 978-7-5164-1579-5

出版发行：企业管理出版社

地　　址：北京市海淀区紫竹院南路 17 号　邮编：100048

网　　址：http：//www. emph. cn

电　　话：编辑部（010）68701638　发行部（010）68701816

电子信箱：qyglcbs@ emph. cn

印　　刷：北京旭丰源印刷技术有限公司

经　　销：新华书店

规　　格：145 毫米×210 毫米　32 开本　9.875 印张　222 千字

版　　次：2017 年 9 月第 1 版　　2017 年 9 月第 1 次印刷

定　　价：98.00 元

国家两票制、94 号文件、反商业贿赂，三医联动、国家药物目录、金税三期国家相关政策，将彻底颠覆医药行业购销结构。

两票制将在医药流通领域逐步实施，制药企业原有的渠道结构将因为两票制被最大幅度的压缩，就是从原有的多层级商业渠道结构变为单一层级的渠道结构。

由于新的商业结构建立需要时间，医药行业将进入较为混乱的时期，这是一个巨大的商业机会。

在国家诸多政策强势推行下，医药行业原有传统商业结构将逐步被摧毁，医药市场、器械市场等都将重新布局商业结构，医药行业各种商业要素将在政策牵引下重新组合。目前，医药、器械、耗材等共有约 3 万亿元的市场盘子，这给具有创新思维和创新模式的企业带来巨大的运作空间。

中国有将近 5000 家制药企业，但仅有 300 多家在市场上有真正的自营队伍，还有4600多家以代理模式为主的制药企业没有自营队伍，随着两票制、94号文件等政策的推行，无自营队伍的制药企业营销将陷入难以为继的状态。新的业态，新的经营模式将会出现，而且，由于政策的落地和制药企业的极度需求，新经营模式将会快速发展。

中国约有13000多家医药商业企业，配送、流通、纯销、挂靠、走票等经营模式同时存在，但随着两票制在医药流通领域的逐步实施，大量的中间医药商业机构会被驱逐出医药流通领域。

未来几年，医药商业市场将被细分为：配送型商业、市场运作型商业、纯销型商业。

国药控股、华润、九州通和盘踞在各省的原有省医药公司和地方医药商业公司可以承接配送工作。

盘踞在区县的小型纯销商业可以完成区域的销售工作。

但目前业内没有一家全国性的市场运作型商业。这就给医药行业企业一个巨大的想象空间，一个巨大的创新空间。

由于两票制实施，4400多家无自营队伍的制药企业原有渠道结构由于商业体系的混乱难以为继，各个区域销售量已经无法保证。

大量的医药商业企业由于无法获得配送权，自身做市场又没有专业的学术能力，仅依靠OTC、诊所和民营医院业务量已经无法满足生存要求。

医药商业领域整合现在基本停滞，因为医药商业领域的企业存在诸多挂靠、过票、虚开发票等被定性为违规的历史行为存在，这样就导致整合商业企业可能背负上财税风险。目前已经有很多家商业企业因为挂靠、过票、虚开发票等历史违规行为被查出。

制药企业营销的需求、大量医药商业企业的无法生存和医药商业整合几乎停滞,这种现状造成了医药购销领域双重矛盾,这就需要新的模式和新的业态来跟随国家政策构建新型的医药商业结构,以满足制药企业营销需求、医疗机构用药需求、纯销企业的产品需求、市场学术需求和配送商业的市场学术需求。

笔者从有自营队伍的制药企业、以代理模式为主的制药企业、各种类型的商业企业的营销转型,进行了系统的分析并提供了一些切实可行的解决方案。希望能帮助一些医药企业在营销层面获得转型和重构的借鉴。

但是,需要明确的是,现在很多制药企业和医药商业企业的决策层都还拘泥于传统的经营思路和经营惯性,大量的企业得过且过。

在现行的医药行业政策下,如果企业没有危机感,没有坚持不懈转型的意志力,是很难在营销上有所建树的。

而现在的医药企业营销转型,最大的借力是资源整合。所以,借助外力和整合外力,可能是医药企业营销获得助力并转型成功的关键。

最后,我希望更多的医药企业成为新医药经济环境下的可持续发展者,不管是"剩者为王",还是"胜者为王",关键是先生存后发展。

导 读

第一章
医药营销行业
政策大势观澜

一、医药产业链价值将加速重组

2015—2016 年，既是国家政策集中发布的两年，也是医药行业加速重组的两年。这两年，将深刻影响中国医药行业未来5～10 年的发展。

1. 医药行业

化学药：数量剧减。

仿制药一致性评价，会导致化学仿制药数量减少，以生产和经营化学仿制药的药企数量也会减少。

生物药：任重而道远。

包含细菌类疫苗（含类毒素）、病毒类疫苗、抗毒素及抗血清、血液制品、细胞因子、生长因子、酶、体内体外诊断制品，以及其他生物活性制剂：如毒素、抗原、变态反应原、单克隆抗体、抗原抗体复合物、免疫调节及微生态制剂等。

生物药具有投资周期长、资金需求量大、风险高的特点，这导致一些资本已经从短期炒作概念无法持续获益后开始撤退，投资热情降低。

中药：企业淘汰率加大，未来品种数量降低。

药占比推行、辅助药限制，导致医疗结构使用中药数量降低，国家《中医药发展战略规划纲要（2016—2030）》已经把中药明确为"重大疾病治疗中的协同作用"，从而把中药从治疗主品中剔除，未来1年内可能执行的中药上市后临床再评价会让现有在销的中药数量急剧降低，频发的中药质量问题，让中国人对国产中药信心降低。所以，未来几年中药会处于非常艰难的时期。

医疗器械：淘汰一批。

国家食药监总局将通过"废止一批、转化一批、整合一批、修订一批"的方式重新修订医疗器械行业标准，这会让大批的医疗器械企业失去经营资质。

医药流通：狼来了，狠招来了，很多都会死了。

"两票制"、营改增，以及第三方医药物流审批放开，允许邮政，快递进入医药流通行业。

医疗行业：再也不是医药行业的温床。

分级诊疗、公立医院改革、零差价药品销售、"莆田系"医院引发的魏则西事件等，都将加速医疗行业的整合，同时也会对医药行业产生深远的影响。

价值链重组会让未来医药行业出现全新的产业模式。现在的医药行业价值链是直线型的，即原材料→生产→流通→终端→消费者。这种直线型的产业链通过层层加价的方式获取利润，结果导致药品价格虚高，国家政策频出的初衷也是从价值链上减少流通环节、降低药价。

未来随着国家政策的导向性、互联网＋的发展、医药行业的资源重构、医疗机构的整合及消费者需求的变化等，将会形成医药行业多链条网状产业结构。

2. 多链条网状产业结构

未来，药企会更加注重消费者的真实需求，尤其是在健康管理、疾病康复、养生养老等领域，将构建起较大的产品群，并根据消费者需求提供相应的产品和服务（保健品、家用器械、营养补充剂、医疗信息、健康指导、疾病康复解决方案、养生指导等），而这些产品和服务，都是围绕消费者疾病保健构建而成的产品群。

未来药企会通过多种平台：自建平台、第三方平台、医疗机构平台等为消费者提供产品和服务，并与消费者保持畅通的互动。

未来的药企不会再仅仅关注医生和药店，更会关注消费者，通过对某一类或某几类疾病筛选出消费者目标群体，为之提供专业、系统的产品和服务，拥有规模较大的忠于药企品牌的消费者群体。

多链条网状产业结构是未来医药行业价值链重组的重要方向，并容易形成行业壁垒。

现需要明晰的是，未来构建多链条网状产业结构的药企，不要陷入重资产的陷阱，而是要走"轻资产路线"，要从制造类企业或流通类企业向平台类企业转型。

其实平台经营模式就是把药企定位从单一的药品生产营销向多方位扩展：从关注药品经营向关注医生、患者、政府、医院、社区门诊和网上第三方平台转变。就是从单一的价值链，向以患者或以医生为核心的价值圈的搭建转变：

一是以医生为核心，主要是以医院为主要销售渠道的治疗性药品，这类药品主要依靠医生开具处方形成销售。当然，这个医生可能要分为五大类：公立医院医生、民营医院医生、门诊医生、社区医生和药店坐堂医。

针对不同的医生，药企提供的产品、服务是不同的，品牌价值也会不同。所以，在药企制定战略时，根据服务的医生不同，要构建不同的经营模式。

比如医院医生，可能更需要的是全球的某类疾病的治疗信息，消费者用药数据，而基层的医生可能更需要全科教育基础培训。

那么药企就可以通过多种渠道，为医生提供药品以外的差异化的服务。比如通过政府机构对基层医生展开相关的培训服务；通过第三方网络平台或者自建网络平台为医生提供长期的信息、培训和数据等服务，从而强化医生对本企业产品和品牌的认知度，增强黏性。

药企在为医生提供更多服务的同时，会需要相关数据、研发机构、第三方平台、专业培训机构，甚至需要其他药企的产品或服务等，这样，药企其实就开始构建了平台型经营模式。药企构建平台式经营模式其实是为了给医生群体提供更多的专业服务，更是为了形成竞争壁垒。

二是以消费者为核心，主要是很多成熟品种，依靠老的营销手段，比如药店促销，意义已经不大，这就要考虑消费者用药的真正需求是什么。

对消费者来说，发热感冒的药品需求是偶发性的，基本上消费者更认准药品的品牌。而对一些慢性病消费者来说，除了品牌认知外，可能更会考虑药企的专业性程度，比如痔疮患者用药上会考虑某品牌，因为消费者认为某品牌是痔疮治疗专家，那么该品牌可以凭借消费者对其的专业性认知，构建系列的针对痔疮护理的产品群，从而满足更多消费者的实际疾病需求。

当然，药企的产品群构建可能自身产出无法满足，那么，就通过合作方式，增加新的合作伙伴，就上述案例来说，可以与护理产品生产企业合作，开发为痔疮患者护理更为便捷的产品。

这样，面对消费者，药企也会形成平台型经营模式，但针对消费者的平台型经营模式可能比医生更为复杂，但市场也会更大。

在平台型经营模式中，会形成多种新颖的经营模式。笔者认为，平台型经营模式其实是多种经营模式的交汇点，主要是形成网状的多模式结构，最终强化药企自身经营模式。

比如药企构建起某种疾病的专家形象，就会形成消费者、医生、合作企业、政府机构和相关协会等多利益群体的价值圈。平衡价值圈诸多点的利益，通过一系列策略满足诸多点的需求，获得其为需求支付的价格，就会形成药企的无与伦比的结构性竞争格局。

所以，药企平台式经营模式在未来肯定是药企新经营模式的基础，脱离这个基础的所谓新经营模式都可谓是虚妄无果。

二、2017 年医药营销会呈现哪些态势

2016 年，是政策大年。

在医药行业，没有哪个年份下发如此多的政策文件。据统计，2016 年，国家层面和各省下发了约 1400 个政策文件，而这些政策文件基本在 2017 年要推行。大量行业政策的推行，导致 2017 年医药行业处于商业基础框架几乎处于崩溃的边缘。

对制药企业来说，原有代理制为主的营销模式不再适用。由于"两票制"的推行，制药企业面临非常严重的应收账款的风险。

对医药商业企业来说，多层级的商业机构被政策强制性压缩为一层结构，众多医药商业企业面临被压缩，被淘汰的风险。

笔者认为，2017 年医药行业的营销状况会呈现以下态势：

1. 控销模式将面临巨大的政策压力

控销模式在 2017 年的 94 号文件、"两票制"和营改增政策下，面临崩溃的风险。

以控销为主要模式的制药企业或商业企业，面对通过大包模式形成的庞大自然人群体，由于无法在新政策环境下给予其合规的药品经营身份，这些自然人面临被其他药企收编，或者放弃医药行业转行。

而"两票制"也让原来自然人通过挂靠、走票等模式成为不可能，这也让庞大的医药自然人群体无法再通过多层级商业返现的方式获得分配结构中的个体收益。

2. 有自营队伍的制药企业优势开始体现

目前，中国 4700 多家制药企业中，有自营队伍的企业 300 多家，这些有自营队伍的制药企业因为有团队在市场上运作，可以根据自身区域的商业实际情况调整渠道结构，更多的和纯销商业或者配送商业对接，较快的构建新型的渠道商业结构。

同时，有自营队伍的制药企业可以通过对代理模式的竞争对手进行市场调查，根据竞争对手的商业机构混乱状态，调整竞争策略，获取更多的市场份额。

3. 没有自营队伍、以代理模式为主的制药企业会在商业结构变迁中面临更大经营风险

没有自营队伍的制药企业，基本是通过代理模式运作的，很多制药企业不会直接接触市场，而是把市场工作、销售工作全部交给代理商，全权让代理商完成药品市场经营工作。

2017 年，大量的代理商面临失业问题，制药企业应收风险会急剧加大。由于"两票制"的实施，代理模式的制药企业会依赖原有的商业结构运作，而原有的商业可能因为缺少纯销，将最后一票导向更多的制药企业不熟悉的下层级商业，下层级商业因为没有和代理模式的制药企业直接构建合作关系，而对其产品、应收账款不负责任。

4. 大量的洗钱公司会出现

现有政策条件下，很多制药企业的高开高返的佣金制模式出现巨大的财务风险，于是制药企业会怂恿大量商业公司注册咨询公司、科技公司和商贸公司等"洗钱公司"。

在"两票制"、94 号文件和营改增政策下，高开高返的佣金模式会出现较大的问题，尤其是营改增，让很多票据无所遁

形，再通过购买假发票入场返还商业公司或者自然人佣金的方式不再具有可行性。为了转嫁财务风险，制药企业会怂恿一些商业公司或者自然人通过大量注册咨询公司、科技公司、商贸公司等方式进行洗钱，这样即使出现问题，也不是制药企业的问题。

而商业公司或自然人想获得高返的佣金收入，在被逼无奈或者茫然不知的情况下，去注册咨询公司、科技公司、商贸公司，为制药企业承担洗钱风险。

这些洗钱公司基本都是打着虚假的 CSO 名义，会制造一份份虚假的咨询合同、市场调研合同、会议合同等，用这些合同获得制药企业的返还佣金。

通过这些虚假合同返还的佣金，怎样从洗钱公司中合法的拿出，会让注册洗钱的商业公司或自然人更加焦头烂额。

估计到 2017 年下半年，就会有"洗钱公司"开始被查出，注册法人和洗钱当事人会被刑事问责。

5. 医院各层级的灰色部分会成为医药企业最沉重的负担

一般在非医疗机构市场，比如药店、诊所、民营医院，需要灰色贿赂才能形成大量药品销售的情况很少见。但是在医疗机构，由于原有的医疗体系变革进展缓慢、医生收受贿赂的积习没有改变、国家对治理医生收受灰色收入的法则力度不够，所以即使药品零差价销售和药占比实施，不合规的医生还是会从各种灵活渠道获得药品开具的灰色收入。

而制药企业或者医药商业企业在无可奈何和强大的高压政策下，还是会给予不合规医生药品提成。这些药品提成，在营改增境况下，会让制药企业或医药商业企业背上更为沉重的财务负担，也会面临更沉重的法律风险。

6. 虚拟商业会大量出现

由于"两票制"，很多没有纯销的医药商业企业不会出现在医药票据体系内，而是成为操控医药票据的外部力量。

但是，由于很多制药企业难以直接接触到开具一票的纯销商业或者配送商业，还要依靠这些上游商业公司运作其市场，而这些上游商业就会成为虚拟商业。

虚拟商业不会在医药票据体系内现身，但他们掌控着制药企业的市场，制药企业难以脱离他们，所以他们还是制药企业的区域合作伙伴。尤其是省级合作伙伴，但这些合作伙伴在医药票据体系内呈现虚化。

笔者认为，虽然虚拟商业不会体现在医药票据体系内，但其收入不会减少。他们通过洗钱公司获得制药企业返还的佣金费用，或者让制药企业自行解决佣金返还的问题，这就让制药企业的财务压力和财务风险剧增。

7. 大量医药自然人消失

2017 年市场上不会再有大量药品经营许可资质的自然人，这些自然人会被大量收编，被收编的同时，自然人手上的资源也会被吞噬。估计一年后，这些自然人的价值就会趋向于零。

最终，这些以前活跃在控销领域、大包领域的自然人，因为手中资源被掠夺，只能孤军奋战。

所以，几年后，医药市场不再有自然人出现。

医药自然人大量消失，也让控销模式、大包模式成为鸡肋。

总结：2017 年，医药行业的营销乱象让企业无所适从。

早布局、早转型、早合规，是制药企业和商业企业生存的关键。

三、国家重锤落地：药品经营大变局全面解读

从事医药经营管理这么多年，第一次见到国家如此精准、如此全面、如此重手、如此细致地发布影响医药行业整个经营的重大政策。

这个政策就是国务院办公厅发布的《关于进一步改革完善药品生产流通使用政策的若干意见》国办发〔2017〕13 号。以前的"两票制"、7 号文件、70 号文件、94 号文件等，与《若干意见》比较，现在看来都显得分量有些轻了。

可以看出，国家已经清楚医药生产流通领域存在的问题和关键点，所以用国务院医改办而不是部委层面发布如此重大的政策文件。

国务院医改办发布的《若干意见》，各省焉有不执行之理？除非各省的相关部门自认为自己高于国务院。

所以，2017 年重锤落地，医药行业整体开始大转型。2017 年，中国医药行业转折年。

2017 年是中国医药行业转折年，也是医药行业层级分化加剧的一年，手疾眼快的药企会走得稳健，观望侥幸的药企会步步维艰，更可能半路出局。

关键词：药品质量、一致性评价、药品持有人制度、产业结构、药品供应、流通秩序、"两票制"、药品采购、医药代表、价格监测、"互联网＋"、合理用药、医保控费、医药分

家、药师。一看如此多的关键词，就知道这个《若干意见》分量有多重。下面我们就逐条进行简析，以供诸位参考。

1. 提高药品质量疗效，促进医药产业结构调整

（1）严格药品上市审评审批。

新药上市，直接就对应原研药，这在中国新药审批历史上是没有的。

"严惩数据造假行为，全面公开药品审评审批信息，强化社会监督。"严惩数据造假、数据公开，前所未有。

（2）加快推进已上市仿制药质量和疗效一致性评价。

"允许具备条件的医疗机构、高等院校、科研机构和其他社会办检验检测机构等依法开展一致性评价生物等效性试验。"估计能做 BE 的机构数量会在 2017 年有大的扩张，这对现有的 CRO 公司可是个噩耗，很多 CRO 公司凭借自己合作的有 BE 资质的医院科室，对制药企业狮子大开口，动辄 500～800 万元，还不保证过上好日子，估计很快就不会再有了。那些备受 CRO 公司折磨的制药企业和无钱做 BE 的制药企业，可以拍手庆贺了。

（3）有序推进药品上市许可持有人制度试点。

"及时总结试点经验，完善相关政策措施，力争早日在全国推开。"上海已经试点，但距离全国铺开看来还有一段时间，所以，这一点由于没有明确的日期限制，估计还不到值得庆祝的时候，但是一些有研发能力的个人和机构也要早做准备。

（4）加强药品生产质量安全监管。

2016 年有 170 张 GMP 证书被收回，可见我国药品生产质量存在问题的严重性。很多制药企业生产原料不合格、生产过程偷工减料、篡改数据等行为，医药行业人士都心知肚明，国

家再不治理，于国于民，害莫大焉。劣币驱逐良币，结果是医保费用严重透支，有良知的制药企业步履艰难，患者疾病被耽搁，最终撒手人寰，可谓杀人于无形。

（5）加大医药产业结构调整力度。

"支持药品生产企业兼并重组，简化集团内跨地区转移产品上市许可的审批手续，培育一批具有国际竞争力的大型企业集团，提高医药产业集中度。引导具有品牌、技术、特色资源和管理优势的中小型企业以产业联盟等多种方式做优做强。提高集约化生产水平，促进形成一批临床价值和质量水平高的品牌药。"

这段话实在高明，把制药企业一网打尽，简化手续，提高集中度，做产业联盟。

品牌、品牌、品牌。现在很多制药企业都不重视企业品牌和产品品牌，国务院都重视，企业不重视，可笑吗？不可笑，如果商业贿赂就能形成大量销售，谁还在乎品牌？

（6）保障药品有效供应。

"健全短缺药品、低价药品监测预警和分级应对机制。"

2017年，第三方服务体系麦斯康莱会帮助各级政府构建短缺药品监测预警体系，做到早发现，早提供解决方案。

"推动实现专利药品和已过专利期药品在我国上市销售价格不高于原产国或我国周边可比价格。"

这一点直接针对专利药和已过专利期药品，那些外资药企估计要发抖了。高价药和高价专利药，只在中国是高价药，其他国家价格低很多，让多少患者痛苦不已。

2. 整顿药品流通秩序，推进药品流通体制改革

（1）推动药品流通企业转型升级。

"打破医药产品市场分割、地方保护，推动药品流通企业

跨地区、跨所有制兼并重组，培育大型现代药品流通骨干企业。"

地方保护和多年形成的积习、陋习，一句话能解决吗？这一点如果没有具体实施细则，很难啊！跨区域经营，是降低渠道费用的一个关键点。

"推进零售药店分级分类管理，提高零售连锁率。"

药店分级管理真要来了，时间呢？细则呢？

（2）推行药品购销"两票制"。

"两票制"争取到 2018 年在全国推开。再次重申：势在必行了，原有的商业结构都被击碎，大量制药企业 2017 年下半年会失去原有的商业代理，怎么办？

（3）完善药品采购机制。

"落实药品分类采购政策，按照公开透明、公平竞争的原则，科学设置评审因素，进一步提高医疗机构在药品集中采购中的参与度。"

公开透明，招标价格公开是关键，至今很多招标价格都被捂得严严实实，为什么？

"带量、带预算采购。"制药企业多少年就是听说这个带量、带预算采购，但从没见过，就像总听说世上有神仙，但都没见过一样。什么时候真正的带量、带预算采购？真实性带量、带预算采购，制药企业就真敢不给医生贿赂。

"完善国家药品价格谈判机制。"

2017 年 3 个品种，万里长征第一步，相关部门辛苦了。

但是之后就没动静了，外资药品价格这么难以降低吗？建议晒一晒那些高价药在各个国家及地区，包括中国香港、中国澳门、中国台湾地区的价格，有些事情就好办了。

（4）加强药品购销合同管理。

"医疗机构等采购方要及时结算货款。"

"对违反合同约定，无正当理由不按期回款或变相延长货款支付周期的医疗机构，卫生计生部门要及时纠正并予以通报批评，计入企事业单位信用记录。将药品按期回款情况作为公立医院年度考核和院长年终考评的重要内容。"

通报批评，计入信用记录，好像作用不大吧？

作为院长年终考评重要内容，这一点，真能执行？即便执行了，有多大意义？

所以，"医疗机构等采购方要及时结算货款"也许仍然是一个美丽的神话。

（5）整治药品流通领域突出问题。

七部门联合执行，力度空前。

假发票，洗钱公司，挂靠、过票等商业行为，估计无路可走了。

"提高违法违规成本。"真正有力一击。

"医药代表只能从事学术推广、技术咨询等活动，不得承担药品销售任务，其失信行为计入个人信用记录。"

假如有300万个医药代表，估计200多万人要失业，因为150万左右医药代表不是医或药相关专业毕业的，根本做不了学术，除非自身天天向上的。有70～80万医药代表多年不搞学术了。

这一点，对那些自营为主的大中型制药企业，是一个沉重的打击。因为营销体系必须转型，不转就是等死，但转型后会发现，几千个医药销售人员，大部分人除了会送钱外，市场人才竟然如此凋零。大家都通过商业贿赂提升销量了，谁在做那么专业那么辛苦的市场工作?

笔者认为,很多医药营销人连市场工作是什么都已经不清楚了。

"两票制"已经很难为有自营队伍的制药企业了,这一条如果真执行,让有自营队伍的制药企业会更难。

"建立医药代表登记备案制度,备案信息及时公开。"

(6)强化价格信息监测。

难度很大,估计要落空,因为要有方案、有执行、有落地,但现在什么都没有。

(7)推进"互联网 + 药品流通"。

2017年,"医药 + 互联网"或者"互联网 + 医药"将成为热门词,也会让医药流通行业有个大的转型,这是商业机会,非常大的商业机会。

"推进线上线下融合发展,培育新兴业态。"

可以看出,"医药 + 互联网"或者"互联网 + 医药"需要线上线下协同发力了。只有线上线下协同发力,才能帮助国家和各级政府真正落实"两票制",强化市场功能,协助中小制药企业和纯销商业合规合法的快速发展。

3. 规范医疗和用药行为,改革调整利益驱动机制

(1)促进合理用药。

合理用药,怎么理解?就是不要大处方,不要只开高价药,不要开大量辅助药,不要开大量神药。

"重点监控抗生素、辅助性药品、营养性药品的使用,对不合理用药的处方医生进行公示,并建立约谈制度。"

处方公示?可以真正给患者吗?现在大部分是电子处方,怎么公示?公示后,谁来审查?

"对医疗机构药物合理使用情况进行考核排名，考核结果与院长评聘、绩效工资核定等挂钩，具体细则另行制定。"

细则，细则，细则。没有下文等于没说。

（2）进一步破除以药补医机制。

"医疗机构应按药品通用名开具处方，并主动向患者提供处方。门诊患者可以自主选择在医疗机构或零售药店购药，医疗机构不得限制门诊患者凭处方到零售药店购药。"

电子处方，怎么给患者？不提供纸质版处方，在哪里投诉？处方被指定到固定药店，怎么管理？上有政策，下有对策，不能视而不见。

"具备条件的可探索将门诊药房从医疗机构剥离。"

医院药房托管，看似剥离，其实造成新的利益链，药价更高，不能再做似是而非的医药分家了。

（3）强化医保规范行为和控制费用的作用。

药店卖日用品，保健品，刷医保卡，多年治理却"涛声依旧"。伤了医保，损了消费者。医保控费，难度最大。

（4）积极发挥药师作用。

合理用药，药师最重要，但是很多药师作用根本没有发挥，成了摆设。更令人惊奇的是，绝大多数三甲医院，一群学医的医生，竟然没有药师进行用药指导，风险多大？

四、影响医药商业机构变革的几大模式

1. 三明模式

2012 年，福建三明市提出了"三医联动"，在药品采购上

采取现价采购、二次议价、"两票制"和联合采购。三明市建立了特殊药品的监控机制，防止出现用药量过大和药价过高，同时由于实施"两票制"，压缩了流通环节，明显降低了药价。

目前，三明市已经和国内很多城市建立了采购联盟，宁波市、乌海市、玉溪市、珠海市等城市已经加入了采购联盟。

采购联盟将统一采购，一起压低药价。由于采购联盟是城市间自行联盟，缺乏省级政府部门协同，目前采购联盟还是没有形成真正统一的压价采购。

三明模式获得了国家包括卫计委等相关部门的认可，目前"两票制"已经在福建、安徽等省份开始或即将开始大范围实施。

2016 年 11 月，福建省医疗保障管理委员会办公室下发了《关于进一步打击骗取医疗保障基金和侵害患者权益行为的通知》（以下简称《通知》），明确药品耗材供货生产企业和配送企业一旦有不执行"两票制"或贿赂医护人员的行为，将进入"黑名单"，被取消供货或配送资格。

2016 年 10 月，安徽省食药监局联合卫生计生委等省内多个部门发文，计划从 11 月 1 日起，在全省落实"两票制"。

2016 年 10 月，陕西发布的《关于深化药品耗材供应保障体系改革的通知》要求制定"两票制"的具体实施意见，在2017 年 1 月启动实施。

此外，江苏、湖南、浙江、河北等省份也已经出台了与"两票制"相关的政策。

2. 上海模式

2015 年 2 月，《上海市 2015 年深化医药卫生体制改革工作要点》提出，要探索通过社会第三方药品集团采购组织

（GPO），压缩药品采购价格虚高空间，降低药品供应总成本。

上海的GPO模式是借鉴国外药品采购的通行做法，通过建立第三方药品采购组织GPO，来构建联合采购的谈判机制，降低药品采购价格，压缩药品供应链长度，最终降低药品采购成本。

第三方药品集团采购组织（GPO）是与省级药品招标采购完全不同的两个体系，省级药品招标采购不是带量采购，而是通过行政权力强迫药企降低药价。招标采购部门自身既不采购药品，也不使用药品，招标采购的目标只有压价，但实际上形成了新的灰色区域，很多药品招标采购价格比市场销售价格还高，而药企也在药品流通成本之外支付了大量的招标采购费用。

上海第三方药品集团采购组织（GPO）是作为医疗机构的代理人，与制药企业或者医药流通企业进行带量价格谈判，并受医疗机构委托签署采购合同。

第三方药品集团采购组织（GPO）是一个市场主体，并不是行政主体。

笔者认为，第三方药品集团采购组织（GPO）是真正符合医药流通市场的采购模式，未来可能会被各省采纳放大。

3. 二次议价模式

二次议价是在省招标采购的药品价格基础上由医疗机构或医疗机构联合体再一次和制药企业或者医药商业企业进行价格谈判，谈判幅度在5%～30%，个别药品甚至更多。

浙江是最推崇二次议价的省份，浙江省人民政府办公厅下发的《关于改革完善公立医院药品集中采购机制的意见》，鼓励公立医疗机构直接与药品生产企业进行价格谈判，并对不同级别和等次的医疗机构做出具体规定：对于省级以下公立医院（不含省级医院），可以医联体、医疗集团等组成采购共同体，发挥批量采购优势，参加药品采购的价格谈判；对于省级公立医院，可参加所在城市的药品采购；对于政府办基层医疗卫生机构，原则上以县（市、区）组成采购共同体进行价格谈判。

浙江为什么如此推崇二次议价？因为浙江规定：公立医疗机构药品实际采购价格低于药品医保支付标准或者参考销售价格的差额部分上缴财政。因为差额上缴财政，所以浙江省各地政府部门趋之若鹜。

目前，浙江、安徽、福建、陕西、河南、湖北、重庆、上海、湖南、宁夏等省份都实施了二次议价。

二次议价是省药品招标采购后更大规模的药品降价行动，目前如火如荼。

但是，很多反对声音也出现了。

国家卫计委声明坚决反对二次议价。

医药行业协议上书要求取消二次议价。

药企业纷纷发表言论要求取消二次议价。

然而，反对声音就像是深夜的星星之火，无法形成燎原之势，尽管反对声音如此众多，各地政府部门和医疗机构还是高举"二次议价"的铡刀。

二次议价对中药的发展形成了沉重的打击。

二次议价是实际意义上的带量采购，但是，各地进行二次议价的带量采购时，基本不采购目录内的中药产品，导致大量中药产品在医疗机构消失。可以说，二次议价对中药的发展形成了沉重的打击。

笔者认为，在省招标采购基础上的二次议价虽然明显降低了药价，但也让中国医药的发展蒙上了阴影。因为药企很难再有更多的资金投入到研发领域，药品研发难以上升，中国药品发展就难以为继。如果再把中药堵在医疗机构体系之外，那么，二次议价真的就成为中国医药发展史上的最失败的政策。

所以，要么取消招标采购，要么取消二次议价，但，可能吗？

4. 阳光采购模式

阳光采购就是建立平台数据库，通过对药企和药品的数据梳理，明确全国各地的药品采购价格，并予以公示，进而用全国最低的药品价格进行采购，实施动态联动。

药品阳光采购数据库包括：《药品配送企业数据库》《药品基础数据库》《药品价格数据库》。

目前实施阳光采购的省份的政策呈现 5 大特点：公开透明、数据库公示、价格谈判、全国最低价格优先采购、价格联动。

目前推行药品阳光采购模式的省市主要有：北京、重庆、广东、上海、甘肃、辽宁。

药品阳光采购让全国各地的药品价格公之于众，药企基本不再有药品区域性差异价格之说。

药品阳光采购其实是取巧的模式，就是不用再通过二次议价等方式对本区域药价进行费力的谈判，而是把其他区域通过种种降价方式降到最低的药品价格拿来直接谈判采购，这种方式根本没考虑不同区域的运输成本和营销成本。

5. 药交所模式

药交所模式就是构建第三方药品电子交易平台，构建"交易平台＋带量采购"的机制。目前重庆和广东都在实施药交所模式，但二者还是有区别的。

重庆药交所模式规定了入市价、挂牌价、成交价三级价格管理模式，同时鼓励医疗机构自行议价采购，或者联合采购。

广东药交所模式按照"联合采购、网上竞价、量价挂钩"的方式进行药品集中采购，并以全国平均中标价为基础作为入市价，报价最低的药品可以进入交易。

笔者认为，广东药交所模式其实还是"唯低价是取"的模式，没有多少创新，而重庆药交所模式比较客观，也有利于医药行业良性竞争。

在各地探索药品采购模式中，可以清晰地看出，国家和各地政府部门目前在医药方面的改革还是重点集中在药品流通方面的改革。尤其随着国务院办公厅下发的《深化医药卫生体制改革 2016 年重点工作任务》中"健全药品供应保障机制"明确了优化药品购销秩序、压缩流通环节、综合医改试点省份要在全省范围内推行"两票制"（生产企业到流通企业开一次发票，流通企业到医疗机构开一次发票）、积极鼓励公立医院综合改革试点城市推行"两票制"和鼓励医院与药品生产企业直接结算药品货款、药品生产企业与配送企业结算配送费用，压缩中间环节，降低虚高价格。

"两票制"作为整治药品流通领域的主要手段将遍布全国，虽然目前"两票制"有很多反对声音，但是国家税务部门一旦从"两票制"中获得更多的税收，并治理了医药行业税务诸多乱象，"两票制"可能成为很多医药商业企业的终结者。

那些以终端纯销为主的医药商业公司，即便比较小，也会获得更好的发展机会，因为他们真实地为各类终端包括医院终端服务，并不存在倒票、过票的违规经营行为。

当然，在"两票制"下，大型商业公司会获得更多的发展机会，会整合更多的渠道资源和终端资源，市场覆盖也会更广、更深。

五、医疗器械行业洗牌加速

根据中商产业研究院大数据库显示：截至2016年4月30日，我国医疗行业上市企业2015年营收达258.44亿元，通过对23家医疗器械企业营业收入和净利润排名，除了九安医疗外，基本都盈利。

23家上市医疗器械企业的业绩基本可以反映我国医疗器械行业的整体发展情况：行业整体发展增速较快，目前的国家政策有利于行业的整合和发展。

医疗器械行业一般视作医药行业的一个细分行业，所以，国家定义医药行业的政策也会影响医疗器械行业。现在，中国医药行业整体处于转型和整合期，这个阶段其实就是加速优质资源整合和淘汰落后产能的一个过程。

根据CFDA发布的《2015年度食品药品监管统计年报》，截至2015年11月底，我国实有第一类医疗器械生产企业5080家，第二类医疗器械生产企业9517家，第三类医疗器械生产企业2614家。而仅仅不到5个月，就有164家医疗器械生产企业已（拟）注销《医疗器械生产企业许可证》。

为什么短期内就有如此多的医疗器械企业消失？

笔者认为，除了和医疗器械企业自身因素外，和国家的诸多相关行业的政策也有着很大关系。

2016 年，国家在医药行业推行营改增、"两票制"、降价和加速医改等方面力度加大，诸多政策对医疗器械行业将产生深刻影响，会发生强者益强，弱者益弱的效应。

下面我们就来谈谈对医疗器械行业影响最大的几个政策形式：

"营改增"：

营改增讲短期内增加医疗器械流通企业的税负，即适用税率由营业税的 5% 调整至增值税的 11%，这一块流通企业会把税负压力向生产企业和器械价格上转移，这就造成医疗器械生产企业成本加大和医疗器械销售价格上升，会影响生产企业盈利能力和提升器械销售难度。

而一些原来销售模式是高开高返的医疗器械企业，则面临巨大的财务处理和财务成本压力，利润和竞争力会逐步减弱。

营改增对实力较强，财务应对能力强的大中型医疗器械企业，其实影响是有限的，可能还会更有利于其发展。

"两票制"：

"两票制"对医疗器械企业影响最大。一方面，现有的医疗器械渠道格局会发生大的变化，诸多依靠全国代理或大省级代理完成经营的中小医疗器械企业会面临巨大的经营压力。因为"两票制"的推行，现有的依靠大代理商的渠道策略和商业策略会被完全颠覆，而中小型医疗器械企业没有较多的优质临终端（最接近医院的商业）的纯销商业资源，这会让医疗器械企业短期内无所适从。而且，很多医疗器械流通企业会因为"两票制"消失，这给生产企业造成很大的商业合作伙伴选择的困难和可能造成的应收风险。

另一方面，"两票制"会推高医疗器械企业的运营成本和运营风险。因为"两票制"的推行，生产企业不仅要应对临终端（最接近医院的商业）的票据外的利润要求，还要满足其他中间商、销售人员提成、医院方面相关费用提成等诸多利益分配，这在增加运营成本的同时，也加大了运营的合规性风险。

医用耗材降价：

无论城市公立医院改革还是县级医疗体系改革，招标采购，或统一采购，或联合采购或挂网采购，都直指医疗器械价格，不管是高价耗材还是普通耗材，甚至检验试剂和后期维护都面临降价趋势，比如浙江医用耗材阳光采购政策降价幅度达 30%。

由于篇幅所限，其他一些政策就不多谈，但是，医疗器械行业整体的发展态势还是好的，医疗器械行业正在加速整合和重组。

中小医疗器械需要调整经营思路，通过优化产品结构、资本运作、联盟、合作或者股份运作等方式增加自身经营能力和研发能力，逐步从落后产能的低研发、高仿造的模式中脱离出来，形成稳定的发展态势，才是正途。

六、医药市场用药结构将发生巨大变化

医院市场，一直是国内外制药企业抢夺的重点市场，因为国家公立医疗机构和民营医院在药品销售的份额，一直占据着

80%以上药品份额，90%以上的医疗器械份额，90%以上的耗材份额。

可以说，医院市场是任何制药企业必争之地。由于分级诊疗推行，基层医疗机构现在也成了众多药企的香饽饽。而对于零售药店，很多人认为也迎来了政策红利，真是这样吗？

现在，各地都在推行"两票制"、营改增、零差价率、辅助药目录、药占比、分级诊疗等影响较大的政策，这将导致市场用药结构发生巨大变化：

1. 三甲大型医院用药量降低

2016 年，国务院办公厅发布了《关于城市公立医院综合改革试点的指导意见》，城市公立医院综合改革试点全面推开，医药费用不合理增长得到有效控制，力争到 2017 年试点城市公立医院药占比（不含中药饮片）总体降到 30% 左右。

目前，三甲医院用药量是占据大头的，国家 2017 年严格限制药品使用数量，强推药占比，这就让三甲医院的用药量发生大的变化。

同时，因为分级诊疗的实施，国家针对不同病种会推向分级诊疗的不同体系，这导致三甲医院的患者会被有效分流，分流的结果会导致三甲医院的用药量降低。

2. 医院，尤其三甲医院会在 2017 年大面积推行医药"外包"

现在，很多制药企业还没搞明白什么叫医药外包，但是很多区域的医院在药占比、零差价率等政策影响下，开始尝试医药外包。

所谓的医院医药外包，是笔者根据各类型的医药购药系统、仓储系统、销售系统、用药系统等综合出来的一个新名词，这个新名词基本由以下几种情况：

（1）把医院药房承包给医院外的医药商业企业、制药企业或者自然人，承包者承担医院药品采购、药品流通、药品存储、药品支付、临床药品使用等相关药品层面的系列工作，医院只做好诊疗就好。

上述模式在河北、上海、广东等地已经较大面积铺开，这就致使药物进入医院又增加了一道门槛，就是医药外包的承接者。

在国家相关政策推进下，医院不能再像以前一样，明目张胆地从药品中获利，这就需要一个策略来把明处的获利变为暗处的获利。

医药外包的承接者通常需要返还给医院大约25%~45%的净利润，医院各种层面的打点还是要做的，否则影响医生选用你的药。

这种形式的医药外包基本上是新增加了一层流通环节，结果导致药价更高，因为承包者既要自己赚取利润，还要给医院较大的返利，所以只能通过让招标价更高的药品进入医院销售才成为可能。

对于制药企业来说，这种情况更是极度痛苦，因为这种承包者，会极度压榨制药企业的利益，让制药企业缴纳更多的费用，而制药企业为了能进入医院销售，只能通过想尽办法提高招标价格来应对。

（2）允许社会药房进驻医院。

因为实行药占比，医生的处方药品的数量受到严格限制，但是很多患者又需要更合理的用药数量才能保证疾病可能康复。这时，允许社会药房进入医院就是一个折中的方式。

社会药房进入医院，是各部委层面一个尝试性的探索。2014年商务部等六部委下发的通知中提出，在公立医院改革试点城市，可探索由零售药店承担医疗机构门诊药房服务和其他专业服务。

这就给社会药房进入医院提供了一个可行的路径。因为相关人员认为，社会药房进入医院可以实现医药分家，让社会药房承担起医院原有药房的各种功能，从而实现利益拆分。

但，真的是这样吗？

现实中，哪些社会药房进入医院是有"说道"的，并不是任何社会药房，比如药店，都可以进入医院，而是那些可以为医院在药品上持续获得利益的社会药房才可以进入医院。

所以就有了各种奇怪的现象：没做过零售药店的制药企业在本地的医院建立起了社会药房；没做过零售的医药商业企业在医院建立起了社会药房；甚至没做过药品业务的自然人在医院建立起了社会药房。而很多做了多年零售业务的药店，却并没有或者不能在医院设立社会药房。当然，也有一些药店实现了进入医院设立社会药房的目标，但估计承诺的条件不会少。

有了社会药房，医生开具处方就可以像以前一样了，因为可能是两张处方签。一张是医院药占比限定的药物，可能需要到医院自有药房取药，一张是需要到社会药房取药，而从社会药房取药，基本是自费药物。

笔者也见过某家医院一张处方签，因为这家医院的药房已经承包了，所以医生一张处方签就可以了。但是患者并不明白，为什么医生还可以开具那么多药品。

其实，一张处方签在患者取药的时候，是要分开的：一些药品会录入电子处方，这些药品占据药占比，享受医保，还有一部分是不录入的，大部分需要自费。

2017 年，由于诸多政策的实施，尤其是零差价率和药占比，医院在入不敷出的情况下，会通过各种适合的手段变相获得药品层面的利益。所以 2017 年以后，很多医院尤其是三甲医院会采用各种形式进行医药外包，以便能够持续获得以前的药品销售红利。

3. 基层医疗市场用药量会放大

分级诊疗，是我国多年来一直持续推进的基本医疗改革政策。2017 年开始，国家基本明确重点推行分级诊疗。

分级诊疗，就是以加强基层医疗卫生机构服务能力建设为重点，以常见病、多发病、慢性病分级诊疗为突破口，引导优质医疗资源下沉、工作重心下移，形成"小病在基层、大病到医院、康复回基层"的合理就医秩序。

分级诊疗关键词：基层首诊、双向转诊、急慢分治、上下联动的分级诊疗模式。

分级诊疗中，不同层级的医院功能做了重新定义：

城市三级医院主要提供急危重症和疑难复杂疾病的诊疗服务，对辖区内下级医疗机构进行业务指导，接收下级医疗机构转诊，并承担人才培养、医学科研和公共卫生、突发事件紧急医疗救援等任务。

城市二级医院主要接收三级医院转诊的急性病恢复期患者、术后恢复期患者及危重症稳定期患者。

基层医疗卫生机构和康复医院、护理院等主要提供常见病、多发病诊疗和超出功能定位、超过服务能力疾病的向上转诊服务，为诊断明确、病情稳定的慢性病患者、康复期患者、老年病患者、晚期肿瘤患者等提供治疗、康复、护理服务。

县级医院主要承担接收三级医院转诊的急性病恢复期患者、术后恢复期患者及危重症稳定期患者，提供县域内居民常见病、多发病诊疗和突发事件现场医疗救援，抢救急危重症患者，向上转诊疑难复杂疾病患者，接收基层医疗卫生机构上转患者等工作任务。

初诊和转诊，其实会导致药品使用量向非三甲医院转移，疾病恢复、术后恢复和危重病人康复需要大量的药物进行持续治疗，这就导致基层医疗体系会更多地使用在三甲医院才使用的药物。

分级诊疗会导致药品的种类和数量都大规模地向基层医疗单位转移，估计转移额度在20%～40%，这将是新构建起来的一个庞大市场。

而且，由于国家对未来基层医疗机构的管控会形成漏洞，这将导致基层用药市场的额度更大。一些患者必须使用的非医保药物，如外资专利药物，但不在医保监管范围内，所以，这些药物销量在基层会被放大。

但需要明确的是，很多三甲医院使用的药物，尤其是一线用药，很多基层医生是不会使用的，更不会联合用药，这会导致患者用药风险的提升。

所以，对基层医生合理用药教育的课题摆上明面，但是谁来做基层医生合理用药教育？

国家？各省？好像都没有相关经费。这就形成了一个机会。

但是，制药企业根本做不了，因为品种少，做起来费用难以支撑。之前，笔者见过一些制药企业自己做基层教育，但做了几场，虽然基层医生收获很大，但是由于费用太高（一场下来十几万元）最终不得不中途停掉。

目前国内能大规模做基层医生用药教育的只有第三方医药服务体系麦斯康莱，制药企业可以和麦斯康莱合作，一同做基层医生教育，这样既能保证基层医生合理使用药品，还能让基层医生更好地熟悉企业品牌，以利于更多的使用该企业的药品或其他产品。

4. 零售药店销量会逐步放大，但整体放大有限

现在，很多人都认为零售药店由于医院推行药占比，会有着无比巨大的红利。

其实，笔者觉得这是个伪命题。大家都知道医院都在推行药占比，但是医院由于药占比流出的药品能让所有药店受益吗？基本不可能。能受益的也只有医院外部的药店或者进入医院的社会药房，大部分药店是不可能受益的。

主要原因有以下几点：

（1）药品由于药占比从医院流出，具有明确的导向性。

现在，很多医院处方药外流，基本都是流到和医院有协作关系，或者与医院的部分人员有协作关系的药店。而且，这些药店基本上都在距离医院50米范围内，这样可以避免外流的药品再次外流，也便于门诊或者住院处患者就近取药，太远了可能患者就不去了。

而且，医生会指定去哪一家药店取药，这就导致其他药店可能没有医生处方之外开具的药品存储。这很简单，就是制药企业也根据医生或者医院的偏好向约定的指定药店供货，而不会向之外的其他药店供货。

而对于庞大的零售药店来说，医院指定药店可能是数量偏小的，这些指定药店药品销量会放大整个零售业务的销量，但也是在个别药店，不会让整个药品零售业的每个药店都整体放量。

笔者最近看了很多报告，都在说2017年药品零售行业迎来爆发的机会点，这可能是出于资本层面或者一些医药零售上市公司市值考虑，但从实际层面，基本没有可能。

鼎臣咨询的项目团队2016年做管理咨询项目做市场调研时曾经就这个层面的问题做过专门的调研，我们从实施药占比的地市进行较大范围的调研，发现临近医院的药店（50～100米）都明确销量的确好过以往。但超过100米的药店都没什么感觉，甚至很多药店都觉得照往年同期销量是下降的，而更远的药店则根本感觉不到本区域医院实施药占比后有什么变化。

（2）分级诊疗接住了大量的药品销量。

我们知道，分级诊疗会导致大量的三甲医院的药物进行大规模转移，这些转移的路径基本是协作分级诊疗体系的基层医疗机构，而不是药店。

更为可能的是，未来基层医疗市场由于药物使用范围扩大，可能侵蚀一部分药店的销量。比如，由于分级诊疗实施，基层医生用药量和范围扩大，很多患者可能被牢牢地黏在基层医疗市场，而不是从药店采购常用药品，毕竟基层医疗机构是直接对接医保的，而且是最具竞争的市场。基层医疗机构有真正的医生指导用药，基层医生虽然用药水平还有很大提高空间，但相比较药店的店员，还是要高出不少。

笔者的亲属由于做了心脏支架，必须经常用硫酸氢氯吡格雷片，以前基本在药店购买，但其所在区域已经开始推行分级诊疗，社区卫生服务中心的药品明显比以前多了，而且药店该药品价格和社区卫生服务中心的价格相差不是很大。即使社区卫生服务中心价格稍贵，也由于直接医保按比例报销，整体支付价格反而低于药店，这就导致笔者亲属直接从社区卫生服务中心购买长期服用的所有药物。

也会有人说，一些地区的社区卫生服务中心药品存量和种类不丰富，所以会和药店合作。

笔者以前也这么认为，但是，我们的团队在做市场调研时发现，基层医疗机构是不愿意放弃药品经营这块大蛋糕的。很多地方已经开始搭建自身的药品物流、仓储的体系，但这些体系基本和商业而不是零售合作，因为这样，基层医疗机构在药品经营上可以利益最大化。

所以，2017年度后，零售市场不可能有太大的改变，甚至可能由于分级诊疗的推行，基层医生用药能力的提升，以及基层医疗机构对药品利益的要求提升，导致零售药店面临更大的生存危机。

七、第三方医药服务体系将大规模出现

2016年，针对医药、医疗行业，国家和各省发了大约1400个政策性文件，这些政策在2017年要逐步贯彻实施。

对大多数以代理模式的制药企业来说，从2017年开始将进入一个逐步艰难的年份。尤其是一致性评价、"两票制"、94号文件、营改增这些针对性极强的文件落地实施，更让制药企业未来的营销步入日益艰难的境地。

2017年，由于"两票制"将在医药购销领域逐步实施，

制药企业原有的渠道结构将因为"两票制"被最大幅度的压缩，就是从原有的多层级商业渠道结构变为单一层级的渠道结构。

目前，中国有4700家制药企业，但仅有300多家在市场上有自营队伍，还有4000多家以代理模式为主的制药企业没有自营队伍。随着"两票制"、94号文件等政策推开，无自营队伍的制药企业营销将陷入难以为继的状态：

第一，制药企业无法短期内构建有效的单层级商业结构，还要依靠原有的商业体系进行运作，但是原有的商业体系大部分商业公司可能都无法进入票据体系内，这样大部分医药商业公司可能会虚拟化，即使是虚拟化，这些商业公司凭借掌控的渠道资源还是会控制以代理模式为主的制药企业的市场营销，并从中获利。营改增实施，这些虚拟的商业企业给高开高返的制药企业形成了巨大的财务压力。因为这些制药企业还需要在票据体系之外额外给这些虚拟商业企业通过返还现金的方式支付其控制的渠道的使用费用。

第二，由于政策原因，大量的商业企业被推出国家规定的"两票制"体系之外，大量虚拟商业可能随时面临崩盘的危险，而很多制药企业与这些虚拟商业企业有大量的应收存在，这给制药企业形成了巨大的应收风险。

第三，由于渠道结构逐步进入混乱状态，部分制药企业原有的商业结构发生变化，营销难以为继，会造成销量的急剧下滑。

那么，以代理模式为主的制药企业如何在2017年转型？

单纯地从制药企业层面去谈及营销转型，难度非常大，因为医药市场格局发生了大的变化，单纯制药企业层面的营销转型难以适应市场的变化。构建自营队伍，可能风险会更大。一是构建自营队伍成本高昂，二是周期太长，短期难以见效，无法让制药企业的营销应对 2017 年后的医药时局。

总之，2017 年开始，以代理模式为主的制药企业将陷入艰难的营销状态。

2017 年，由于国家政策压力，很多医药商业企业会进行转型，会有很多的第三方医药服务平台出现。制药企业可以和其中一些做得专业的第三方医药服务平台合作，构建新的渠道结构和营销体系。

医药管理咨询公司鼎臣咨询和拥有众多医药行业销售资源的中国医药人俱乐部，经过整合构建了专业的第三方医药服务体系。

现在，医药行业的企业尤其是制药企业，面临营销层面的诸多问题，这些代理模式为主的制药企业、也包括其他自营队伍较弱的制药企业解决未来必将到来的艰难时局。这个解决方案就是麦斯康莱以第三方的身份建立一个专业的服务厂商的体系。这个体系主要通过线上平台和线下专业团队形成服务体系，为诸多制药企业和纯销商业构建对接平台，同时发挥两个公司的专业能力，长期为合作的制药企业发展保驾护航。

第三方专业医药服务体系将打通产业链，承接制药企业全国（或部分省市）产品经营，在市场层面对接代理模式为主的制药企业和各地区纯销商业，并在对接过程中，为合作的上下游客户提供各种专业的增值服务，同时也为各类终端、政府部门提供专业增值服务。

麦斯康莱在提供的各类增值服务中获得服务收益。麦斯康莱的核心是线下专业团队和整个运作体系，线上平台仅是运作工具，这是优于其他医药电商平台的关键，如图 1 - 1 所示。麦斯康莱已经在 20 个省组建实体省分公司和省级专业团队。与麦斯康莱合作，制药企业获得的收益：

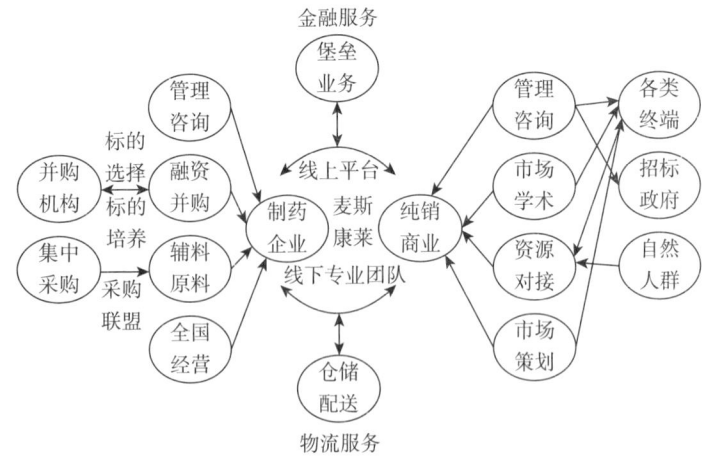

图 1 - 1　麦斯康莱现代化高效医药经营体系（部分）

（1）免费为交付给麦斯康莱经营权的产品设计高质量的市场策划方案。

麦斯康莱承接制药企业全国（或部分省市）产品经营权后，总部专业的市场产品策划部门将对获得经营权的产品进行针对性的市场策划。这样，麦斯康莱分解到各省各地的产品同时都附带一份专业的市场策划方案，以利于合作的纯销商业更好地销售产品。

（2）保证市场策划方案的落地实施。

同时，麦斯康莱各省各地的专业市场团队会帮助纯销商业企业把市场策划方案落地实施。

（3）制药企业的可以快速地进入市场，并形成实际销售。

麦斯康莱计划 2017 年整合全国大约 600 家以上的纯销商业（最终要整合 1500 家以上的纯销商业），并签署合作协议，这样制药企业交付给麦斯康莱经营权的产品，可以很短时间内就到达各类适合终端，形成销售，而不再是以往的商业结构中的层层压货。

（4）增加了销售机会、覆盖面和深度，容易形成更大的销售规模。

由于麦斯康莱只和纯销商业合作，并且合作的纯销商业数目众多，极大地增加了制药企业产品的销售机会，扩大了销售覆盖面和延伸了销售深度，可以把很多有潜质的产品形成规模销量。

（5）低价格提供高质量的各种管理咨询服务。

由于国内的管理咨询项目费用都比较高，很多制药企业请不起管理咨询公司。即使请得起，后期管理咨询方案落地也是让制药企业头痛的问题。

现在，只要是与麦斯康莱合作的制药企业，可以以非常低的成本价格获得麦斯康莱管理咨询团队的战略规划、营销规划、产品策划、品牌策划、组织优化、薪酬绩效、集团管控等管理咨询服务，并可以长期跟踪落地实施。

（6）提供融资、并购、重组等服务。

目前，麦斯康莱已经和多家金融机构建立了合作关系，为制药企业进行融资，解决制药企业资金问题。同时，麦斯康莱的管理咨询部门可以为制药企业提供并购、重组等专业的服务。

（7）非经营性产品的经营工作。

麦斯康莱可以为制药企业提供非授权产品的全国经营工

作，但不承担经营指标。

（8）其他更多的增值服务。

而且，麦斯康莱可以让制药企业极大地降低经营成本和经营风险，合理合法地分解部分营销费用。

第二章
医药行业
营销模式汇总

一、营销模式没有最好，只有最适合

现在医药行业的营销模式五花八门，笔者经常关注和总结各个企业的营销模式变化，意图从中选取比较好的营销模式，但笔者发现其实营销模式没有最好，只有适不适合。

现在医药行业内，控销成为普药企业尤其是 OTC 品类为主要产品的药企的热门词，不知道控销，谈话时不能谈点控销内容，都不是医药行业的人。

在哈药式的广告轰炸，渠道冲货，终端铺货就能较好地完成营销业绩的营销模式无力支撑的时候，以葵花药业、修正药业、仁和药业等为代表的控销营销模式成为现在药企的救命稻草。

很多药企都在尝试采用控销模式进行药品营销，但真正做成功的并不是很多。大家列举的控销模式成功企业基本都是葵花药业、修正药业、仁和药业和步长药业，很少有新的药企作为成功案例被列举。那么为什么没有人拿九芝堂做案例？因为是控销失败的案例，所以控销可能有一定的局限。

笔者陆续问询了大约20家从2014年开始就采用控销模式的药企，感觉效果明显的一家都没有，感觉有点效果的2家，感觉不到效果的14家，感觉非常差的并造成业绩下滑的4家。

这种情况很怪异，因为控销模式已经存在很长时间了，按理说已经不算新模式，但成功率为什么这么低？也许筛选的样本有问题，恰好筛选到了控销模式使用效果不好的药企。

控销模式其实就是普药或OTC企业通过对产品线的梳理，通过有推广价值或有品牌的单品或产品群，对渠道、终端、价格、覆盖面、促销活动、销售人员行为等进行可控性营销，以稳定市场价格，加大终端的销售热情、提高药品的销售质量和销售数量，避免终端低价倾销、窜货、乱价等行为的发生。

上述的控销模式其实就是精细化营销的删减版。

很多人可能说，控销只有品牌药企才可以做成功，因为有品牌药品的牵引，可以和连锁或其他终端有较强的谈判资质，这样可以将非品牌药品在品牌药品的牵引下进行限量限价限店的管控，从而放大非品牌药物的销售。如果按照这种说法，很多药企是没法进行控销模式的，因为有品牌药的药企毕竟不占多数。

任何药企都可以做精细化营销，不是都可以做上述以品牌药品为牵引的控销。医药行业内的药企有大有小，有强有弱，但每个药企的产品都可以被赋予一定的增值而变得与众不同，这取决于药企对药品的经营态度，而不是投机性或者跟随性的营销策略。

不是任何药企都适合做控销，这是从药企产品、市场布局、销售团队层面看，有些药企真的不适合，这点药企自身应该很清晰。因为一些药企只懂得控销的一点皮毛，就仓促地采用控销模式，突兀地减少合作商业数量、减少终端数量，把应收变先付，进行价格限制，会导致以前的应收突然放大，一些应收甚至成为"死账"。而选择的合作商也可能会选大型的连锁药房，大型连锁药房要现款不做应收，谈判余地几乎就没有，大型连锁药房还要靠制药企业的应收做周转；制药企业会选择小终端，但小终端比较分散，需要较强的团队运作能力，而很多制药企业的团队习惯于铺货，其他做不了，结果是小终端没做起来，大终端也没了。

有一个观点，说做控销在一个市或者一个区就选择一家药房，如果连锁最好。这种观点有一个问题，就是每个药店都不能全面覆盖一个区域，更不能覆盖一个市或者一个区了，单个药房有效覆盖半径是1公里，超过1公里患者购买效能急剧下降。闹市区的药房是散线状覆盖，可能要高一些，但这类药房进货条件也高。

而且，价格乱不乱和做不做控销没关系，产品销售不畅也和做不做控销没关系。所以，还是先评估一下药企的产品、市场现状、做控销的风险控制力、做控销的能力、做控销的团队水平等，再考虑做不做控销。模式本身没有对错，只是看适不适合药企自身，所以不要将控销神话。

医药行业有多少营销模式？笔者做了一个汇总，可能不是很全面，但估计在医药行业已经做出业绩的营销模式基本都有了，下面章节逐一展开各种营销模式。

二、广告拉动模式和扬子江模式

广告拉动模式在 2000—2010 年是比较火的，通过重资做电视、广播等传统媒体广告，面向消费者，传播单个产品的治疗功效，创建品牌效应，从而形成广告驱动消费者购买。很多广告营销药品主要是通过功能介绍，让对应疾病的患者引发购买欲望。

在广告拉动最火的阶段，一些药品广告则是通过恐吓的方式，故意强调疾病的潜在害处让消费者震惊之余，为了更好地治愈疾病而进行药品购买。

1. 广告拉动营销模式

哈药集团：

据网络数据，2000 年，哈药集团砸出 12 亿元的广告费，实现销售收入 64 亿元，居全国医药行业第一位。

通过广告拉动，哈药集团业务飞速增长，于是哈药集团又重金打造了几款药品，十几年时间，哈药集团获得了较快的发展速度。

哈药集团的经典广告药品：三精牌葡萄糖酸锌口服液（蓝瓶钙）、朴雪口服液、新贝增盖口服液、盖中盖、新盖中盖牌高钙片、维生素 E 烟酸酯胶囊、泻利停牌颠茄磺苄啶片、严迪牌罗红霉素分散片、新盖中盖牌乳酸钙口服液、护彤小儿氨酚黄那敏颗粒、胃必治和哈药牌钙铁锌口服液等。

可惜的是，哈药集团没有凭借广告拉动形成的优质业绩、构建起研发体系、有竞争力的产品体群和有庞大销售能力的营销队伍，这让哈药集团在减少和停止广告后销售额急剧下滑，哈药集团白白浪费了一个跨越十年的发展良机。

修正药业：

修正药业广告前期集中在斯达舒，大家可能还记得，一个白胡子外国人喊"胃（喂）！你好吗""胃痛，胃酸，胃胀，就用斯达舒"。斯达舒的广告满是亲情和关爱，让很多胃病患者引发共鸣，给一代人留下了记忆。

修正药业的修涞贵是个非常聪明的老板，凭借斯达舒广告，快速发展了修正药业庞大的产品群，同时修正药业并不满足单纯的广告拉动带来的销量，于是改进营销模式，构建了具有修正特色的小包模式，很多修正销售人员转而成了修正的小区域或部分产品代理商，修正药业给这些内部代理商政策、产品和支持，让这些内部代理商在确定的区域发展业务，发展团队。

当时的这些修正小代理商其实和现在合伙模式有些相似，这些修正人员转化的代理商又在区域发展了大量的自然人。于是表面看，修正销售人员大幅度增加，其实很多人并没有在修正入职，但却都在为修正的销售做工作。

修正药业的经典广告药品：斯达舒、肺宁颗粒、唯达宁（硝酸益康唑乳膏）、消糜栓，感康等。

九鑫药业：

九鑫药业做东风制药新肤螨灵霜的全国总代理商后，开始发布大量广告。广告内容恐吓的模式让消费者对不为人所知的螨虫有了充分的了解，看着电视上到处爬行的螨虫，如图2－1所示，消费者看着自己家的被褥都"发毛"。九鑫药业通过广告恐吓，构建了家庭健康的除螨概念，于是新肤螨灵霜以及后来除螨的系列产品如螨婷香皂等成为很多家庭必买产品。

　　九鑫药业的广告恐吓模式并没有持久，新肤螨灵霜被太太药业收购后，太太药业并没有持续这种广告恐吓模式，随着时间流逝，消费者从电视上看不到那些在被褥上蠕动的恶心的螨虫，逐渐淡忘了螨虫，也淡忘了新肤螨灵霜以及除螨的系列产品。

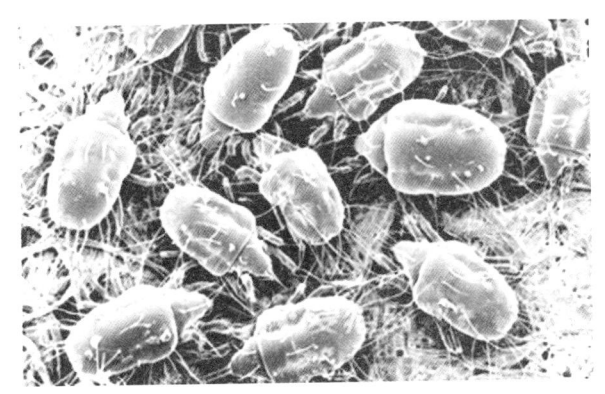

图 2-1　棉被上螨虫

　　九鑫药业的广告恐吓模式其实是一种极端广告策略，但这种广告策略在国家政策许可范围内，并没有违反国家规定，所以九鑫药业的广告恐吓也取得了巨大成功，也称为医药广告史上经典案例。

　　江中制药：

　　江中健胃消食片、江中牌复方草珊瑚含片和江中牌乳酸菌素片。

　　葵花药业：

　　小儿肺热咳喘口服液、护肝片、小儿清肺化痰口服液、小儿止咳糖浆和小儿感冒颗粒等。

现在，医药行业在新广告法以及国家诸多政策的限制下，药品广告大幅度减少，处方药禁止做广告，非处方药做广告严禁诉说功能，也严禁明星代言和患者进入广告内容。制药企业单纯的通过传统媒体塑造大产品品牌的时代一去不复返了。

2. 扬子江模式

扬子江药业营销模式的发展是个具有旗帜性的模式，我们很难有更好的名字定义扬子江模式，所以习惯叫法称为扬子江模式。

扬子江药业营销模式最突出的特点是"乡党集群"。扬子江通过本地化招聘，把大量泰州人纳入麾下，通过给政策、定任务、给支持等方式，让上万的泰州人携妻带子，几乎家族出动为扬子江药业做药品销售，众多扬子江药业的销售人员都是乡党，都是一家人，在扬子江药业的优惠政策支持和优质产品质量支持下，上万泰州乡党把扬子江药业的销售做成自己的事业，他们不惧辛苦，在很早的时候就开始向县乡镇甚至农村拓展。

扬子江模式还有一个特点，就是用产品集群来拓展医院。这不像一些药企，仅仅用一两个或者较少的产品进入医院，扬子江药业鼓励销售团队，拿扬子江药业的诸多产品群和医院或其他终端谈判，使扬子江药业进入医院都是很多产品。

扬子江药业是非常注重产品质量的，这在过去20多年医药行业发展中也是不多见的。很多制药企业不在意产品质量的时候，扬子江药业却在产品质量层面下大功夫，所以人们很难在诸多媒体或者网络平台发现有扬子江药业药品质量问题的报道。

乡党销售队伍、产品集群和优质的产品是扬子江模式成功的三个明显的特质。

当然，很多人说扬子江药业存在代金销售的问题，其实这类问题在很多制药企业都普遍存在，并不能作为评价扬子江药业的关键点。

总之，扬子江药业是中国医药发展上的一个被诸多制药企业模仿，但一直也模仿不了的企业。

三、低价招商代理模式和佣金制代理模式

1. 低价招商代理模式

医药行业的产品代理模式其实就是制药企业自己不组建营销队伍，而是和全国各地的代理商签署代理销售药品协议。

制药企业低价供货给代理商，根据代理协议或者批次压付，或者先行支付，而代理商全权负责所签署区域的渠道开发、终端拓展、区域药品物流、区域招标以及其他药品销售有关的各项事宜。代理商可以是企业，也可以是个人。

代理模式的特点是制药企业方面投入小，基本投入就是招商人员和物流人员，有些制药企业也投入部分市场活动费用。市场基本不用制药企业管理，根据代理协议，代理商自行打理。制药企业也不用投资拓展渠道终端，因为选择的代理商都基本有所在区域的终端资源或者渠道资源。

在20世纪90年代，代理制风靡全国，因为代理模式对很多没有自己营销队伍而又想尽快拓展市场形成销量的制药企业有着巨大的吸引力。

代理模式分为几种：

总代理：总代理可以是全国总代理，也可以是省级总代理。2010 年前全国总代理或者省级总代理被很多制药企业采用，因为这种模式更为省心、省钱。一般总代理之后代理商会发展自身下面的二级代理，甚至三级代理，这样可以把市场做得比较深，同时覆盖面也比较大。有些制药企业是帮助总代理发展下面的代理商的，这时候要签署三方协议。

细分区域代理：由于总代理经常无法完成制药企业的代理指标，制药企业又无法对总代理进行制裁，后期随着代理模式的发展，很多制药企业不再采取总代理模式，而是采用更为细化的区域代理模式。区域代理模式基本上是以州市为单位的，一些制药企业通过精细化招商，选择州市做得相对比较好的代理商，与其签署代理协议，出让代理权。细分区域代理让制药企业短期内有几百个代理商，这样即使少数代理商无法完成代理指标，大多数完成了甚至有超额完成的，制药企业的整体销售目标也是可以实现。

代理制虽然投入小，见效快，但本身有很多缺陷：代理商无法完成指标时，制药企业无法真正地制裁代理商，更不能中途撤换代理商；代理商经常出现窜货乱价行为；代理商由于代理的品种较多，不能全部精力放到某一家制药企业的产品上，导致制药企业的产品难以做成品牌产品或者大规模产品；代理商的渠道资源和终端资源制药企业难以获得或者把控，无法真正的管理市场。

低价招商代理模式中能获得代理商青睐的药品，基本都是操作空间大的，否则代理商是没兴趣代理，药品操作空间大，制药企业低价供货，可以让代理商获得巨额利润，也有巨大的运作空间。

低价招商代理模式会让很多制药企业获得很低的利润空间，这影响了制药企业对研发和市场的投入。

而且，随着"两票制"在全国的推行，代理商走票、过票的经常性或者习惯性行为被扼制，制药企业出货价必须拉升，否则没有操作空间可谈，这时低价代理的药品营销模式基本就走到头了。

2. 佣金制代理模式

由于国家政策的推行和新医改的推进，低价代理的模式没有生存空间，许多制药企业既无法再使用低价招商模式，又不能在短期内自建销售队伍，于是大部分制药企业开始使用佣金制代理模式，以应对政策变化。

所谓的佣金制代理模式就是在原有代理商关系基础上制药企业高开票，底价结算，高开和底价之间差额部分一部分用于缴纳税费，一部分返还给代理商，成为代理商的利润和代理的运作成本，返还的部分就是所谓的"佣金"。

佣金制代理模式是对低价代理模式的一种改进，这种改进一方面是以为了应对国家"两票制"和营改增等相关政策，另一方面也加大了制药企业和代理商的合作。

佣金制代理模式下，一般制药企业会向代理商提前收取市场保证金，以保证代理商能够不违反制药企业的商业合作协议。同时在代理商需要发货时，根据保证金数额，可以压批结算费用，但超过保证金数额的百分数警戒线，则需要代理商支付差额货款。如果制药企业不够强势，或者对市场掌控弱的情况下，是不敢向代理商收取保证金的，而且还要允许代理商压批结算货款。

佣金制代理模式下，制药企业掌握了代理商的利润和运营费用，让制药企业有了较大的话语权和对市场的控制权。比如鼎臣咨询服务的制药企业把低价代理制改为了佣金代理制，就要求代理商必须提供渠道和终端数据，否则不支付返款。由于高开，制药企业有了较大的资金支配权，制药企业可以对高开的费用进行再划分，哪些是代理商的利润、哪些是代理商的运营成本、哪些是市场费用、哪些是下级代理商的费用等，这样制药企业可以有较为强有力的方式管理市场或者介入市场。

佣金制代理模式下，佣金返还有以下三种方法：

一是全额返还，全额返还就是高开和底价结算部分的差额在不存在应收和缴纳税费的前提下全部返还给代理商，这种返还费用方法基本上在制药企业对市场掌控较弱，代理商有较强话语权的情况下产生。

二是只返给代理商利润，这时制药企业要明确核算中间的税费、物流费用、其他合作商业的费用、招标费用分摊等逐项费用，最终核算出来的部分返还给代理商。这种返还方法是制药企业对市场掌控力度较大，代理商在整个产品销售中仅仅是付出了部分工作，而返还的代理商利润，就是佣金，其他费用由制药企业掌控。

三是不返还现金，返还 OTC 产品、保健品或其他产品。因为 OTC 产品、保健品或其他产品主要销售渠道不是医疗机构，所以受政策影响不大，一些制药企业为了打开 OTC 产品、保健品或其他产品的销路，和代理商协商，在较大折扣下把代理商的利润性佣金折算成 OTC 产品、保健品或其他产品。这样代理商通过自有渠道销售 OTC 产品、保健品或其他产品可以获得更高的收益。

佣金代理制虽然可以避免"两票制"的政策，但也存在以下一些经营性风险：

一是制药企业高开，税务压力增大，合规性增大，很容易被税务部门查处。上海复旦复华因收受虚开增值税专用发票，被罚款 2.6 亿元，导致复旦复华面临被实施退市风险警示（ST）处理。

二是由于代理商掌控着终端和渠道资源，在制药企业没能完全掌控市场的情况下，代理商可能容易发生窜货、乱价等不规范行为，或者存在通过地方的关系提前把货款结算出来的风险。

四、招商模式和经分销模式

1. 招商模式

医药招商模式说是一种模式，其实是一种综合运用的营销方法，因为任何制药企业都会和医药商业企业产生协作关系，而协作关系的产生前提，就是制药企业寻找合适的医药商业或者是自然人。

制药企业合作的医药商业类型有多种，这和制药企业的整体营销体系设置有关。一般合作商业包括：经销商、分销商、代理商、零售商等。

经销商在医药行业是指负责一个区域的药品或其他产品的物流、资金和信息的商业。经销商一般不负责销售，制药企业在确定经销商后，会在经销商下面发展分销商，这些分销商具有强大的销售功能，把制药企业的药品从经销商那里分销到各个终端或者下一级商业渠道。有些制药企业可能定义不一样，把经销商也作为销售商业。

分销商则是指经销商下面负责分销功能的商业，制药企业会和经销商、分销商签署三方协议。

制药企业根据自身的营销整体体系要求通过招商部门或招商体系，确定选择经销分销商还是选择代理商，确定拟合作的商业类型后，就开始通过各种方式寻找和选择合作商业，这一过程就是招商。

很多制药企业一开始是电话或者会议招商，电话招商就是组织一些人员给各地的商业企业打电话，诉说本制药企业的情况、商业政策情况和产品情况，如果医药商业有合作意向，就进一步跟进，直到签署合作协议。

会议招商就是制药企业参加各种类型的会议，这些会议全国各地的商业企业也会去参加，制药企业通过会议展台展示企业形象和企业产品，来吸引医药商业企业。

随着招商模式的发展和改进，很多制药企业摒弃了粗放的电话或者会议招商模式，而是采取精细化招商模式。

精细化招商比传统招商模式更有效，精细化招商先要进行产品规划，规划后根据产品在不同区域的发展要求对区域进行调研，研究各地医药商业企业的实际经营情况，最终从区域商业中选择出适合本制药企业的合作商业。这是由被动招商或者坐等招商变为主动招商。

精细化招商的运行方式也多种多样：电话招商、会议招商、电商招商、网站招商、平台招商、微信公众号招商、短信招商、DM 招商、邮件招商和电视广告招商等。

招商模式在很多制药企业是和自营团队协同进行的。

2. 经分销模式

经分销模式一般是由自营队伍的制药企业采用的商业合作模式。

这种模式中，一般制药企业在一个省设置一个或几个经销商，经销商并不完全负责协议经销区域的销售。有些经销商下面有自己的分销渠道，有些没有，这时，制药企业和经销商签署经销协议，经销商主要负责所在区域的物流、资金和发货。

在经销商下面，制药企业还要通过招商构建区域的分销体系，分销商要把药品从经销商手中销售到各个终端去，并负责终端回款。很多制药企业的自营队伍就是在分销商下面做销售管理、市场管理、终端促销，终端维护，但自营队伍并不负责终端对分销商的回款，终端对分销商的回款由分销商和终端解决。

经分销模式其实是制药企业的自营队伍和区域商业充分合作的一种模式，这种模式在"两票制"等政策的影响下，也发生了很大的变化。如图2-2所示。

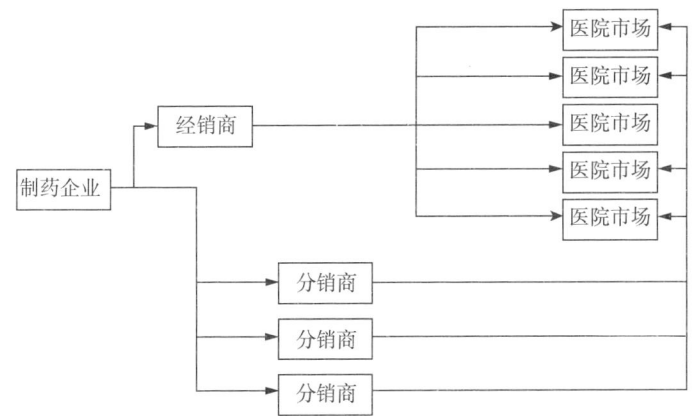

图2-2 "两票制"导致的经分销结构变化

现在很多采用经分销的制药企业因为"两票制"或者"一票制",在改变经分销模式,比如有的制药企业由于自身的营销队伍比较强势,终端掌控较好,在面对医院市场时候就砍掉了实施"两票制"的区域的分销商,产品经由制药企业到经销商直接到医院。而有的制药企业由于对终端掌控弱,自营队伍较小,就砍掉经销商,直接给分销商开票,分销商将药品直接进入医院。

当然,这种砍掉是在票据上的砍掉,并不是真正砍掉,原来的经分销系统还在运行,不过票据上显示不出来,而制药企业仍然需要在高开的部分给被名义上砍掉的经销商或者分销商费用,以维持业务正常进行。

五、大包模式和小包模式

1. 大包模式

大包模式,也有人叫 BOSS 模式,就是制药企业把某个区域的全部或者部分产品的销售承包给有当地销售资源的个人(也有小型商业公司),这个自然人或者小型商业公司全权负责这片区域中制药企业的部分或者全部产品的销售。

承包人或承包商业需要先交纳市场保证金(一些制药企业不收),之后签署大包协议,根据大包协议,承包人或承包商业想进货,就要根据协议或者提前支付货款,或者压批结算。

在承包区域内,由于承包者和制药企业是底价结算的,所以市场的拓展、促销等制药企业是不负责的,而是由承包人全权负责,但承包人要完成每季度、每半年、每年的销售指标。

大包模式的承包者可能原来就是制药企业的销售人员，制药企业为了让销售人员大力发展其二、三线品种，就采用大包模式把二、三线品种承包给销售人员。

大包模式会发生层层转包的情况。

由于和制药企业签署大包协议的承包者可能签署的区域范围比较大，自己又无法对承包的区域全面拓展铺货，于是在制药企业允许的前提下，大包签署者会把协议大包区域再次分割，分割成更小的区域，并在每个区域中寻找一名二级大包人，二级大包人一般很少有商业。

也有区域大包签署者不是分割区域，而是分割产品，就是在所签署大包的区域内，把大包的品种分割，再次承包给二级大包商。

有些二级大包人还会发展自己的三级大包人。

由于和制药企业签署大包协议的大包签署者是底价从制药企业拿货，所以当大包签署者发展自己下线二级大包人时，会在底价基础上加价。比如从制药企业拿货价 15 元，零售价 30 元，一级大包者会加价到 16 元给二级大包者，二级大包者可能会加价到 18 元给三级大包者，三级大包者可能会以 20 元供货给终端，终端赚取 10 元。加价多少基本由上一级大包者确定，一般上一级大包者会根据承包区域的销售数量来确定加价额度，越向上的，加价越少，因为数量大。

大包模式在修正药业、葵花药业、罗浮山国药、葵花药业、仁和药业等制药企业得到了成功的应用，大包模式就是让很多掌握终端资源或者渠道资源的自然人成了现实意义上的老板。

由于有大包协议中的销售指标压力，以及自身发展和赚钱的动力，很多大包者花费了比制药企业自营人员更多的精力来拓展和维护市场，基本上之前采用大包模式的制药企业都因为采用大包模式获得可观的销售业绩。

一般，大包模式适用于中小制药企业，但一些品牌制药企业发展二、三线品种也采用了大包模式，这让一些制药企业的二、三线品种获得了更大的发展机会。

这两年，由于国家对商业贿赂的打击，药品一药多名被《药品说明书和标签管理规定》终结，招标让很多品种处于降价态势。以前的高空间可操作大包模式的品种越来越少，一些大包者放弃了大包业务，转身踏实地做制药企业业务人员，也有一些大包者由于有了资金，开始做小型针对终端区域的纯销商业，纯销商业可以更专业地为制药企业和终端服务。

2. 小包模式

小包模式并没有统一的概念，一般有以下四种说法：

第一种是从大包那里获得的二、三级大包者叫作小包，这个小包是相对大包而言的。

第二种是负责承包营销环节上某一个或几个关键点，结果导致销售上量，这时或者是 A 制药企业销售人员，或者是非 A 制药企业的其他制药企业的人员，或者是其他人员根据个人的资源能力，为 A 制药企业提供关键点的服务，就叫小包。

第三种是制药企业的营销人员可以承包制药企业的二、三线品种的销售，这种小包营销人员不用出费用，而是在完成区域负责的产品销售前提下，把本制药企业的二、三线品种承包，负责制药企业的二、三线品种在所在区域的销售。这一点和大包不同，因为销售人员不出任何费用。

第四种是非制药企业的人员，在工作之余小包其他药企的药品，从事所在区域的销售工作。这也和大包不同，不用出费用，而是协助制药企业完成药品所在区域的销售，小包人员不接触药品和货款，只负责销售，销售完成后，从小包的制药企业获得佣金或销售提成。

还有一种关于小包的说法是：小包可以承包药品进医院的开户工作。比如笔者做药品销售的时候，就请人做过小包，当时开发一家医院立了户并连续销售 3 个月，我们就支付给帮助开发医院的人几万元的费用。这些帮助我们开发医院的人身份各异：有的是其他制药企业的人、有的是医药商业企业的人、有的是和卫生局或医院领导有关系的人。

小包也可以承包开发新科室的工作。比如 A 制药企业在一些医院的科室始终打不进去，而有些人比如上述人员和这些很难开发的科室主任有关系，就可以借助他们的关系把药品进入科室，让科室开药。一般会出现两种情况：一种是进了科室就支付几千元的费用；一种是从未来一年中的销售额中提取一部分作为提成奖励，以防止科室主任和小包人员作弊。

小包也可以承包到医院查房。有些医院药品销售了，但药房管理人员由于不熟悉或者其他原因不给查房，不查房就不能确定哪些科室哪些医生用了多少本企业药品，后续很多工作难做，于是就请一些人承包查房工作。

小包也可以做区域商业客户开发工作。一些人在某些区域有着良好的医药商业关系，客情关系较好，这时请他们帮助开发商业客户可以很快地构建起区域渠道网络。

小包也可以帮助回款。比如在一些医院回款较慢，可以请小包人帮助回款，费用根据回款多少按比例支付。

小包也可以做终端铺货。比如确定 50 家门诊、药店和民营医院，小包人按照协议把 A 制药企业的一定数量的药品全部铺到这些终端，铺完货后不用负责后面的促销，就可以获得小包佣金。

小包是一种非常灵活的补充营销模式，可以充分领用区域的营销资源为制药企业服务，一般小包可以在制药企业允许并提供费用支持的前提下由区域办事处确定，这样可以有效地拓展市场，完成区域办事处的销售任务。

六、学术化营销

1. 学术营销模式的基本状况

现在很多人都在讲学术营销，但很少有国内制药企业把学术营销做成主要营销模式的，大部分都是作为药品营销的补充模式。

反而学术营销原创者也就是外资药企把学术营销做得比较长久。

那么什么是学术营销？

学术营销，简而言之就是根据药品的主治功能、临床数据和差异性，提炼出药品的差异卖点、联合用药的关键作用、治疗的机理等对受众（医生或者消费者）进行多次沟通，让受众认可药品，从而形成销售的营销模式。

学术营销主要是来源于外资药企做专利药，因为专利药很多医生或者患者不清楚其使用的最佳方法和如何联合用药。所以，外资药企就要给医生或患者系统讲授专利药知识，当然，大部分学术营销针对的是医生。

而国内的制药企业的化药产品基本是仿制药，仿制药具有多大的做学术营销的意义，大家很清楚，而中药很少有企业做学术营销。

国内的学术营销很多是"挂羊头卖狗肉"，借着学术营销的名义，开会搞旅游、私下给回扣，贵重纪念品赠送等。但这种"挂羊头卖狗肉"的做法有时候比真正意义的学术营销作用还大，尤其是那些"神药"，经过几次"学术营销会议"后，放量销售。

其实，并不是说国内的制药企业做学术营销没意义，而是我们要探讨出一个具有真正有效的学术营销路径。

在国内，真正有价值的学术营销是存在的，尤其是那些以新药研发为发展导向的制药企业，他们做了很多很专业的学术营销活动。

学术营销可以帮助制药企业构建一个高效、权威、系统的营销模式，可以整合国内专业的学术带头人资源、研发资源、产品资源和市场资源，可以让制药企业的产品在诸多竞品中获得长足的发展。

如果我们的处方药营销上，能为医生提供更好的疾病治疗方案、提供更多的病例支撑、提供更多的治疗思路和理论，那么，我们就可以创建新的处方药营销模式。

而上述几点就会成为处方药营销创新模式的关键要素，但需要明确的是，这几点的重心根本不是医生，而是疾病本身和消费者。

也就是说创新的处方药营销模式的工作重心将会从医生向疾病和消费者转移，那么药企就会随之进行角色转变，从一个单纯的卖药者，向专业的治疗服务者转变，也可以叫进化，而卖药行为仅仅是药企专业性的一个具体的载体，这个载体将因为药企身份的转变而放量。

创新的处方药营销模式既然有两个重心，那么药企的市场工作就会发生偏移。一方面要针对疾病治疗研究新的治疗方案和治疗理论，另一方面要针对消费者用药进行数据管理，药企可以把进行分析的消费者用药信息传递给医生，让医生根据消费者用药信息来提升自己的用药水平。

笔者在新著《医药企业转型升级战略》中反复提及的针对医生和消费者的两大解决方案，其实就是在帮助药企重新找到处方药创新模式。

比如糖尿病，不同的患者的用药情况迥异，药企把消费者数据收集、整理、分析后制定标准的糖尿病用药手册，这个用药手册可以传递给医生，也可以传递给消费者，从而让消费者和医生都能根据实际情况合理使用相关药物。药企也可以建立相关的平台：网站、APP、微信群、qq 群等，通过相关的平台，把医生、患者与药企的平台进行黏结，最终与企业品牌黏结。

药企的平台可以是学术性为主旨的，主要针对医生；也可以是交流性质的，主要针对消费者，也可以建立综合性平台，让医生与医生之间、医生与消费者之间、消费者与消费者之间进行更多的互动，这不仅仅互利医生和消费者，更有利于让二者与药企品牌、药企产品黏结。

随着国家药占比推行，单纯地依靠医院是无法形成较高的业绩获取较高的利润的，何况医疗机构的招标体系、二次议价体系已经开始普及，更多的降低药价的行为成为常态。

所以，药企需要创新处方药营销模式，从一个重心向两个重心转变，这样就可以既能规避医疗机构的药占比推行，还能避免商业贿赂，更能链接消费者，获得庞大的消费者群体，形成从非监管层面获得更多的市场覆盖。

有战略眼光的药企，肯定会早早布局，比如仁和集团。你真以为仁和集团想从"互联网＋"的业务模式上获益吗？你真的以为他们的战略意图仅仅是转变营销模式吗？其实，仁和集团真正的战略意图是获取消费者信息，从而为集团发展奠定长期的基础，一旦仁和集团掌控了庞大的市场信息、消费者信息、药品使用信息，那么，其他的药企根本就无力反击。

而且，很多外资药企，比如诺华、强生等，都早已经开始了对消费者用药的追踪，他们在静默中升级自己的营销模式，因为升级营销模式需要一个时间段，一旦外资药企确立了新的营销模式，中国药企还想从仿制药领域占据优势，基本就成为空谈。

但，估计很多医药同仁读不懂上面笔者的意思，因为很多药企的同人习惯于模仿，不习惯于创新，习惯于守旧，不习惯于深思。这一点笔者深有感触，笔者去为药企讲处方药模式创新的课程上，很多参与培训的高管都感觉很惊奇，因为他们从没有想过类似的创新思路，而是只想着怎么去做学术营销，而学术营销的艰难推进又让他们非常无奈，感觉到无路可走。

现在全球的医药行业都处于一个崭新的发展阶段，无论外资和国内药企，都没有真正意义上可以借鉴的标杆，所以，唯有根据自身的能力和资源，进行创新性的发展，才是药企基业长青的根本。

2. 学术营销形式的操作

学术营销的形式最好灵活些，不要局限于外资药企或者内资药企的一般性做法。

（1）广泛利用医疗界媒体资源。

医疗界媒体资源是很多医生非常关注的，这些平台可以吸引很多医生参与，也是制药企业作为学术营销的一个推广平台。比如在专业期刊上发表一些专业的用药知识和技术，引领一些医生或者医院参与药品四期临床，发布各种研讨会等。医疗界媒体或者医药媒体都是受医生关注的媒体。

（2）充分利用好专科会议和其他医疗界会议。

现在一些医疗学术机构经常搞专科研讨会议，比如糖尿病相关会议、心脑血管相关会议等，这些会议完全可以由制药企业主办，在做专业学术研讨的同时，可以把制药企业的产品导入医生群体的头脑中，让医生群体逐步认可。

大批医生或院长参加的会议，比如中国院长会议，中国县级医院院长会议等，这些可以由制药企业主办。

（3）真正做好院内的学术会议。

医院内的学术会议一定要做充分的准备，不要简单地发点产品彩页、企业简介就草草了事，这很难吸引医生参加。新型学术会议的内容前面已经介绍，大家可以借鉴一下。

（4）由专业团队来做学术会议。

制药企业很多都有医学部，各个医院的学术会议最好让医学部或者市场部的人来做，而不是让销售人员来做，避免不专业和白白浪费资源。

（5）要真正建立起专家团队。

很多制药企业有建立专家团队的意向，但是基本都没有做成真正的专家团队。因为很多所谓的专家团队没有学术带头人，比如糖尿病领域，国内有很多具有权威的学术专家或者医疗专家，但很多经营糖尿病产品的制药企业并没有和他们形成长期的互动关系，甚至都没有建立联系。一个真正的专家团队可以为制药企业的产品线带来很大的销量。

总之，学术营销完全可以作为制药企业未来发展新药上量的法宝。但真正做好营销，单一的靠学术营销做不大，好的营销必须有好的产品战略、好的商业模式、好的资源整合平台和好的专家团队。同时也需要更有效率的品牌宣传、更好的产品质量和更专业的渠道终端管理。

七、控销模式

1. 什么是控销

控销模式就是普药或 OTC 企业梳理产品线，通过有推广价值或有品牌的单品或产品群，对渠道、终端、价格、覆盖面、促销活动、销售人员行为等进行可控性营销，以期稳定市场价格、加大终端的销售热情、提高药品的销售质量和销售数量和避免终端低价倾销、窜货、乱价等行为的发生。

（1）控销的前提是产品战略或者产品线规划。

控销模式其实是精细化营销的一种综合性运用。控销的前提是产品战略规划，有了明晰的产品战略后就知道哪些产品应该使用什么营销模式，哪些产品线具有控销模式运用的潜质。

有了产品战略后，就可以根据企业发展战略导向进行渠道、终端的布局。

控销，其实在市场上是一种对协作客户的承诺，这个承诺就是：只要你能全力的销售我的产品，我可以控制住价格，不乱价；我可以控制住渠道，不窜货；我可以控制住销售人员，提供优质的服务；我可以控制住物流，补货及时；我可以控制住费用，支付及时到位。

控销形成的承诺会让进入制药企业控销体系的终端尽可能的销售制药企业的产品，因为可以获得比其他竞品更多的利益，而且不用担心其他问题。

终端如果心无旁骛的卖实施控销制药企业的产品，渠道也会更为积极地经营实施控销体系的产品，轻易不敢乱价、窜货，否则就有被替换的风险。未来能获得控销制药企业的商业合作，渠道会根据制药企业的要求现款拿货，提前支付保证金。

所以，控销的深化了精细化营销的模式，这种模式带给制药企业是更多的销量，也是制药企业给市场、给渠道、给终端更多的承诺。

（2）控销可能适合以药店、门诊和民营医院为主要销售市场的制药企业。

笔者认为，控销可能更适合非公立医疗机构市场，而不适合公立医疗机构市场。因为医院市场有其独特的一面，就是每个医院都是独立的、有很强话语权的，制药企业不会说这家医院进这款药品了，另外几家医院就不进了，反而会尽可能地让更多医院进货。而制药企业可能无法控制药品在医院的价格，比如这个区域的医院按照零差价销售，平进平出，其他区域的医院可能加15%，售价要高些，这是政策导致的，制药企业无法控制。

最重要的是患者对医院药品价格本身就不敏感，医生开了药，多少钱都要买，没有选择权。

（3）控销要建立针对性的薪酬绩效体系。

做控销，并不是把现有的产品简单梳理后就交给销售人员，告诉他们开始限制渠道数量、终端数量、开始和渠道终端谈判做首推。做控销除了先要有产品线规划外，还要重新构建针对性的薪酬绩效体系。

一般情况下，可以做内部小包制，把产品线承包给省总、地总、区域人员，做好利润分配，但要留出市场费用，不能一次性全给销售人员，因为控销的真正起作用的不单纯是渠道和终端，而是在终端的促销、活动和其他增值服务。

有些制药企业做控销时，采取了一些培训师的建议，直接大包，把业务人员做成大包商，结果当效果不明显时，这些大包商中的一些人干脆和企业"躲猫猫"，甚至有些人去了其他制药企业。这也是一些中小企业做控销失败的原因之一。

2. 做控销具备的条件

（1）做控销，要做好市场研究。

控销是精细化营销的综合运用，做好精细化营销，就要对市、县为单位的商业渠道和终端进行研究。比如 A 制药企业做心脑血管产品为主，如果选择的渠道和终端本身就已经首推其他制药企业有竞争性的心脑血管产品了，那么 A 制药企业就不能再选择这些渠道和终端做布局。

制药企业的市场部门要研究好各地的用药结构，不同省份的用药结构是不同的。比如南方风湿类药物畅销，但北方销售一般，北方高血压患者多，但对于南方，明显偏少。

（2）做控销，终端布局点很关键。

很多人说控销最好与一个城市一家连锁药店合作，这样连锁药店自身点就比较多，也能做主推。笔者认同这个观点，但需要明确的是，制药企业选择药店是被动的，不是想和哪一家合作就和哪一家合作，这需要先了解连锁药店的实际情况，再了解连锁药店的合作意向，有些制药企业人员觉得某个连锁药店合适，但这家连锁药店已经做其他企业品种主推了。而且，不同的连锁药店在城市的布局点是有限的，连锁药店不可能在每个区域都布点。

综合上述考虑因素，就要对连锁药店的要求考量，是选几家小型连锁，还是选择一家大型连锁，还有一种选择，就是选择单体药店。

（3）做控销，最好是既有高空间，又有品牌的产品。

现在很多药店在选择主推产品的时候，是比较谨慎的，药店尤其是连锁药店并不像很多人说的一样，只要是高毛利的产品就做主推，现在高毛利的产品多如牛毛，药店的选择面也比较大。

以前有过一段时间，药店的店员主推毛利最高的药品，但很多毛利最高的药品都是不知名的药品，时间长了，引起了患者的反感。和医院购买药品不同，患者在药店购买药品自身有很大的选择权，如果店员总是推荐一些不知名药企生产的药品，患者会逐渐有较强的警戒心理，知道药店店员推荐的都是药店最赚钱的药品就会拒绝购买，如果药店长此以往的这样做，就会丧失很多客源。

所以，药店选择主推的很多都是知名品牌制药企业的二线产品，尤其是以前总是在电视等媒体上做广告的制药企业，在患者心目中有较大影响力。知名制药企业的二线产品，甚至三线产品，毛利空大，患者认可，店员在推介过程中容易形成购买行为。

（4）控销的重头戏是在确定合作终端后。

很多中小药企做了控销后，销售额急剧下降，最后控销实验失败。

笔者后期经过仔细研究，发现的确不是控销模式的问题，因为控销毕竟只是一种模式，当条件具备了就适合，当条件不具备就不适合。

一方面很多中小药企没有进行产品线规划，也没有仔细研究市场，更没有有效的针对性的薪酬绩效体系，另一方面最重要，就是没有后期的终端跟进服务。

控销，在确定了控销队伍、控销渠道和控销终端后，就要开始对终端进行跟进，不跟进都会出问题。但是控销人员跟进终端，需要费用支撑，而这一部分的费用，是在开始控销前已经计算好的。制药企业的控销人员要围绕终端做好促销、消费者引流、活动策划、药品陈列、店员培训、社区卫生中心导入合作等，这些内容才是控销成功的关键。

很多中小制药企业采用控销模式失败的根本原因是没有透彻了解控销的本质，仅仅知道大包给销售的队伍、减少渠道和终端、控制好价格、控制好渠道就坐等收钱了，既没有前期产品规划、薪酬核算、费用核算、市场调研、终端选择，也没有后期服务跟进和投入，这种做法肯定会失败。

八、CSO 模式与合伙人模式

1. CSO 模式

CSO 是合同销售组织（Contract Sales Organization），这个

也是舶来品，发源于国外，现在国内采用 CSO 做得好的主要是康哲药业和香港亿腾医药（上海）。很多医药商业企业推崇 CSO，但是做不起来，因为缺少很多必备的条件。而一些制药企业也跟着宣扬，把 CSO 模式神话。

CSO 如果在营销领域，可以说是营销外包，就是制药企业不再更多地把精力放到营销上，而是外包给 CSO 企业，CSO 企业负责制药企业的所有营销工作，制药企业只做好生产即可。

而 CSO 企业则利用自身的渠道资源、终端资源、团队资源、市场资源、政府资源等为制药企业的产品迅速打开市场并推向市场，形成销量。

CSO 企业还可以为制药企业提供非整体营销外包的工作。比如产品线规划、产品策划、产品分析、市场分析、营销模式设置、产品培训、市场培训、营销体系薪酬绩效设计、市场开发、渠道拓展和终端开发维护等关键环节的服务，为制药企业提供专业的咨询服务。

现在国内两家 CSO 做得比较好的康哲和香港亿腾医药主要面对的是大型企业和外资药企，还没有真正面对中小制药企业的 CSO 企业。

鼎臣咨询是专业的医药咨询机构，目前正联合各大平台、投资机构、一些有规模的制药企业、一些医药商业和行业内专家，意图组建为国内制药企业提供专业 CSO 服务的机构，有意向的企业或机构可以一同某局。

2. 合伙人营销模式

目前一些制药企业在做合伙人营销，或者叫营销合伙人。制药企业营销合伙人的概念就是制药企业提供优质的产品、媒体支持和地面活动的费用支持，而营销合伙人利用自身在某区域的销售资源、市场资源和团队资源与制药企业合作，一同做某区域的销售工作。制药企业不给营销合伙人及其团队提供薪资，也不做绩效考核，营销合伙人自己发展团队，自己为团队成员支付薪资和进行考核。

制药企业和营销合伙人只是在产品区域销售上面产生合伙，制药企业制定出产品的操作空间，预留给营销合伙人较大的运作余地，让营销合伙人有利润、有市场费用和团队成本费用等。

实行营销合伙人的制药企业，一般都是以代理模式为主的制药企业，这类企业基本没有营销队伍或者营销队伍孱弱，所以想采用一种既不花费多少成本，又能优化代理结构的营销模式。

营销合伙人在外面从事营销工作仅以制药企业业务人员、合作人员的名义，帮助制药企业发展迅速业务，完成产品在区域的销售。所以营销合伙人可以是兼职的，也可以是专职的，毕竟营销合伙人没有入职制药企业，仅仅是业务合作。

有些制药企业可能会给营销合伙人或者其团队一点基本工资，但这种做法其实已经改变了营销合伙人的性质，只要企业为营销合伙人支付了工资，那么其实就成为聘用关系，制药企业就要履行相关的薪酬义务。比如五险一金，发生工伤制药企业是要担负责任的。笔者认为，为营销合伙人定期支付市场拓展基金的方式要好一些。

营销合伙人模式和个人代理或者大包模式比较，只不过换了个"马甲"而已，精明的医药营销人士其实很容易看清。

九、制药企业直供模式

直供模式，就是制药企业绕过医药流通商业，直接向医院、药店等供应药品的模式，由于砍掉了中间环节，表面上节约了很多中间费用，可以使药价降低。

目前，药品直供模式有三种情况：

1. 制药企业为单体药店直供

制药企业为单体药店直供是早期一些制药企业为了让单体药店终端获得更多的利润，从而更积极主动的销售制药企业的产品，经过销售人员的活动推动和上门工作，单体药店直接向制药企业现金购买药品，而不用再从上面的商业渠道购买药品。这种情况下，制药企业、单体药店和销售人员获益都多于经过商业流通进货单体药店。

制药企业直接向单体药店供货，可以避免商业公司到处窜货，也可以控制住价格，避免不同的药店销售价格不一样。所以这种向单体药店直供的模式获得了大量单体药店的支持，让直接向单体药店供货的制药企业形成了较快的发展速度，销售业绩高速增长。为了规避政策，向单体药店直接供货的制药企业会通过过票或者成立商业公司等方式解决中间流通问题。

现在，随着国家支持药店连锁化发展，很多单体药店或者倒闭，或者被收购，或者主动加盟大型连锁药店，或者一些单体药店联合起来形成新的连锁药店。

直接向单体药店供货，需要庞大的销售团队，就是所谓的"人海战术"。国家政策导向和药店行业的格局转变，让大规模直供单体药店的模式成了鸡肋。

2. 向连锁药店供货

由于连锁药店有着覆盖较广的终端资源，也掌控着数量庞大的客户资源，他们为了获得更高的利润，降低自己的经营成本，获得厂方更好的支持，会直接和制药企业谈判，在带量采购的前提下，要求制药企业避开中间环节，以较低的价格直接向连锁药店指定地点供货，统一结算。

很多制药企业为了应对这种格局，纷纷成立了 KA（重点客户）部，专门和连锁药店对接。在这种直供中，连锁药店有很大的话语权，比如很多连锁药店要求 30 扣（即 3 折），还要求进店费、摆放费、位置费、店庆费、促销费等，这些费用都成了连锁药店的净利润。

向连锁药店直供，是很多制药企业痛并快乐的事情，快乐是连锁药店年度采购量都很大，而且基本都能完成协议指标，痛是各种费用让制药企业利润降低，苦不堪言。

3. 直接向医院、医联体或者 GPO 供货

这种情况几年前就存在，一些用药量较大的医院也要求制药企业直接供货。医院会要求制药企业提供一定的费用给医院，因为医院认为砍掉了中间环节，制药企业节省了费用，就应该给医院一些分配，至于多少，医院会和制药企业谈好。所以，制药企业向医院供货其实并没有起到降低药价的作用。

在以药养医的惯性经营思维下，一些地方二次议价发展快、范围广、数量大。于是地方的一些医院或者多家医院组成的医联体和制药企业围绕价格进行谈判，要求制药企业在招标价格基础上降低多少百分点。比如某省医联体要求制药企业在

招标基础上降价 20%，也有提出降价 30% 的要求。比如深圳市在《深圳市公立医院药品供应保障制度改革实施方案（征求意见稿）》中提出降价 30% 的目标，为了达到降价目标，深圳市建立了集中采购组织（GPO）。

经过二次议价谈判，医院或者医联体会要求制药企业可以直接向医院供货，从而砍掉中间环节，减少制药企业的物流成本，这也是二次议价谈判的筹码之一。

但是有一种现象，比如一些省份经过二次议价，药价降低了，但患者在医院购买药品时发现，药价还是招标价格，降低的部分去了哪里不得而知。

由于制药企业向医院、医联体或者 GPO 直供现象的出现，一些省份在"两票制"的基础上提出了"一票制"，这种"一票制"成了相关部门的行政业绩。

其实无论哪种直供模式，对制药企业来说都是有巨大诱惑力的。

通过商业渠道供货给各类终端，制药企业可能获得不了终端的销售数据，也无法获知患者或者消费者的购买状态和需求变化，同时对市场的监控和管理也比较弱化。直供以后，制药企业可以轻易获得相关数据，也能让产品很快的直接面对患者销售。

所以，现在很多制药企业通过精细化营销、控销和终端拉动等手段，把大量的终端做成自己的代理商，甚至有些制药企业直接和药店终端签署代理协议，其他终端想要货，需要向和制药企业签署代理协议的终端购买，这种情况无疑提升了协议终端的市场层级。协议终端也尽可能地为合作制药企业提供品牌宣传、药品首推、良好的货架位置、数量较大的堆头、经常性的货架产品打理等服务。

制药企业也会经常的利用协议终端的门店，做很多直接对接患者的增值服务。比如利用协议终端的诸多社区门店做免费检测、健康培训和药品促销，以期获得更多的消费者数据，提升企业品牌知名度。

由于直供模式的诸多好处，现在很多大型制药企业都在布局终端。比如一些制药企业就在区域收购临终端商业，这样可以直接在区域向终端供货。有些制药企业延伸产业链，进入连锁药店行业或者医疗行业，以期在制药行业复合增长率整体疲软的情况下，构建新的业务体系，获得更好的发展。

十、DTC/DTP 和 DFC 模式

1. DTC/DTP（Direct-to-Customer/Direct-to-Patient）模式

DTC/DTP 模式就是直接面对患者或者消费者的营销模式。

一般情况下，药品有两大消费群体，一是医生，二是消费者。中国的大部分药品是通过医生开具处方开出去的，这个数据大约占70%，其余的药品是患者自行在药店、门诊等购买的，大约占30%。

就慢性病而言，医生可能开具一次处方后，患者后期持续服用药品就不再到医院请医生开具处方，而是自行到药店、门诊等购买。比如很多做了血管支架患者需要长期服用特定药物，这类处方药物大部分通过药店销售出去。

DTC/DTP 模式其实是对医生开具处方后的一种延伸营

销，当患者明确知道自己应该长期服用哪些药品后，他们会自行决定购买的地点，不需要再咨询医生的意见。即使如此，患者也需要知道更多：怎样联合其他药物服用效果更好？长期服用的药物毒副反应应该怎样更好的处理？比如某款高血压药物服用后产生口渴，那么这种情况是不是有比较好的解决办法？

有没有更好的治疗技术和治疗机构，让自己的疾病能更快地好起来？有没有相关的机构可以提供送药上门、用药指导等增值服务？

上述这些需求，就为 DTC/DTP 模式构建了患者群基础。

于是，制药企业或者医药商业就开始构建和患者及其家属链接的体系，并构建 DTC/DTP 模式药房（这种药房很多是从传统药房增加服务内容形成的），通过 DTC/DTP 药房，可以为患者构建更为系统的用药指导服务、送药服务、治疗信息提供服务和提醒购药服务。

DTC/DTP 模式可以让患者直接参与到对自身疾病的管理中来，可以让患者长久的保持对某一个或几个药品品牌的长久的忠诚度。

现在，中国的制药企业是不重视 DTC/DTP 模式的，尤其是那些以医院为主销渠道的制药企业，在面临药占比、辅助药目录等政策性限制下，除了进入零售市场基本没有太好的发展思路。

其实 DTC/DTP 模式可以给原来以医院为主的制药企业一个很好的营销机会，比如哪一家制药企业开始大规模地采用 DTC/DTP 模式，用网站、论坛、APP、公众号、微信群和快手等方式把相关慢性病患者聚集起来，长期向他们提供 DTC/

DTP 服务。这家制药企业就可以长期的黏结患者群体，放大品牌影响力，同时销售自身的药品，并能销售更多患者需要的其他产品。

由于 DTC/DTP 模式直接面对的是消费者，消费者可以通过口碑相传，群体互动等方式来快速扩大患者群体，这样制药企业就可以更好地对消费者展开相关疾病的康复教育，从而形成新的更多购买力。

DTC/DTP 模式可以拓展制药企业的销售渠道。比如小众药品地高辛、优甲乐等，制药企业可以避免医院不愿意采购和开方，而是直接面对消费者，为消费者提供更多的购药渠道，最终放大销售。比如新仿制药，现在很多制药企业的新药研发出来后，由于招标周期等政策性限制，无法快速进入市场，通过自己构建的 DTC/DTP 模式，可以让患者提前或者购买到价格更为低廉但疗效相同的药物，为患者节省了费用，也为制药企业的新仿制药较快进入市场提供了机会。

2. DFC 模式

DFC（direct-from-consumer）营销模式，就是患者通过相关的系统，比如网络、微信群、QQ 群、邮件等把自身的疾病情况、用药情况、生活方式等发送给相关系统，相关系统把患者发送的内容传送给医生，医生评估患者的用药和疾病等情况，给出更好的处方建议和疾病康复建议，从而让患者可以得到更好的治疗和更好的用药体验。

医生可以从 DFC 模式中获得患者的用药数据和疾病治疗数据，从而可以为这一疾病的其他患者提供更为有效的治疗方案。制药企业可以从患者数据中获得更好的研发数据，可以从医生治疗方案中销售更多的药品。所以，DFC 模式无论对患者、医生还是制药企业，都是三赢的结果。

DFC 模式本质是制药企业客户关系管理。对制药企业来说，可以从 DFC 系统获得消费者数据，可以让医生改变原有的用药习惯。

据网上数据显示，在美国有近七成患者愿意将自己的治疗情况和经济状况等信息提供给处方医生；有 3/4 的患者称自己在 DFC 营销活动中受益；有 85% 的医生读过 DFC 报告，其中有 84% 的医生将报告放入了患者的医疗档案；有 40% 的医生就报告的内容与患者进行过讨论。据美国 IMS HEALTH 的统计数据，DFC 营销使新药的医生处方量比原先增加了 24% ~ 110%。目前，DFC 营销活动多集中在那些用于治疗患者高度关注病情缓解程度和生命质量疾病的新药，比如风湿性关节炎（RA）、多发性硬化症（MS）、阳痿以及止痛药品等。

通过 DFC 营销模式，制药企业可以丰富自身在学术营销方面资料不足的窘境，通过更为有效的学术营销来扩大医生开具本制药企业药品的群体。

DFC 营销模式需要制药企业先行构建 DFC 系统，这个系统要对接好患者和医生群体，前期可能需要制药企业自身配置医生，后期随着患者群体的扩大，可以对接诸多专科医生，由于有大量患者参与，医生是愿意进入到 DFC 系统中来的，因为这可以帮助他们提升诊疗水平，同时获得更多的患者源。

DFC 模式总体上是对 DTC/DTP 模式的一种实际意义上的补充。

十一、数据库营销模式和直复营销模式

1. 数据库营销模式

现在很多制药企业都在说数据库营销，基本上是雷声大雨点小，很多企业可能连数据是什么，在哪里寻找都不清楚，更谈不上做数据库营销。

对制药企业来说，数据库营销就是通过在医院、CDC、社区等获得相关疾病的消费者数据，分析这些数据的可用性，进行数据跟踪，为潜在的消费者提供专业的用药指导、疾病康复指导、疾病预防、疾病饮食等服务，让患者能够认知制药企业的品牌、产品和协作终端，从而能够长期的购买制药企业的药品或者其他产品，并形成对制药企业的长期的忠诚度。

制药企业数据库营销，需要制药企业构建医生团队、呼叫中心和对接患者体系（网站、APP、QQ 群，邮件、电话、微信、微信群），这样可以让患者持续通过制药企业的体系与制药企业进行互动，从而长期从制药企业获得更好的用药体验和疾病康复指导。

在医药行业，数据库可以通过系列手段深挖有效客户数据、真实的患者疾病和用药信息，最终形成庞大的患者数据量，从而形成产品销售的一种慢性病用药的长期模式。

数据库营销需要获得患者的用药和疾病数据，这要求制药企业能够打开获得数据的路径，获得患者数据后，还要对患者数据进行整理、分析和整合，形成有效数据。在获得有效数据后，要通过专业的呼叫中心系统，有针对性地进行沟通，如果制药企业有更好地传播处理，就要把潜在患者导入到制药企业的传播路径中来，让潜在患者知道制药企业的品牌、产品和服务内容。当潜在患者能通过制药企业的传播路径获得更多的有价值的服务后，就会逐步信任制药企业的品牌和产品，从而产生购买的欲望。

数据库营销在医药行业竞争中，可以抢走竞争对手的客户。通过数据库分析，可以了解患者和竞争对手的业务联系，可以知道患者对竞争对手的产品的购买和使用情况。这样就可以通过针对性的竞争策略改变营销模式，提供更好的购药、药品使用体验和更好的增值服务，最终从竞争对手那里抢夺客户。

通过数据库，可以令制药企业的营销更加具有针对性，更能获得客户的认可，更能让销售渠道多样化、成本最小化和效果最大化。

现在外资药企正加快速度布局患者数据库营销。未来，数据库营销必将成为一些制药企业的竞争利器，而这种竞争利器一旦形成，就很难被竞争对手超越，最终数据库营销会成为一些有竞争实力的核心竞争力。

2. 直复营销模式

直复营销（Direct Marketing），是以互联网为基础的营销模式。通过互联网、电话、邮件、QQ群、微信群等媒介向数据客户发布产品信息，以期患者能够购买产品，从而盈利的营销模式。简单说就是直接向目标客户传递产品信息，形成购买后，想尽办法刺激目标客户重复购买的营销模式。

美国直复营销协会（DMA）定义为："直复市场营销是一种互动的营销系统，运用一种或多种广告媒介在任意地点产生可衡量的反应或交易。"直复营销在一定程度上费用降低了、效率提高了。

梯瓦制药的营销模式其实就是数据库营销＋整体解决方案营销＋直复营销模式的综合运用。所以梯瓦制药能够有上千万的长期用药患者群，这些患者群长期购买和使用梯瓦制药提供的仿制药产品，不再去购买价格高昂的专利药或者原研药品。

直复营销模式至今在国内制药企业应用较少，外资制药企业应用较多，但是国内的医药电商平台采用的基本就是直复营销的模式。医药电商的直复营销做的是非常浅层的，仅仅是做了"直"的部分，而没有做最有价值的"复"的部分，所以医药电商做得都很一般，这其实也和国家关于医药电商的相关政策有关系。

由于直复营销直接面对目标群体，砍掉了中间环节，从而降低了产品的价格，也让企业获得了更多的利益。同时顾客通过远程连接，就可以获得想要的药品或者其他产品，客户的成本几乎为零。

在医药行业，直复营销模式需要通过一定渠道和患者形成连接，没连接就很难形成直复营销。因此在直复营销中，怎样连接消费者非常重要。

现在互联网的诸多技术极大地推动了直复营销的发展，尤其是新媒体。比如微信群、快手等手机端。在采用传统营销模式的制药企业逐渐丧失竞争力，其拓展的产品如慢性病用药、保健品、保健食品、家用医疗器械等难以形成规模时，直复营销就成为制药企业非常好的选择。

某制药企业发展保健品业务多年都没有形成规模，始终在几百万徘徊。

鼎臣咨询项目介入后，开始对某制药企业的保健品、化妆品进行详细的分析和研究，最终确定了极大产品群，作为某制药企业发力的关键点。帮助某制药企业构建了网上销售平台、微信群、QQ群等直接和客户的对接系统。

鼎臣咨询从某些渠道获得了某两类慢性病患者的数据：化妆品的购买数据和其他数据，通过整合分析后，某制药企业和客户直接对接系统逐步把有效潜在客户群向平台吸引。

某制药企业先采用直接邮购赠送试用装的方法，让潜在客户获得产品的应用体验，再以打折的方式让潜在客户以较低的价格购买正品。

潜在客户在试用某制药企业试用品获得良好的产品体验后，很多都会继续购买正品。当某制药企业产品恢复原价，可以赠送部分其他试用产品的方式来持续黏结客户。

某制药企业针对不同的消费者，提供了较为丰富的产品目录，并辅以详细的使用说明和产品简介，定期向客户赠送试用装。对于不上网的潜在客户，某制药企业通过电话的方式和客户建立联系，也是先通过直接邮寄试用装和目录的方式黏结客户。

某制药企业同时建立了30多人的专业呼叫中心团队，经常就一些客户通过电话、网络、手机端的问题电话远程指导使用药品，并借助电话给予更多增值服务和赠品，让客户喜欢接听某制药企业的电话，甚至盼望某制药企业的电话。

为了让客户相信某制药企业的产品是正规、有名气、有品牌的产品，某制药企业在网络视频和电视上投放了少量广告，一方面吸引更多的消费者，一方面向已经购买产品的消费者证明他们购买的产品是正规的大品牌产品。

运行一段时间后，某制药企业的相关产品销售从几百万元达到了 2000 多万元，而包括赠品在内的成本是 800 多万元，其中还包括给鼎臣咨询的服务费用。

总结：直复营销是制药企业做慢性病用药、保健品、保健食品和家用医疗器械的竞争利器，这种模式可以在不惊动任何竞争对手，也不需要支付更多成本的情况下形成良好的销售。如果某制药企业在全国各地有自己的销售门店，效果可能会更好。

十二、专科模式和外包营销模式

1. 专科模式

目前有很多制药企业的专科药销售情况并不是太好，主要原因是这些制药企业的专科药是按照普药的方式销售的，并没有针对专科医院或者门诊进行定向销售。

一些做得好的专科药，都是直接向专科门诊、专科医院直接对接，并跟进较多的学术营销活动以及其他的活动，来促进销售。

专科药营销的学术问题，一般都是经过制药企业针对专科疾病专业设置的，他们不仅从渠道上单独构建针对专科诊所和专科医院，还从诊疗技术和药品联合应用等多方面进行布局，最终形成一般药品难以企及的营销规模。

专科药品在很多制药企业是比较多的，比如风湿骨科类药品、肝病药品、精神病药品和皮肤类药品等。

我国目前专科门诊和医院数量庞大，在 30 多万家门诊医院中，就有约 21 万家专科医院和诊所，可谓数量极其庞大。

2. 借助 CSO 公司的外包营销模式

目前，国内对 CSO 模式炒作的比较厉害，但是国内还没有真正的 CSO 公司，很多制药企业自己在建立所谓的 CSO 公司，标注的都是咨询公司或者科技公司类的注册性质。

其实真正的 CSO 公司是专业为制药企业、医药商业企业和各类医药终端企业提供专业服务的，并不能参与到具体的医药营销竞争中去。

制药企业如果做 CSO 公司，其他制药企业会把产品放在你这个 CSO 公司里面吗？本来就是竞争关系，你卖抗生素我也卖抗生素，你生产心脑血管病的治疗药品，我也生产心脑血管病的治疗药品。

最大的问题是现在医药企业产品同质化严重，一个产品有上千种规格，有上千个批文，很多所谓的独家产品其实大部分是剂型或者规格独家，而不是药品自身独家。这种情况下，制药企业很难构建一个真正的有说服力的 CSO 公司，如果没有其他制药企业把产品放在制药企业自己构建的 CSO 公司，基本上这家 CSO 公司就成了制药企业自己的营销公司。

CSO 公司需要为上下游企业提供诸多的增值性服务，比如产品策划、战略规划、市场调研，营销规划和融资服务等专业的增值服务，这些都是现在制药企业所不具备的。

随着我国医药行业"两票制"、营改增、GPO、医联体采购、二次议价等政策或者模式的推进，很多制药企业面临巨大的营销转型的压力，同时大多数医药商业企业也面临巨大的转型压力。这种情况下，真正具有 CSO 性质的相关企业就会出现。

前文提到的麦斯康莱就开始布局相关业务，是真正意义上的合同销售组织。麦斯康莱不是简单的 CSO，甚至不叫 CSO，而是独立于医药行业之外，专业服务医药行业各类企业的纯粹的第三方医药工商服务支持平台。

麦斯康莱上游整合大量制药企业的产品资源，下游整合 600~1000 家纯销商业资源（每个地区只选择一家合作商业，而且只和有终端资源的纯销商业合作），麦斯康莱不仅为制药企业提供产品销售，还能源源不断地为合作的纯销商业提供各种需要的产品（药品、器械、耗材、保健品等）。

对上游制药企业，除了承接药品的全国销售工作产品，麦斯康莱还对上游制药企业提供融资、新产品引进、管理咨询、投资并购、人才猎取和专业培训等真正专业的增值服务。

对下游纯销商业，除了为纯销商业源源不断地提供区域独家经销产品，麦斯康莱还会为合作的纯销商业提供融资服务、发展规划等管理咨询服务、终端资源整合服务、专业销售人员整合服务、学术推广服务、医院各种专业服务、培训服务、产品策划服务等其他真正专业的增值服务。

麦斯康莱帮助制药企业销售产品，帮助合作商业获得区域独家产品经营权，最终目标是帮助合作的医药企业发展壮大。麦斯康莱为了保证合作制药企业和商业企业的根本利益，不会接触医药物流和资金流，而是在医药物流和资金流之外提供专业的全方位服务。

未来制药企业的合规营销，医药商业企业的快速发展，都离不开麦斯康莱的全方位服务。

麦斯康莱目前已经整合了大量的制药企业和区域纯销商业。制药企业尤其是没有自营队伍的制药企业，未来可以通过与麦斯康莱类似的第三方医药厂商服务平台对接，从繁杂的药品营销体系中解脱出来，专注于药品研发和药品生产，这样就会形成新的医药行业分工。

第三章
制药企业的
新营销思维构建

一、企业战略是构建新营销体系的前提

笔者在做管理咨询之前一直从事医药销售工作，后来从事管理咨询后开始专注做医药企业营销管理咨询项目。经历了多个营销项目后发现，有很多制药企业业绩难以快速增长的主要因素并不是营销问题，更多是企业发展方向不清晰、发展路径不明确、产品结构混乱以及企业发展缺乏核心竞争力等战略问题所致。

笔者通过研究诸多国内外成功制药企业的发展历程发现，成功的制药企业基本上都有较为明晰的发展战略，之后才有高效的营销水平。

1. 辉瑞战略

20世纪60年代，多元化在美国盛行，辉瑞在经历了多元化的喧嚣后，发现自己错失了发展的良机：主业研发能力屡

弱，而大规模的海外并购，看似业务几乎布满了全球市场，但核心竞争力没有构建成型。普拉特盘整辉瑞现状，发现如果不进行转型、不制定新的发展战略，就会被其他制药企业远远地抛在后面。于是，辉瑞开始重构发展战略。

鉴于辉瑞已经在新药研发上失去了先发优势，研发战略的构建在短期内很难形成竞争态势，辉瑞发展重心是无法建立在新药研发上面的。在这种情况下，辉瑞制定了"回归制药主业，自身温和研发＋并购强化研发＋强化营销能力"的新发展战略。同时，辉瑞也开始调整产品战略，降低抗生素类药的比重，增加心脑血管和消炎类药的比重，并最终构建了生物化学制药、保健类药物、动物制药和营养品业务体系。

在新战略的指引下，辉瑞开始强化营销能力，建立了为终端客户（医生和病人）服务的市场理念，一方面通过扩张医药代表队伍，牢牢地掌控渠道；另一方面，通过建立营销和研发层面的战略联盟，来强化辉瑞在全球范围内的销售能力。

辉瑞前任董事长马金龙不无得意地说："通过与其他公司的共同努力，我们能为更多的人提供更优质的服务，任何其他公司均无法匹敌。"

从辉瑞的发展可以看出，有了明确的战略发展方向和路径，就可以无限的放大营销能力，通过营销完成战略发展目标，同时为营销提供最正确的方向性保障，所以营销最终是要为战略服务的，没有战略规范下的营销就是无根之水。

2. 科特勒战略业务三角模型

我们可以从科特勒战略业务三角模型看出战略和营销的关系，如图 3－1 所示。

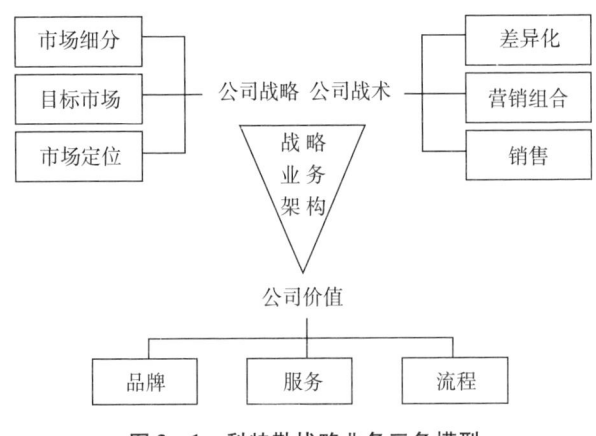

图 3 - 1   科特勒战略业务三角模型

科特勒提出的战略业务三角模型由三个维度构成：公司战略、公司战术和公司价值。这三个维度又可细分成九个要素，分别是：市场细分、目标市场、市场定位、差异化、营销组合、销售、品牌、服务、流程。

公司的战略是企业发展的根本，核心要素是企业定位。没有战略，企业就无法知道为哪些客户提供价值，就无法知道怎样获得客户的心智。

公司的战术是未来怎样具体实现对客户的服务，从而获得战略目标的实现，进而从市场上获得经营业绩。其核心要素是独特性，是差异化。

公司的价值是如何获得客户认可公司的品牌，如何让客户信任公司的产品，从而长期购买公司的产品。其核心要素是品牌。

企业定位、差异化和品牌这三个核心要素是相互支持的整合关系，定位是企业对顾客做出的承诺，这个承诺应当具有差异性，一旦这个差异性为顾客带来价值，就会产生一个强势品牌，强势品牌又支持了定位。

三角模型其实是一个战略业务架构，意义在于：在经营环境不确定时，企业可依此更加系统化和整合化地开展业务活动。

可见，营销是战略的战术体现，没有战略，就没有战术，也就没有营销。没有战略的营销，是得过且过的经营策略，是走一步说一步的权宜之举。

3. 战略构建

现在很多制药企业的高层管理者都是盲目的，不知道未来的路该怎么走，更不知道下一年度营销应该怎么做，因为企业没发展方向，而没发展方向就不能构建系统的营销体系，没系统的科学的营销体系，营销就很难做起来。

一个产品，一个点子，一个策略就能把营销做起来的时代在医药行业早就成为过去，现在医药行业的竞争，是系统化营销的竞争，是精准营销的竞争，是满足客户（医生和消费者）需要的竞争。认为一个营销模式比如控销就能把企业救活，就能让营销放量的思路已经不知道害死了多少制药企业。

很多制药企业老板是讨厌战略的，因为战略成了一些咨询公司套钱的工具、忽悠的工具，一些战略制定仅仅是来满足制药企业包装的需求或者完成国有制药企业高层经营业绩的需要。

对一些咨询公司来说，做战略是最省事最赚钱的事情，只要勾勒出发展目标，设定出三年指标，再加上一些所谓的战略实施措施，之后套用麦肯锡的战略模板，形成 PPT 文件，就完事大吉了。至于最为核心的，也是最能影响营销的内容比如：商业模式、产品战略、业务单元战略等基本没有，因为他们不懂，也不敢做。而这样的战略，对于营销，对于企业的发展没有任何意义。

所以，造成很多制药企业的高层对咨询公司做战略避之不及。

战略是营销的前提，营销需要有用的战略，真实的战略，而不是华而不实，虚无缥缈的战略。

战略决定了整个企业发展方向的问题；决定了制药企业产品线的问题；决定了如何选择服务群体的问题；决定了如何塑造企业价值的问题；决定了制药企业每一天，每一周，每一季度，每一年的工作重心的问题；决定了各个层面的组织设计的问题；决定了要为客户提供何种价值的问题；决定了企业定位的问题；决定了企业商业模式的问题等。没有上述这些战略决定的前提，营销是不可能做起来的。

年度销售3000万元以下的制药企业不需要单独构建战略。

有人会说：小企业根本就没有专门做什么战略，不也是高速发展了吗？

笔者非常认同这个观点。笔者对制药企业进行了细分，认为年度销售额在3000万元以下的制药企业不需要单独的制定战略。年销售3000万元以下的制药企业分为两种：一种是发展了多年，还是3000万元以下；另一种是3年内建立的还没突破3000万元，但发展势头良好的制药企业。当然，这个分法有些粗糙。

对于第一种年销售3000万元以下的制药企业，已经发展了多年，可能是老板的思维问题或者对企业的重视度问题，也可能是企业被各种整体买卖或者国企转制等一些因素，企业发展始终没有迈过那个"坎儿"，成为大企业。

这类企业的发展已经呈现出一种发展的倦态：这类企业经过一段时间发展，人员逐渐稳定下来，人员老化，普遍年龄偏大，竞争心态不强；内部利益团体较多，利益倾轧，勾心斗角，很多人无心于经营；内部管理流程繁琐，用大企业的管理思维管理小企业，结果是效率低下，竞争力低下，人浮于事。笔者见过一个制药企业，年销售 3000 多万元，老板总觉得自己公司管理不够正规，请某咨询公司做了繁复的流程，结果流程实施后，效率极为低下，市场反应越发迟钝。

对于这种年销售 3000 万元以下的老型制药企业，如果想发展，需要的是效率型整体解决方案，单一的战略、组织、营销等根本不可能解决问题。

什么是效率型整体解决方案？就是根据这类小企业的实际情况，做包括战略、营销、组织、薪酬绩效、流程等综合型项目，主旨目的是提升运营效率和市场竞争能力，提升经营业绩，越过发展障碍和发展门槛。

战略方面，确定在一个或者两个聚焦点发力，最好是一个聚焦点，这样企业的资源向一个聚焦点汇集，形成合力。

组织方面，精简组织架构，简化内部流程。

营销方面，重构营销体系，建立狼性营销团队，并选择较为冒进的、适合的和聚焦的营销模式。

薪酬绩效方面，采用完成业绩指标就有非常高收入的有竞争优势薪酬绩效结构，以鼓励人才和招募人才。

效率型整体解决方案是比较适合小企业的，但是麻雀虽小，五脏俱全，造成工作量非常大，同时面对诸多大中型企业的竞争，难度也很大。

效率型整体解决方案重心是后期的落地实施，因为这类企业的内部人员冗沉，人浮于事，指望这类企业自己落地，再好的解决方案也没用。

对于第二种销售 3000 万元以下的制药企业，发展周期短，高层也是业务人员，企业的战略是清晰的。企业怎么发展、业务内容是什么、有什么产品、为哪些客户服务、怎样快速的对接客户等，这些都清晰地在高层脑海中呈现了。高层一开始就已经想清楚怎么做、怎么做好，因为企业定准了一个市场或者凭借单一的业务，相对来说，企业是聚焦的。

小企业的高层由于业务相对简单，精力可以充分聚焦，虽然企业运作不是很规范，但是只要有市场机会，就不顾一切地向前冲，结果企业发展很快。这种野蛮式、粗放式增长方式看中的是短期效率，为的是生存。这类企业是不需要单纯战略规划的，因为企业发展的方向、目标、定位、产品和组织都清晰地在老板头脑中。即使这类企业的老板需要一些专业支持，也是从内部管理、外部市场布局和财务金融法律等方面的支持。

但是当这种类型的企业在接近年销售 3000 万元经营额时，会出现诸多问题。比如内部管理跟不上、人才跟不上、产品跟不上等。如果企业出现上述综合型问题，就开始遇到发展门槛，这时就需要专业性的战略规划。因为企业做大了，老板一个人难以像以前那样面面俱到，凡事亲力亲为，即使能亲力亲为，也因为专业性不够，难以做到最好。

综合来看，低于年销售 3000 万元的制药企业，最好不要去单独构建战略，对企业的营销支持不会太大，还有可能为企业快速发展设置了羁绊。

对于 3000 万元以上的制药企业来说，没有明晰的发展战略，是难以从小企业向大中型企业转变的，尤其在营销上，很难再像以前一样每年都翻番，因为营销发展需要支持的内容缺失的现象在这个时候表现得非常清晰。

二、产品战略是构建新营销体系的基础

对制药企业来说，产品是生存和发展的基础，但是很多制药企业是没有产品战略的，一些制药企业会把一些药品根据疾病进行了简单的分类，这种分类根本没有多少市场竞争价值，制药企业自身也没有对这些产品进行真正的规划。

1. 产品线混乱及产生的后果

目前制药企业产品的主要问题是：**产品线混乱**。

我们知道，经过多年的混乱的新药审批后，很多制药企业都有大量的"僵尸文号"，这些"僵尸文号"基本都被制药企业雪藏了，因为一个企业不可能生产经营几百上千个药品文号。在销的产品都是单兵作战，没有配合性的产品群支持，如果这个单品出现销售乏力后，就很难有好的同类型的产品跟进。制药企业就采用推出新产品的做法来解决单品销售乏力的问题，由于没有系统的产品战略支持，新品的增长也往往是昙花一现。

由于产品线混乱，新品的生命周期也变得非常短，这时制药企业通过不断的增加投资来支撑新产品的销售。比如江中制药在健胃消食片的品牌影响下，做了猴头菇饼干，广告投入初期还有所斩获，广告停掉以后业绩就明显下滑。

产品线混乱导致的后果可以归纳为以下五个方面。

一是制药企业自己的产品自相残杀。

由于产品线没有规划，随着新品的进入市场，老品种持续销售，使治疗领域严重重叠，患者群体也严重重叠，最后导致制药企业自己的产品在市场上自相残杀。

笔者做市场调研的时候发现，一家制药企业有竞争性的两个产品在一家药店的货架上并排陈列，笔者问店员对这一家制药企业的两个产品怎样向患者推介，店员也蒙。

后来笔者给这家制药企业建议，采用不同药店控销模式，来短暂避免自残情况。

二是营销费用增长很快。

由于没有产品战略，产品线内部存在竞争，制药企业会通过加大投入的方式，来维持老品种的销售，来放大新品种的销售。新老品种没有很多好的结合点，对制药企业来说成了营销费用竞争的负担。

三是消费者、医生、店员认知混乱。

由于产品线混乱，制药业很难在产品上构建有效的区分，尤其是那些有很多竞品的制药企业，就更难构建有效区分。这让消费者在购买产品时产生犹豫，医生处方时也会发生问题，店员更是迷糊。

有一家制药企业，有六味地黄丸和知柏地黄丸两个品种，据说两个产品销售情况都很好，但这家制药企业发现多年来这两个品种始终在年销售3000万元左右，很难增长。

笔者问询过一些中医，这两个品种在症状治疗上有何差异？不少人的观点却是两个品种基本一样。

四是资源配置浪费。

由于产品线混乱，制药企业并不十分清晰哪些产品是未来发展的重点品种，哪些产品是可能被淘汰的品种，于是对经营资源平均配置，导致销售规模大的品种不能再大，销售规模小的品种不能放大，这也是很多中小制药企业多年来发展不起来的根本原因。

五是营销长期做不起来。

一些老板思路不清晰，认为是营销的问题，就不停地换营销老总，内资药企的、外资药企的营销老总换了多任。但是多年过去了，小企业还是小企业，总是发展不起来。其实这是产品线问题，营销层面的人是很难解决的。

一家中药为主的制药企业，连续多年经营业绩始终在7000万元左右徘徊，老板认为是营销模式问题，于是几乎每一两年就换一任营销总监，聘请费用更是从年薪十几万上涨到近百万，始终没有突破8000万元。

这个老板有个特点，来一任营销总监，就把自己引以为傲的产品手册给营销总监看，告诉新任的营销总监有多好，但就是做不上去。要求营销总监用新的方式，新的营销模式，构建新的队伍，构建新的渠道，来快速放大销售。

去年这家药企终于采用了控销模式，于是销售业绩从前年的7000多万元，下滑到5000多万元，利润也从每年的1000多万元下滑到了600多万元。笔者研究过这家中药企业的品种，根本问题是产品问题，个人观点是多、小、乱。多，是品种多，有400多个品种，在销的有23个品种；小，是在销的23个品种，没有一个超过1000万元的；乱，是哪个疾病领域的品种都有，妇科品种多一些，但是销售额很小，而且内在竞品也有很多。这样的中药企业，谁来做营销总监都很难提升销售业绩。

2. 单品与产品群

在过去单品为王的十几年里，很多制药企业从库存的产品文号中筛选出一些有竞争价值的单个产品，通过各种渠道宣传，树立了品牌，形成了较大规模的销售。比如江中制药的健胃消食片，修正药业的斯达舒。

在零售市场领域，单品为王的时代是传统媒介允许对处方药和非处方药大量做广告实现的。现在处方药不能做广告，OTC产品在广告上投入产出比也下降严重，比如哈药集团停掉大批量广告后，经营业绩直线下滑。

目前中国医药市场正处于一个大的转折点，国家对化药进行一致性评价，结果是很多药企的化药产品数量剧减，很多无钱做BE的制药企业可能最后从化药领域退出。

一些制药企业最后可能仅仅剩下一两个化药产品，研发能力强同时资金雄厚的制药企业可能会有较多的化药产品。这是国家对化药领域的一次较为彻底清洗的结果，清洗的结果是我国制药企业数量减少，化药产品文号剧减。这个时候，一些制药企业还在犹豫到底哪些产品参与做一致性评价，哪些产品彻底放弃。

笔者服务的几家做了产品战略规划的制药企业，就非常清晰地知道自己未来的产品群结构，也非常清晰地知道哪些产品需要参与做一致性评价，哪些产品未来彻底放弃。这些有明晰产品战略的企业，未来肯定会在相关的疾病领域构建出自身的较为强大的竞争优势。

未来的药企，治疗型为主的化药可能比较少，很多药企会有大量的中药品种。随着国家经典中药处方可以免于注册申报，很多药企会参与到中药竞争中来。目前国家对中药产品的定位已经逐渐从治疗性向协同治疗转变，药企就要考虑怎样去和诸多药企进行同层次竞争，突出单品很容易被模仿和超越，产品群就很难被超越，甚至模仿的难度都很大。

未来的药品营销，零售市场领域依靠的是优势产品群取胜，公立医疗市场是依靠单品低价，研发强劲取胜，而产品群也会严重影响外流处方和医生处方。

零售市场未来会是一个更加红海的市场。医保支付、药占比和辅助药目录等政策会导致原来以公立医疗机构市场为主要市场的处方药或非处方药外流，公立医疗机构市场的用药数量会有较大幅度的降低。这些从公立医疗机构流出的药品会抢占零售市场的份额，药店、门诊和基层医疗市场成为制药企业必争之地。零售市场原来的传统销售模式，即通过铺货促销就能完成销售业绩的方式，将成为鸡肋。

一些药企找到笔者，咨询怎样把药品铺到药店和门诊，他们认为，只要完成向药店门诊的铺货，做一些促销，就能形成大规模销售。这种想法完全是错误的。

以前哈药集团、仁和药业等医药企业大规模铺货的方式的确可以短期内增量，但现在那个简单有效的营销模式已经失去所期待的生命力，否则哪些老牌的 OTC 企业也不会出现严重的业绩下滑。

上市公司仁和药业，可谓是老牌的 OTC 企业了，他们的产品主要依靠媒体广告，走 OTC 渠道，铺货和促销可谓是仁和药业曾经的拿手绝技。

但是在 2012—2013 年，仁和药业营收、净利润均出现下滑，2012 年营收下滑 10.84%，净利润下滑 21.15%；2013 年下滑幅度加大，营收同比下滑 13.8%，净利润同比下滑 23.99%。

2014 年，仁和药业介入医药电商，业绩有所回升。但是 2015 年医药电商渠道的热度降低，效能降低，仁和药业业绩出现增速下滑，2015 年该公司净利之间增长为 30.03%，增速放缓的趋势持续到 2016 年，2016 年上半年仁和药业净利润增长仅为 7.21%。

大规模铺货和促销无法真正实现销售，于是很多药企玩起了控销。控销是一种较好的营销模式，可以通过控制渠道、控制终端、控制价格、控制发货等方式完成对终端渠道的掌控。但控销的前提是品牌产品和品牌企业，中小企业玩控销，似乎成功的比较少，反而失败案例比比皆是。

其实这不能怪控销模式，模式毕竟是模式，模式没有对错之分，只有是否适合。其实控销模式本身是精细化营销的一个改编版或者简化版，控销真正做好，除了上面说的品牌企业和品牌产品前提之外，还需要精细化营销管理，否则控是控了，销量也被控了。

未来零售市场领域依靠的是优势产品群取胜。

零售市场有个特点，消费者或者患者购买药品时有很大的选择权，至于药店店员的推荐，有些时候患者有较强的戒备心理，这时患者会选择其他同品类的产品，尤其是品牌产品。

鼎臣咨询的项目团队曾经做过测试，先是通过社区卫生服务中心对 3 个社区的 270 名高血压患者（经通过一定渠道获得数据，3 个社区高血压患者一共 1800 多人）做了健康培训，期间用了 10 分钟将我们试图推广的高血压产品群做了简单介绍，并给每个参会者发了一张高血压产品群使用图，如图3－2所示。这个高血压产品群是由西药、中药和保健品组成，西药主要是国内销量很大的三个产品（不同厂家，不是我们服务的制药企业）。

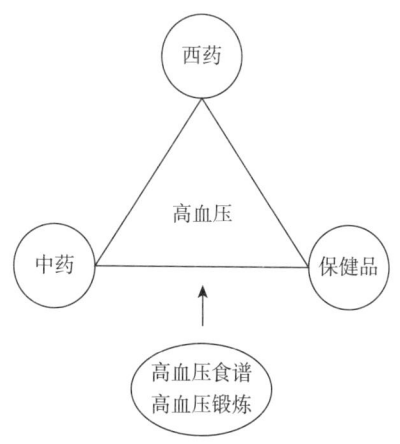

图 3－2　产品群示意图

由于我们服务的企业没有对应的西药，所以我们向消费者提供其他药企生产的质量较好、销量较大的三款西药产品，同时和三家区域业务人员取得了联系，希望通过我们的方式为他们增加目标药店的销量，也希望他们支持我们一些活动费用。中药产品和保健品都是我们服务的制药企业的产品。我们在高血压产品群使用图上明确标注了什么阶段服用不同的西药、中药和保健品，在哪个时间段进行锻炼，饮食上应该注意的问题等。

结果有130多人拿着高血压产品群使用图到目标药店询问产品群购买情况。其中有90多人直接购买了我们推荐的产品群中的中药和保健品一个疗程，但没有购买西药（高血压西药很难置换，这是药物依赖性和用药习惯的问题）。一周后监测，三款西药降压药在目标药店销量明显提升，中药和保健品一共销售了 204 个疗程。一个月后监测，三款西药降压药在目标药店销量基本保持在比项目测试之前较高的水平，中药和保健品一共销售了 600 多个疗程。我们对购买群体分析，其中有 190 多人是参加我们健康培训的，其余的400 多人没参加我们的培训，估计是患者相互间介绍的，看来口碑的力量还是很大的。

这次测试返的费用，后来由 3 款西药的区域销售团队承担了，也就是说，我们根本就没有出费用。

我们得出以下五点结论：

一是消费者其实非常缺乏合理的用药指导，他们渴求有更多形式的途径了解对自身疾病的康复或治疗办法。店员只是一味地推介药品，并不能让他们满意，医生的治疗过程和处方原理对患者保密，他们很难从医生处获得系统的疾病康复指导。

二是竞品间也是有合作的，这种合作只会放大市场，不会争抢固有的市场份额。

三是消费者真实的需要系统的疾病解决方案，而不是店员和医生的恐吓，或者是单一的药品提供。而系统的解决方案就需要系统的产品群支撑。不可否认，这次试验其实西药是主导治疗性药品，但西药并不能完全解决患者的症状，患者还是需要有系统的康复或者治疗指导。

四是解决方案中的产品群明显是综合性的，而不是单一的通过促销手段呈现，这要比医生的指导更科学、更系统、更能获得消费者认可。所以患者并不会刻意区分中药西药、中医疗法和西医疗法，这些对患者都不重要，重要的是对疾病问题的解决，或者对疾病症状的减缓，让患者少些疾病的折磨。

五是患者或者消费者越来越理性，他们不再满足店员推荐药品的好与坏，是否是知名药企，而是想了解关于疾病治疗或者康复的更多内容，从而能够自主把控。

产品战略的核心是塑造在某一疾病领域的专家形象，并通过解决方案和系列的产品群来长期黏住患者，尤其是慢性病患者。这样患者购买药企的产品就不会仅仅购买一款治疗性药品，而是购买一整套的附带解决方案的产品群，从而让患者置换药品的成本变得非常高。通过不断地完善解决方案，也能持续的导入相关疾病的新药品、新保健品，或者其他新品。

目前很多企业还没有产品群的概念，还是依靠单品突破。如果单品的竞争力很强或者企业愿意花重金通过对单品品牌塑造的方式来形成爆品突破，单品战略也未尝不可，但这种战略存在市场疲倦和品牌弱化的风险。比如当年销售火爆的三精蓝瓶钙，健胃消食片等，没有广告支撑后，或者销量急剧下滑，或者增速大不如从前。

单品突破的最大问题是品牌疲软后，无法和后继的新产品形成有效市场对接，也无法通过产品群结构更换更好的新产品。

很多人觉得产品群战略是一个群整体推广，这是错误的，产品群战略是台阶式模型构成的，如图3-3所示。

产品群战略模型也可以形成三角矩阵，这样更直观一些，如图3-4所示。

产品群战略可以通过修改完善解决方案让新品替代旧品，同时可以为新的营销体系提供非常有竞争性的产品矩阵。

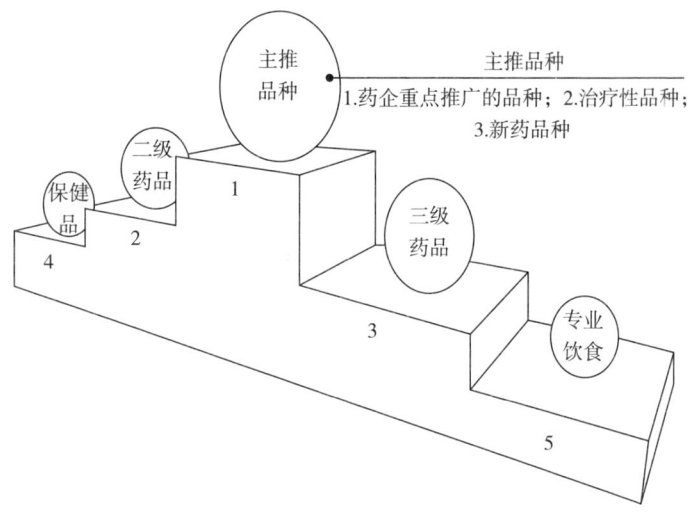

图 3 - 3　产品群战略台阶式模型

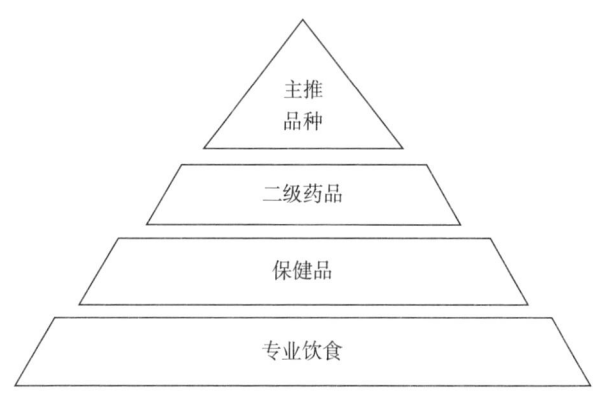

图 3 - 4　产品群战略三角矩阵

　　总之，产品战略将成为构建新营销体系的基础，没有好的产品战略，就难以从艰涩的传统营销模式中获得良好的发展。怎样构建制药企业的产品战略，笔者的《医药企业转型升级战略》一书中提到一部分，可以借鉴。

现在国家推进仿制药一致性评价进程开始进入实质性阶段。2016 年 5 月 26 日，国家食药监总局（CFDA）下发《国务院办公厅关于开展仿制药质量和疗效一致性评价的意见》，凡是 2007 年 10 月 1 日前批准上市并列入"国家基本药物目录"的化药仿制药需在 2018 年底前完成一致性评价。《意见》规定：自第一家品种通过一致性评价后，三年后不再受理其他药品生产企业相同品种的一致性评价申请。

笔者近期参加了很多药企的战略研讨会或者产品研讨会，发现很多药企的原有战略体系几乎都被打破了。因为大部分药企的发展战略都是依靠原有的产品描述的战略目标。

A 药企在 2014 年制定的战略目标就是对主打产品制定的销售目标：某某注射液 2019 年的销售额将达到 2 亿元，某某口服片 2019 年的销售额将达到 8000 万元等。

目前这家药企的某某注射液由于政策问题或其他问题已经停止销售了，某某口服片由于自身研发能力问题，已经确定放弃参与仿制药一致评价。也就是说主打产品已经没有发展。A 药企一筹莫展，老板整天到处求医，找寻解决企业发展的办法和策略。其实，这家药企一开始制定战略的时候，就犯了根本性错误：没有构建产品战略。如果有清晰的产品战略，就会在对政策准确判断的前提下，提前预知其主销产品未来的政策风险，从而在明晰的产品战略指导下提前寻找解决途径。

仿制药一致性评价的推进，正是药企制定产品战略的最佳时机。

我们知道，由于国家对仿制药一致性评价的时间限定、

BE 实验基地缺乏、临床机构缺乏等因素，再加上国家对仿制药一致性评价的审核严格，估计很多 2007 年 10 月 1 日前批准上市并列入"国家基本药物目录"的化药仿制药通不过一致性评价的比例会非常高，也就是说，到 2019 年 1 月 1 日，现在市场销售的大量的仿制药会退出市场，市场的产品结构竞争格局就会被打破，一些原来依靠低价竞争的有上百甚至更多药企生产的仿制药会成为很好的品种，因为国家规定，第一个通过仿制药审核的药品，三年内不再受理其他申请。

笔者认为，这正是很好的重新构建药企产品结构的机会。产品矩阵是药企构建产品结构的根本。

药企需要根据自身的产品资源、研发能力、研发资源、竞品情况等因素花力气构建适合未来竞争的产品群，并形成产品矩阵。从产品矩阵中选择未来具有竞争优势的品种参与仿制药一致性评价，同时根据产品矩阵，抓紧时间寻找矩阵中缺失的产品，通过并购的方式或者合作的方式，让无力做仿制药一致性评价的中小药企的品种或者被大药企放弃做一致性评价的品种进入产品矩阵内，并参与一致性评价。2019 年以后，就会形成非常有竞争力的产品结构。

所以格局高、眼光远的药企，要尽快构建产品矩阵，这样就很清晰地知道，哪些自有产品要参与一致性评价，哪些产品需要通过并购或合作方式获得并参与一致性评价，哪些品种要通过自身研发的方式获得。通过有效的产品矩阵为基础，再加上有效的发展路径，就可以构建起药企强势的产品战略，未来的发展就会有很大的潜力。

如果药企最终还是没有构建起产品战略，就失去了未来发展的基础，就已经输在了发展路径上。

三、商业模式是构建新营销体系的核心

1. 什么是商业模式

现在的概念和定义很多，比如 B2B、B2C、O2O 等。笔者比较认可的商业模式定义是：为实现客户价值最大化，把能使企业运行的内外各要素整合起来，形成一个完整的、高效率的、具有独特核心竞争力的运行系统，并通过最优配置和组合的形式满足客户需求、实现客户价值，同时使企业运营系统达成持续赢利目标的整体解决方案。

定义虽然复杂，但是商业模式就是赚钱模式或者盈利模式。

单纯的卖产品不叫商业模式，而中国大部分药企就是在卖产品。中国医药行业很多企业把代理模式、经销模式、控销模式、分销模式等叫作商业模式，其实这是营销模式，不是真正的商业模式。营销模式可以根据产品的不同进行个性化的变化或者修正，但商业模式一旦固定就很难短期改变。

制药企业的商业模式也有一些成功范例，只是形式比较少。较为典型的是广告拉动模式，比如哈药集团依靠广告营销树立起几个优秀的 OTC 品牌、仁和集团可立克、江中制药的健胃消食片等品牌；有被称为业界 PE 的复星医药的投资运营模式，复星医药凭借这个独特的商业模式把一个名不见经传的小药企做成了综合性集团公司；还有以新药研发为主的研发导向模式。比如近期在 10 亿元医药知识产权案中胜诉的企业常州三维工业技术研究所有限公司就是研发导向模式。

现在，外资药企也在调整自己的商业模式，因为依靠专利药

物的商业模式在 3~5 年内会丧失驱动能力。所以外资药企一方面要继续推行以研发创新药物为主的原有商业模式，另一方面还要稳定住原有过了专利期的重磅药品的市场和业绩，通过调整价格、改变营销模式等方式为消费者提供更多的增值服务，这就是外资药企的战略连贯性和在恰当时机调整商业模式的做法。

笔者的《医药企业转型升级战略》一书论述了成功的医药企业商业模式转型分为以下 6 种：

①由单一药品转向提供成套药品或整体解决方案。

②由综合性药企转向专科为主的药企。

③由没有竞争力的普药群向优势特色的中成药转型。

④由普药向创新药转型。

⑤由单纯的经营药品向药品为主、快消品为辅转型。

⑥由生产为主向研发为主转型。

本书中笔者不再去讨论商业模式的问题，而是更关注商业模式和营销模式的关系。

2. 商业模式和营销模式的关系

（1）营销模式是商业模式实现的价值体现。

制药企业的商业模式就是盈利模式，简单说就是怎样去盈利，而营销模式将要通过系列的营销体系搭建、渠道设计、终端管理、产品策划和销售团队建设等将商业模式具体实现，并形成经营业绩。

商业模式决定了营销模式，没有好的商业模式或者有竞争性的商业模式，单靠营销驱动企业发展，是很难持久的。

我们研究国外药企的成功，其实都有明显的商业模式逻辑在里面。比如梯瓦制药，其商业模式是致力于非专利药品、专利品牌药品和活性药物成分的研究开发、生产和销售，梯瓦制药商业模式简而言之就是：做仿制药。所以梯瓦制药的研发、并购、合作都是围绕专注仿制药来做的。

现在和未来的制药企业的竞争，不再是单一的产品竞争，而是商业模式之间的竞争。

罗氏制药的商业模式是聚焦肿瘤药辅助诊断业务，通过强大的研发和并购体系，为其营销提供源源不断的产品群。很多外资药企都在向主业聚焦，而不是像中国制药企业一样仅仅的关注怎样通过营销模式的改进来提升业绩获得长远的发展。国内也有一些很好的民营企业，通过自身商业模式的演进和升级，形成了自身的发展态势，成为医药行业的第一梯队。

当年扬子江药业就是通过商业模式的改进，加以营销模式的体现，最终获得了巨大的成功。神威药业之前是一个小企业，如果董事长李振江不从商业模式突破，还是凭借以前那几个小品种，单纯地依靠营销发展，估计现在也是小企业，但神威药业提出了专注现代中药的商业模式，于是才有了后来的五福心脑清等中药产品，并形成了很大的销量。康芝药业以前是个名不见经传的商业流通公司，后来改制做制药业务，但品种繁多，竞争力弱化。康芝药业老板决定改变康芝药业的发展模式，专注于儿童药的研发，经营和销售，于是有了跨越式的发展。

（2）商业模式是构建新营销体系的核心。

商业模式其实不是单一的，而是系统的规则、方法、体系等的综合体。制药企业的商业模式对应的首先是营销战略，营销战略中会系统的确定营销模式，营销模式确定后，制药企业会根据营销战略和营销模式确定营销体系。所以说，商业模式是构建新营销体系的核心。

现在和未来的医药企业市场竞争中，营销不再是在战术层面的创新，而是商业模式的创新。仅仅通过营销模式的改进、铺货、促销和人海战术等方式想增加业绩，这种传统的制药企业经营思路是无法长久的，也容易被模仿，只有对商业模式进行创新才能获得最大的利润。

现在的先声药业、康缘药业等，依靠研发驱动的商业模式在经历多年发展后，获得很大的发展红利和政策性红利，这种具有竞争优势的商业模式是其他企业短期内难以模仿的。

制药企业如果还固守原来的商业模式或者还是没有自己的商业模式，就会在未来的市场竞争中逐渐失去现在的一些优势，更会丧失发展的先机。

新营销体系的设置，需要制药企业的决策者把营销先上升到战略高度，从战略发展角度认知营销，从战略角度制定营销新体系。这个过程必须打破原有的经验型思维，不拘泥于现在的营销体系，而是在战略角度上，在新的商业模式下，形成新的营销体系，营销模式，这样才能在未来的竞争中获得极具竞争优势的发展能力。

以商业模式为核心的新营销体系，会有更为敏锐的市场应对能力，会有非常灵活的市场反应能力。同时，新营销体系也会更注重营销经营行为的整体性、方向性、全局性、竞争性和长期性，更能应对医药行业的政策变化和竞争环境的变化，更注重资源整合和市场合作。

现在中国医药行业处于整体转型期，无论国家政策层面的导向还是全球医药发展的导向，都促使制药企业要构建以商业模式为核心的新营销体系。所以，制药企业的决策者不能再以传统的产品粗放式管理模式和粗放式销售模式来发展企业了。

以商业模式为核心的新营销体系更能了解国家、政府、管理部门、医院、医生、药店店员和消费者的真实需求，为不同的服务对象提供更为优质的服务，提供更适合的产品，从而让客户可以长期的、重复的购买。

比如某企业考虑到政府在疾病预防方面工作的难度，于是通过自身对疾病预防的深度了解，为当地政府部门提供了区域疾病预防方案，并提供系列的产品来实施疾病预防方案，这就及时解决了政府的烦恼，帮助政府部门做事情，同时也为自己的产品构建了一个新的营销渠道。

制药企业新营销体系是精细化营销的升级版，它本身以商业模式为核心构建。以商业模式为核心的新营销体系不仅把医药行业传统的精华部分予以保留，比如有效的促销手段、热门的控销模式等。而且是在充分满足客户的前提下，为制药企业寻找并获得更好的发展机会和更大的发展空间。

沈阳三生制药是以慢性病领域为主的生物药研发、销售和发展的主体商业模式。之前主要专注于肾病、肿瘤、免疫等领域。但由于产品较为单一，研发不能及时跟进市场，三生制药开始通过并购合作等方式扩大业务范围，拓展其他慢性病生物制药领域，为拓展慢性病生物药新业务领域，沈阳三生制药收购了浙江万晟。

浙江万晟主要从事化学合成药品的研发、生产及销售，目前拥有涉及肿瘤、糖尿病、心血管疾病及皮肤病领域的 55 项产品批文，拥有 13 条近期均通过 GMP 认证的生产线。浙江万晟弥补了三生制药在糖尿病并发症和皮肤科领域的产品。后来，三生制药为强化在肿瘤业务领域的竞争能力，与韩国生物制药公司 AlteogenInc. 订立了独家特许交易，而交易的品种就是曾经畅销一时的赫赛汀仿制药（ALT－P7）。

在进入了糖尿病领域后，三生制药为扩大在糖尿病方面的产品和营销能力，三生制药全资子公司香港三生与阿斯利康签订独家许可协议，获得后者糖尿病领域的 4 款产品，独家许可期限为 20 年。

三生制药不仅收购了阿斯利康的产品，为强化在糖尿病领域的营销能力，聘请了曾有跨国公司销售经验的原海正辉瑞的 CEO 肖卫红担任三生制药 COO，掌管营销，为整合阿斯利康百泌达团队配置营销领军人物。

我们可以清晰地描绘出三生制药的发展轨迹：三生制药在确定好商业模式后，通过并购、整合、合作等方式扩大在慢性病领域的产品群，通过并购、整合、合作方式提升营销能力。

三生制药的营销体系是随着清晰的战略和商业模式逐步推进的。

我们很多时候看到的是一些有很强生命力的制药企业只是在并购整合，但看不到这些其实都是为了最终强化企业的核心竞争力，实现商业模式，提升营销竞争能力。任何制药企业的成功都是有预谋的，都不是摸着石头过河，走一步说一步，都是精心谋篇布局，逐步落实推进。

以商业模式为核心的营销体系，是通过制药企业自身的资源、能力、和明确的价值与客户及其利益相关者共同建立稳定的关系，从而获得企业的基业长青。

四、药企营销转型要善于挖掘新商业机会

时间久了，一个行业就会形成一定的思维惯性。医药企业

也一样，很多医药企业的领导层没有新的思维格局，认为新事物与自己的药企没太大关系，或者说目前没关系，就置之不理。比如药品结构，思维固化的传统制药企业决策层就会说：你看看我的几百个药品里面有没有能做大的产品，或者说你看看我这个产品怎么才能做到过亿。而有前瞻性全局观战略格局高的决策层就会说：你看看我们企业在哪方面能够构建优势产品群，从而形成长久的竞争力。或者说你觉得我们怎样为消费者提供更多的产品和专业服务，黏住消费者，尤其是慢性病消费者，从而获得更好的收益。

或许为了提升自身的格局或者提升自身的领导水平，或者未来玩圈子交朋友聚人脉，很多药企的高层都参加了诸如长江商学院等 EMBA 课程班。但是没有深刻的思考，短期的课程学习是难以改变固有的思维路径的。如果要形成新的药企经营思维，首先要从医药行业直线式价值链中把思维解放出来，把经营思维从直线式向平台式或者网络式转变。

未来由于公立医疗机构药占比的强制推行，单纯依靠公立医疗机构形成庞大的销售规模难度越来越大，尤其是招标和二次议价的持续推行，想从医保支付的公立医疗机构获得更高的价格和更高的利润成为奢望。由于分级诊疗的推行，很多医疗资源和药品销售机会将会以辐射状向大型公立医院四周扩散，怎样构建新的营销模式以适应形势的变化成为药企经营思维转型的重中之重。

所以，我们需要构建新的经营思维。这要求药企改变原有的依靠生产卖产品的盈利模式，向真正的需求方和介于二者之间的交汇点寻找新的商业机会。

笔者认为，新的经营思维不再把流通商业、医院和药店作为药企主要的销售渠道，而是根据消费者的对疾病和健康需求变化重构商业模式，最终把流通商业、医院和药店作为平台经营的一部分。需要明确的是，新的经营思维的形成，药品不再是药企获得巨额利润的关键，而是成为关键点之一，未来药企的竞争会形成三角竞争框架，如图3-5所示。

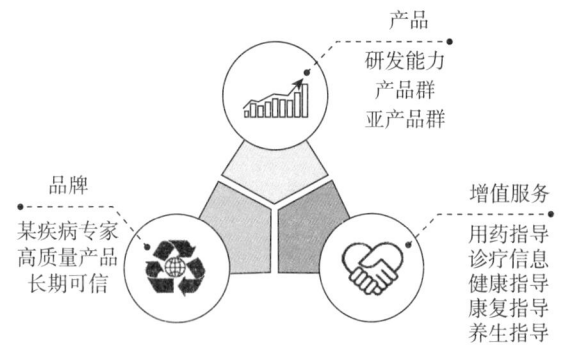

图3-5　药企新竞争三角壁垒框架

图3-5中，药企不再把自己当成简单的制造者，而是在维持较强的研发能力和自有产品群构建能力的前提下，从医药医疗健康等生态圈中获得更多的商业机会。这就有可能整合其他中小型制药企业、流通商业、药店终端甚至医疗终端，这种整合是轻资产式整合，其目的就是未来构建竞争壁垒，在有效的疾病领域形成庞大的强黏性的消费者群体。

现有的一些药企正盲目地从事业务单元扩展，比如进入生物制药领域、进入保健品领域、入器械领域、进入功能性食品领域、进入医疗领域等，但做业务单元扩展的药企根本不知道自己在做什么，只是无路可走的一时之计，或者单纯地为了市值管理。

需要明确的是，新的经营思维是颠覆性思维，不是对现有的经营模式的修修补补，而是在重构医药行业商业逻辑中发现或者创造新的商业机会。

第四章
制药企业新营销方法：体系化营销

一、体系化营销是行业未来发展的大趋势

1. 体系化营销

现在很多制药企业并没有体系化营销的概念。所谓的体系化营销就是基于制药企业发展战略的基础上，以商业模式为核心，以客户需求为导向，把制药企业的每个经营要素都看成或者作为新营销体系中的关键点，并相互建立联系，使每个关键点都能在一个统一的系统中充分发挥必要的作用。研发、生产、财务、后勤、政府事务等都成为制药企业整体营销的子体系，这些子体系对营销起基础性的支持作用，最终整个制药企业的所有体系都形成以营销为龙头的新营销体系，如图 4-1 所示。

体系化营销是整体化、系统化和全方位的市场营销，是在满足制药企业诸多客户的同时，最终实现制药企业的发展目标

和较为理想的盈利。

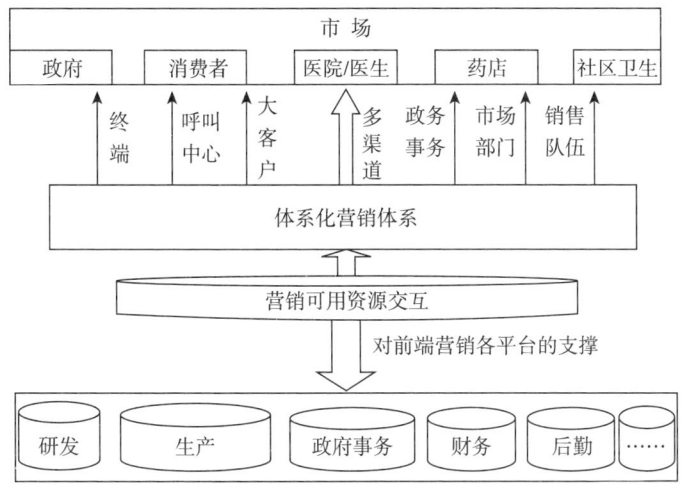

图 4 - 1　体系化营销示意图

需要注意的是，在制药企业客户群中，政府也是制药企业的客户。制药企业不仅在新药审批、招投标、进目录和物价等方面和政府有交集，而且要把政府部门当作客户管理，为政府相关部门提供服务。比如可以帮助政府解决区域医药经济发展的问题、对药品流通行为的监控问题、疾病预防或者治未病的问题等，并从解决问题中获得政府的政策性倾斜，或者直接向政府销售产品。

体系化营销打破了传统医药营销的诸多模式，很多制药企业的营销主要依靠营销团队的个体突破，其他诸如研发、生产等自行其是，毫不相关，甚至老死不相往来，这就造成了很大的资源浪费。而制药企业的经营业绩的最终实现主要依靠营销团队，如果营销团队无法从内部获得足够的支持，就会形影相吊、孤掌难鸣。

体系化营销就是要打破传统的医药营销模式，用更精细的营销管理、更有效的营销手段来满足客户，从而提高制药企业的整体经营能力和营销能力，最终获得理想的、健康的、稳健的和持久的收益，实现制药企业的基业长青。

比如研发要以营销为导向，研发就是为营销提供更多的提升营销竞争能力的产品，同时为营销的学术化营销、解决方案营销提供最专业的支持；生产是为营销提供质量合格的产品，并根据营销节奏调整生产节奏，而不是自行确定生产数目，对营销团队提出的诸多问题不理不睬；财务要想尽办法解决营销的资金问题、税务问题，要保证营销系统的逐项计划性费用及时到位，要保证营销员工及时拿到应得的工资、奖金、提成、福利，保证营销团队员工的工作积极性，同时也要保证员工工作方面的合规性和安全性，而不是高高在上，对营销人员颐指气使、百般刁难。

2. 体系化营销特点

体系化营销是让制药企业采用整体体系构建的思维进行营销，将营销的各个方面进行系统的规划和整合，强调内部资源的互相补充和互动，从而产生更大的营销效能。

（1）体系化营销强调整体性。

整体性就是把制药企业各个经营要素：研发、采购、生产、财务、物流、仓储、销售、信息、资金和品牌等进行整合，让每个经营要素都发挥其在营销中的作用。在战略发展目标基础上以营销目标为中心，相互沟通、相互协调、相互支持，从而让制药企业的营销达到最优效能。

体系化营销要求制药企业在营销上多头并进，而不是把制药企业的经营压力放到现有的营销团队、渠道商业和终端。制药企业的体系化营销包含研发、学术、产品、包装、物流、价格、渠道、终端、团队、政府、组织、管理、品牌、促销、广告、媒介等方面，每个方面都不可或缺并协调统一，各个部门要协同作战，劲儿往一处使，形成合力。

（2）体系化营销强调灵活性。

动态的体系化营销，本身就在体系构建时保留了很大的灵活性。

药品的销售环境和竞争环境日益多变，这就需要制药企业在体系化营销上保留很大的灵活性。可以根据产品目标群体的不同，为不同的产品设置不同的营销模式。适合控销的做控销，适合代理的做代理，适合流通的做流通，适合做学术营销的做学术营销，适合做产品群的做产品群等，不同的区域也可能有真正适合的营销模式，代理、自营、控销、经销等。

对制药企业来说，企业层面的营销战略构建结束，一定要保持区域营销团队的适度灵活性，也就是要适度放权，不能全国区域"一刀切"。因为不同区域的竞争环境不同，疾病发病情况也有很大差异，需要因地制宜地做出调整。

（3）体系化营销强调动态性。

体系化营销是从制药企业战略角度出发，以商业模式为核心，重点是满足客户的实际需求，从而长期黏结客户。这个过程就是制药企业的实际经营过程，在这个过程中，诸多要素相互关系是动态的，因为市场需求是动态的、可变的，所以体系化营销也要求诸多要素处于动态过程，具有动态特性。

（4）体系化营销强调开放性。

现在的营销是资源整合式营销，制药企业不可能掌控所有的市场资源、销售资源和政府资源，这时就需要构建一个开放的系统，把市场上所有的或者尽可能多的资源整合进来，从而为制药企业的营销服务。

比如中国医药人俱乐部、中国医药新势力、各种医药招商平台、各种医药行业的自媒体等，制药企业可以充分利用这些资源，甚至可以和其他制药企业合作，可以代理一些外资药企的产品在国内销售，与各种协会举办各类的会议，增加在医药行业的曝光率，吸引更多的销售人员、医药商业、医药终端等销售制药企业的产品。

制药企业更应该和社区卫生服务中心合作进行慢性病管理，这样可以把自身的诸多慢性病用药对接消费者和社区医生。制药企业还可以和老年活动中心合作，为老年活动中心的老人们提供养老、养生、慢性病管理、疾病康复、身体锻炼、心理治疗等增值服务。这不仅可以让老人能获得更好的晚年生活体验和指导，还可以从制药企业那里获得疾病治疗的药品和指导。

体系化营销的开放性不仅仅体现在外部，还体现在内部。制药企业的各种资源可以进行内部互动，比如营销会议邀请研发、生产、财务等参与，让他们从自身业务角度提出更好的支持思路，从而避免内部倾轧，提升整体营销效率。

（5）体系化营销强调竞争环境适应性。

现在整个医药行业都处于变革期，无论国家政策还是地方政策，无论医疗机构还是消费者用药观念，无论医药渠道商还是终端结构，都处于较大的变动期。既然环境在发生变化，医药企业就要对应发生转变。制药企业的营销思维一成不变，很难在激烈的市场竞争中存活下去。

体系化营销是强调竞争环境适应性的，它根基于制药企业的长远发展战略规划，体现的是商业模式的逻辑价值，是战略基础上的战术层面，战术层面的内容必须根据环境发生变化。

二、营销没有体系化：代理做透，利润却很低

国内某制药企业的销售规模在国内制药企业的排名中已经进入前 50 名，这家制药企业覆盖抗生素类、消化类、心脑血管类、抗肿瘤类、免疫调节类、抗病毒类、降糖类等十多个治疗领域，剂型囊括小水针、冻干粉针、片剂、胶囊剂、颗粒剂、栓剂、膏剂、凝胶剂等。其中，头孢类粉针制剂和消化类微丸缓控释制剂等系列产品产销量连续多年稳居全国市场前列。

这家制药企业多年来一直沿用医药代理制，基本没有自己的销售队伍，产品出来后基本承包给各地的代理商。医药行业代理制的特点是投入少、启动快、回钱快、风险低。国有制药企业进行转制后，想尽快提升销量、获得周转资金，由于没有营销团队和营销网络，于是把大头的利润空间给了一些自然人或商业公司，让这些个人或商业公司以承包的形式来经销制药企业的产品，从而实现了销售。

对这家制药企业来说，老板重视研发，新药总能很快接替上，所以很多代理商（个人或医药商业公司）也愿意和这家制药企业合作。这家制药企业也愿意长期用代理制，因为新药一出来，区域代理商蜂拥而至，提前交付预定金、交付购货款、签署代理协议。医药行业的代理制，在有好产品的制药企业中基本都需要提前支付货款，不能拖欠，如果关系好，批次

周转也是可以的。

代理制有以下四大问题：

一是不好卖的药品或者价格低的药品代理商是不愿意做代理的。

二是操作空间不够的药品代理商不愿意做代理，所以制药企业把很大的空间让利给了代理商。

三是制药企业无法对代理商进行有效控制，对代理商进行一些价格调整，或者虚假宣传等无法治理。

四是制药企业始终无法掌控代理商的终端资源。无法掌控终端资源就意味着制药企业很难在消费者群体、医生群体中做大品牌。

代理制也给这家制药企业带来困惑，因为代理制运行多年后，公司规模做大了，但利润太低了，低的连几个亿的制药企业都不如。利润低的原因非常简单，利润大头都让代理商拿走了。

一个以研发为导向的制药企业，进入中国医药50强，利润竟然低得吓人，这已经不是愚蠢了，而是离经叛道了。估计依靠这家制药企业发大财的医药商业企业不在少数。

现在的制药企业，凡是进入快速发展轨道的都有自己的营销队伍，而不是完全采用代理制。这家制药企业之所以成功进入前50强，是因为这家企业孜孜不倦地为广大代理商提供非常多而且非常好卖的新产品。而不好销产品，或者需要建立品牌扩大知名度才能上量的产品，或者需要做学术推广才能让医生认知的产品，估计代理商是不会好好做的，结果是这些种类的产品很难上量。

结局很明显，这家制药企业引以为傲的银杏叶注射液始终无法上量，银杏叶注射液需要做市场培育、学术推广，一定程度上是给制药企业做宣传，所以代理商不买账。

更可悲的是，这家制药企业可能在医药行业内比较有名气，但是在消费者、医院和医生心中没有任何品牌痕迹，一旦离开了这些代理商，这家制药企业就有可能快速衰落。

在医药行业快速变迁的今天，在诸多制药企业凭借自身的营销队伍快速发展的今天，这家制药企业却没有与时俱进，依然高度依赖代理商团队，而极低的利润率、新品不能上市形成规模销量让这家制药企业发展倍感压力。

三、体系化营销需要建立大营销系统

1. 体系化营销就是制药企业要建立大营销思维和体系

大营销是制药企业需要在战略协调上获得政府、合作商业、消费者、广告公司、媒体、网络平台等利益合作者的支持。

大营销突破了制药企业在竞争环境中被动接受的局面，开始与资源方合作并进行一定程度的资源掌控，甚至对政策施加影响，使之向自身有利的方面发展。大型制药企业可以影响国家层面的政策，这类案例比比皆是，这里就不一一列举了，中小企业可以影响区域的行业政策。

大营销在与客户的关系上，不再把产品铺到医院、药店、门诊就认为完成了销售任务，而是要为医生、患者、店员提供更多的专业学术指导，积极地引导医生的用药习惯、店员的推介习惯、患者的购药习惯，甚至制药企业可以引领性的创造医生或者患者的用药习惯。步长制药和以岭制药就是创造了医生的用药习惯，从而促进对应药品的销售。

大营销更重视政府关系和公共关系。制药企业有良好的政府关系，可以帮助自身解决很多问题。比如青海春天公司的"极草事件"，青海省药监局就力挺青海春天公司，并积极地为青海春天公司的发展解决问题。所以，极草才能在一定时期内获得了很高的品牌知名度，实现了较好的销量。即使后来极草被叫停，青海春天公司也很快获得了中药饮片的经营资质，可以继续经营青海省道地药材尤其是冬虫夏草。在"极草事件"中，政府起了决定性作用。

大营销也应该重视公共关系。目前有很多的制药企业被媒体跟踪报道，好的、坏的都报道，有很多事件对一些制药企业的品牌知名度和美誉度有很大影响，让企业疲于应付。公共关系做好了，能帮助制药企业抢夺市场、占领市场。

2. 大营销需要制药企业重视品牌、企业形象和产品形象

未来医药行业的竞争，对品牌要求越来越高。

现在很多制药企业不重视品牌，甚至负面新闻缠身，导致消费者、医生的用药信心下降，从而影响制药企业的产品销售。

某企业在毒胶囊事件中突然成了众矢之的，很多媒体和论坛纷纷攻击该企业，结果这家制药企业当年的销售额一落千丈。如果制药企业注重品牌美誉度、品牌塑造，就不会在原材料采购时购买有严重质量问题并且非常便宜的包材。后来这家公司几乎成了毒胶囊的代名词，只要有毒胶囊案件发生，很多媒体就不约而同地提及这家企业，估计这家制药企业一段时间都要背着毒胶囊这个黑锅了。

好的品牌其实暗示了好的产品质量，患者一般愿意购买大型制药企业的产品，根本原因是认为大型制药企业会关心企业名誉，不会因为成本降低问题让产品质量缩水，这是一种信任。药品不同于其他产品，是救命的东西，这就对制药企业提出了很高的要求，不能忽略产品质量，不能让企业品牌受到损毁，不能长期置品牌管理于不顾。

尤其是慢性病药品，这是一个很现实的金库，一个患者一旦使用上某种慢性病药品，可能很长时间都难以更换。慢性病药品的更换难度和成本太大，消费者一旦使用一段时间后，基本都是这家制药企业的长期客户。

四、体系化营销怎样做好内部营销

1. 员工是做好内部营销的关键

内部营销就是先要让员工真正地爱公司，公司的事情就是自己的事情，视公司的发展为自身的发展，并且在自身的工作岗位上努力工作，做出业绩。

现在很多企业的员工有一种简单的打工心态，在自己工作岗位上拖拖拉拉，得过且过，结果绩效平庸。这样的员工肯定不会全力支持企业发展，反而时刻留意着好的工作机会，只要有更好的选择，就立马走人，不管企业怎么发展。

怀有打工心态的员工对企业是没有忠诚度的，指望这样的员工为客户提供更好的服务就是玩笑，不能为客户提供更好的服务，客户也不会喜欢企业的品牌和产品。

如果制药企业的员工能非常热爱自己的工作，能热情洋溢地为客户提供各种服务，这个企业绝对可以战无不胜。好的产品不如有好的团队，就是这个意思。

2. 怎样做好内部营销

做好内部营销难度最小，也最有效果，基本可以采用以下几种方式：

（1）招聘时就注意选择有共识的人才。

很多人抱着打工的心态来面试是可以看出来的，比如对工资的事情斤斤计较，讨价还价；对工作内容的分配推三阻四；对企业根本不了解，只是知道有岗位招聘就来了。这些现象表明，应聘人员根本不是看着公司的品牌或者自身的发展来的，就是为了找一份工作，这样的员工进来既耽误公司的事情，也耽误个人的事情。

所以，尽可能招聘对公司有认同感的员工，这样进来的员工就会把本职工作当成自己的事情，全力以赴。

（2）给员工提供良好的发展环境。

企业管理者要经常帮助员工，问询他们在工作上遇到的问题，多指导员工，多给员工一些机会和一些关怀，让员工对企业热爱，对企业信任。

（3）剔除其中的害群之马。

有些员工在企业混日子；有些员工自身存在负面能量，经常背地里说公司和领导坏话；还有一些人可能工作能力很强，但经常违反公司规定，不遵守公司制度。

上述这三类人其实都是公司的害群之马，对第一种要做好思想工作，严密监督其工作业绩和工作状态，给 3 个月改正期，没有变化就辞退；对第二种人要坚决剔除；第三种人要做好充分沟通，找到问题存在的根本原因，给 6 个月改正期，没有变化应该坚决辞退。

（4）定期对员工进行培训。

除了部门经理要经常对部门所属的员工进行工作监督、指导和沟通外，企业方面应该经常对员工进行业务能力建设培训。培训可以让员工获得更好的工作方法、提高员工的工作能力、增加员工对企业的认知和归属感，工作也会更加倍努力。

（5）构建有竞争力的薪酬体系。

很多人觉得高薪酬会使公司消耗很大一块费用，其实这个思路是错误的。我们可以看到，外资药企基本都是高薪，这样既能招聘到好的人才，也能让人才在薪酬对比中获得满足感和存在感。员工就不会一边在这个公司工作，一边私下里偷偷地找工作，一旦发现有薪资较高的职位，就会毫不犹豫地跳槽。尤其是竞争对手为了挖人或者为了获得企业的营销情报，根据企业的薪资情况，提出较为有竞争优势的薪酬标准，那么人员很容易流失。

较高的薪资待遇，可以让员工珍惜这份工作，全部精力都付诸工作之中。需要明确的是，较高的薪资结构中不是底薪非常高，这是错误的，有竞争力的薪资结构是中上的底薪，较高的提成奖金。

某制药企业为了提升自己在人力资源方面的竞争优势，请了某咨询公司做了薪酬绩效项目，这个薪酬绩效项目做完后，人员基本工资普涨25%。由于有年度计划和预算卡着，整体薪酬数据不能跨过预算门槛，于是提成普降25%。

结果悲剧产生，销售人员的工作热情普遍降低。因为基本工资比较高了，销售指标完成与不完成相差不大，同时绩效体系中设定了较多的非销售指标，比如市场拜访率、客户数据完整情况等，于是销售人员不拿销售指标当回事，而是尽可能完成非销售指标类。

（6）对非营销部门人员的绩效中设置营销类考核指标。

我们都知道，营销是一个制药企业发展的龙头和前锋，营销做不好，制药企业很难发展，做好营销，离不开制药企业内部各部门各体系的支持和帮助。通过给非营销类部门设置营销类考核指标，可以促进非营销类部门积极参与和帮助营销部门，同时也会让非营销部门给营销部门在某种程度上施压。

给非营销部门制定营销指标分为以下两类：

一是硬性指标，每个部门和个人考核都加入一定比例的营销业绩完成率指标；

二是相关职能指标，就是这个部门对营销方面的支持和帮助工作要做到位，比如物流部门的发货速度和发货质量就是一项营销指标、营销部门对非营销部门的评价也是一项指标。

（7）制定能留住人才的制度和政策。

医药行业的人员多达几百万人，其中优秀的人才还是比较少的，尤其是那种有能力有水平又肯下力气干活的人，则更少。所以，制定能留住人才的制度和政策是制药企业发展的重中之重。

留住人才，首先要让员工认可制药企业的发展愿景，认同制药企业的企业文化。这就要求培训部门、部门领导或高层要经常向员工传播公司的发展理念、发展方向和未来愿景，尤其对能力很高的人才，必要时通过股权激励预期来留住人才。

在周期性的考核中，要奖励完成公司经营指标的人才，奖励一定要在公共场合，而不是私下奖励。现在每家制药企业都有内部的交流平台，在交流平台上定期发布业绩优秀者名单和奖励内容，以促进更多的员工努力工作，完成公司制定的各项工作指标。

五、体系化营销如何构建内部营销体系

这个比较复杂，不同的制药企业因为商业模式不同、经营战略不同所以会有很大的区别。但我们可以梳理出几点关键的构建体系化营销的内容：

首先，要构建以商业模式为核心的内部营销体系。

内部营销体系有两大含义。

（1）部门间的营销体系。

部门间的营销体系是确定各部门在营销中扮演的角色，为营销提供的服务和承担的责任。

首先要统一思想，虽然很多部门的管理层都很重视英雄，但都是从自身部门的本位主义出发，更多的是对营销团队的指责而不是帮助，即使有所帮助，也是不系统、不全面、不到位。所以，制药企业要建立整体为营销服务的基本理念，一切为了市场、一切为了客户需求，将企业营销和市场需求作为制药企业一切经营的出发点。

我们可以用一个表格来梳理内部部门在营销方面的服务与

支持，下面列举鼎臣咨询在营销项目上构建体系化营销的内部资料（修改版）。这个修改版本其实在框架上可以为很多制药企业提供借鉴，诸位制药企业管理层或者基层看一下本企业是否有这个框架，如表4-1所示。

表4-1　体系化营销内部体系构建表

部门	服务和责任	流程	细化	责任人（对接人）	备注
研发					
生产					
采购					
财务					
政府事务部					
人力资源部					
物流部					

表4-1可以通过图表的形式表达，也可以通过流程图的形式表达，这样可以清晰看出各部门在营销方面可以提供服务的内容、明确的责任和负责人。表格把制药企业的各部门作为制药企业大营销的子系统，这些子系统各自承担自己在营销方面的责任和义务、服务和支持。

大营销体系不是很多人说的"全员营销"。记得一家制药企业的老板认知全员营销后，开始让各部门的人发动自己的个人资源，从事销售，并给每个人分配了营销指标，这是错误的理解。真正的全员营销并不是所有制药企业人员都去做销售，而是全力支持销售。

比如研发部门应该为营销中的市场部提供用药方面的专业指导，从而让市场部门可以专业的推进学术营销，研发导向也要与市场部门的产品调研相协调。

大营销体系要求制药企业各部门和部门中每个职位都要关注和支持企业整体营销活动，尽自己部门的力量为营销团队、为企业客户服务。

一个1000多人的制药企业为了打造企业品牌、宣传企业的产品，开发了微信公众号，并在总部专门设置了企划部，整体负责企业品牌的打造。

每天企划部都整理出大量的质量较好的文章，发布到公众号上。运行3个多月后，企划部的经理十分焦灼，制药企业的高层也是埋怨不断。原因是这家企业的微信公众号阅读量始终非常低，多则300多人，少则十几人。

鼎臣咨询的项目团队入驻，了解到这种情况感到很奇怪，就对这个微信公众号进行了研究，发现这家制药企业的微信公众号基本都是自然流入阅读，这种情况下很难培育好一个微信公众号码。

项目团队建议，这家制药企业要求每个部门制定考核，每个人都要点击阅读并转发，部门考核，总部抽查。一周后，这家企业的微信公众号阅读量最低的时候2000多人，最高的时候5000多人。一个小小的微信公众号发展都需要举全企业之力，才能较快地发展起来，企业最重要的营销更需要举全企业之力。

（2）要做好对企业人员的内部营销。

企业内部营销非常重要，但是很多制药企业不在乎内部营销。一个制药企业如果内部利益集团较多，或者不产生利益的人员较多，就会形成内部倾轧，无法全力助力企业发展，结果是老板或者决策层全力划桨，内部人员却坐在船上勾心斗角。

一个好的发展战略或者好的战术，由于内部人的相互拆台，基本上会流于失败。

某家制药企业老板花费重金聘请一位新任营销总监，这个营销总监的履历可谓惊艳：外资药企工作 7 年，内资制药企业工作 4 年，在历任营销工作中，取得的业绩非常不错，可谓是能人中的能人。

新任营销总监入职后，花费 2 个月时间做了详尽的调研，并制定了一整套新营销方案，笔者看过这个营销方案，觉得水平非常高，具有很强的实操性，而且非常适合这家制药企业的营销发展。就是这样的方案，在公司总经理办公会议上被批得体无完肤，好在老板强势，经过部分修改后强制实施。

这家制药企业有个特点：老人很多，而且大部分都是不干活的，营销层面也有很多老人，基本是吃老本的，而且这些老人们都有各自的小团体，经常搞一些让老板都头疼的事情。新营销方案强推后引起了很多人的不满，因为新营销方案牵扯到很多人的利益。这些人的不满都藏在心里，表面一派和气，口头上全力支持，毕竟老板发话了：不支持就走人。

结果，新营销方案推行了不到 3 个月，问题频发：市场缺货、代理商乱价、窜货、销售人员不听指挥和营销总监吵架，甚至有销售人员和生产串通，私自拿几十件药品在代理商区域销售，引起代理商强烈不满。更为严重的是，一直依靠每月回款支撑的这家制药企业，3 个月回款比照往年下降 37%。

因为新营销方案推行严重影响了这家制药企业的运营，回款少导致工资都不能照常发放。老板在众多人背后谗言下无奈叫停了新营销方案，而新任营销总监也在新营销方案停止两个月后离开了这家制药企业。

更为可悲的是，新任营销总监做的营销方案，竟然在强推不到一个月的时间里，出现在另外一家公司老板的桌上。

六、要建立以市场为导向的营销体系

首先需要明确的是体系化营销是以正确的战略规划、正确的企业定位、正确的产品线布局和规划、正确的人力资源导向和正确的企业经营文化为根基的。现在很多制药企业单方面的强化营销，不重视企业战略、企业定位、企业产品线规划、企业人力资源规划、企业文化、企业研发和企业生产，单纯地把所有资源都投入到营销领域中去，结果造成了过度营销。

哈药集团可谓是国内的老牌制药企业，发展历程长，产品众多。但是哈药没有对产品线进行规划形成战略。它的发展策略是大批量投入广告，用广告拉动营销。重金投入下的广告在一定时期内快速的拉动了营销，并在档期内造就了蓝瓶钙等品牌。

但是在这个过程中，哈药并没有清晰的发展战略，也没有对产品线进行规划，于是一品独大现象非常严重，通过电视广告做的产品，销量都不错，但没有通过电视广告拉动的药品，销量非常差，这种情况导致哈药竭尽所能的投入巨资来塑造产品品牌。

随着传统媒体的广告成本越来越高，消费者对广告的免疫力逐步提高，电视广告的效果日益下降，哈药基本停止了广告的投入，很多产品的销售数量急剧下滑，哈药的经营业绩也下滑很快。

所以，本书所表述的体系化营销是以正确的战略规划、正确的企业定位、正确的产品线布局和规划、正确的人力资源导向、正确的企业经营文化为根基的，没有这些根基，再靓丽的营销计划和策略也没有多大的用处。

1. 以市场为导向的营销体系的基础

以市场为导向的营销体系的基础是要有正确的发展战略、正确的产品战略和正确的商业模式。

（1）企业战略。

营销是为了实现企业的发展战略目标，如果没有适当的发展战略，营销就成了无头的苍蝇，变化无端，今天用这种营销模式，明天用那种营销模式，今天可能投入巨资，明天可能没有投入，结果都不尽如人意。

凡是规则变来变去的制药企业，基本是没发展战略的，很难在营销上有突破。

（2）产品线规划。

很多制药企业至今都不明白为什么外资药企现在在剥离非主营业务，聚焦医药业务，或者聚焦重大疾病领域。

外资制药企业的战略调整，看似是专利药大批到期，专利药营销模式无法承载外资药企的发展，其实根本原因是其重构了企业战略，通过产品战略聚焦模式来适应战略发展规划。

中国很多制药企业是没有产品战略的，更没有产品线规划，乱七八糟的产品一大堆，没有优势产品群，也没有针对重大疾病梳理自身的产品群，让营销总监或者营销经理很难做好。

（3）商业模式。

我们研究国内发展好的制药企业，都会清晰地知道这些制药企业在怎样的构建和发展自身的商业模式。

商业模式是营销模式的根本，也是营销体系的根本，采用哪一种营销体系，这和制药企业的商业模式有根本的关系。而营销模式是制药企业在不同的产品线、不同的营销区域的灵活性体现，营销模式是可变的，但变化和适应的根本是商业模式。

商业模式决定了制药企业的经营策略。

2. 怎样构建以市场为导向的体系化营销

其实，有了企业发展战略、产品战略和商业模式后，以市场为导向的体系化营销就基本清晰了。体系化营销要注重三点：系统、市场和销售。

系统的建设：营销系统包括营销组织、营销管理流程、营销制度和营销薪酬绩效等。

营销组织层面，不同的制药企业由于发展战略、产品战略、商业模式不同，是有很大区别的。

很多制药企业营销组织内部看似有营销财务部、营销人力资源部、企划部、市场部、销售部、政府事务部、招商部、流通部、KA部、诸多产品事业部、区域事业部、品牌部、培训部等，但是部门内容存在巨大差异。由于制药企业的商业模式不同，很多部门的设置有较为严格的要求。不同商业模式下，营销组织的部门职能存在很大差异。

现在一些制药企业的很多部门设置是无效的，或者部门设置重叠，造成很大的资源浪费，同时很多具体工作无部门承接。

营销组织设置要先有工作活动，后有工作职位，再有工作流程，最后才能形成营销组织。意思是说，在企业发展战略和商业模式前提下，有哪些工作事务要做，工作事务其实就是工作活动；知道工作事务后，就需要设置工作岗位以承接工作事务；由于很多工作事务是串联进行的，就是多个岗位协作进行，这就需要有工作流程；把工作流程对接起来，就形成了营销组织。

这样构建的营销组织具有简单化、扁平化和效率高的特性，因为事务都由具体的岗位承接了，不存在遗漏、重叠，各司其职。

营销组织设置，在医药行业一般有两大类型：

一是直线职能制：直线－职能型组织结构被称为"U－型组织"，或"简单结构"，或"单一职能型结构""单元结构"。直线职能制的职权和命令是一条直线，一层管一层，不跨层级，不交叉，不重叠，每个部门都承载一定的专业工作。

直线职能制的主要业务承接者是生产和销售，因为生产和销售承接了制药企业发展的根本要素，但也存在参谋部门，比如市场部、政府事务部、财务部、企划部等。参谋部门主要是制定计划、方案、建议等，不能直接向层级部门人员下达任务，而是交给直线权力所有者发布并监督执行。

直线职能制是高度集权的营销组织形式，现在中国绝大多数制药企业都是直线职能制营销组织模式。

优点：直线职能制的营销组织成本低、责任清晰、指挥统

一、分工细密、注重专业化、效率较高。

缺点：由于直线职能制高度集权，下属部门和职能岗位缺乏必要的决策权，经营压力最终汇集到高层，同时直线职能制部门横向联系差，缺乏部门间协作。在经营信息方面，由于信息链条较长、决策慢，容易与市场脱节，市场人员或者销售人员看到的内容或者汇报的内容经过多层传递后到了决策层已经发生信息扭曲或者信息勘误，致使决策层很难看清市场的实际竞争状况。

直线职能制在进行制药企业战略调整时，需要进行组织再造，如图4-2所示。

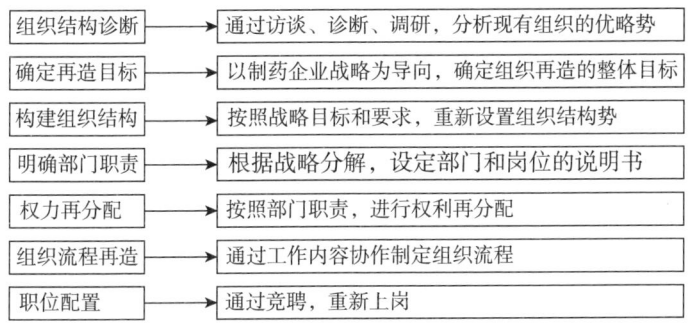

组织结构诊断	→	通过访谈、诊断、调研，分析现有组织的优略势
确定再造目标	→	以制药企业战略为导向，确定组织再造的整体目标
构建组织结构	→	按照战略目标和要求，重新设置组织结构势
明确部门职责	→	根据战略分解，设定部门和岗位的说明书
权力再分配	→	按照部门职责，进行权利再分配
组织流程再造	→	通过工作内容协作制定组织流程
职位配置	→	通过竞聘，重新上岗

图4-2　组织再造流程示意图

直线职能制的营销组织再造是为了更适合战略目标和战略发展，现在很多制药企业的营销组织都存在效率低下、沟通困难、工作执行混乱、人浮于事的情况。原因是战略不清晰，或者在重塑组织时很多组织岗位不是根据战略发展需要设定的，而是领导根据需要自行设定的。

二是事业部制：事业部制结构最早起源于美国。我国制药企业事业部制发展历程较短，基本都是从直线职能制上添加事业部形成的。

事业部制适合大中型制药企业，大中型制药企业的分公司众多、企业规模大、产品品种多、经营范围广，如果再用直线职能制就很难构建有效的管理体系。

中国的制药企业目前多在进行多元化发展，营销也会进行多元化的营销布局，这时就需要对原有的直线职能制营销组织进行改组，但很多制药企业的营销组织改造存在问题。很多制药企业仅仅是在直线职能制基础上添加了事业部，这不是真正的事业部制，所以，很多制药企业在事业部运行中存在诸多问题。

真正的事业部制是每个事业部独立核算，有较大的权限。

事业部制其实是把部分集群产品的生产、营销等统一聚合，形成独立的业务单元，凡是和这个集群产品相关的原材料采购、生产、仓储、物流、销售、生产、参谋等都汇集到事业部中，但这种类型的事业部在国内制药企业中是比较少的。

由于一些大中型制药企业的原材料采购、生产、仓储、物流、销售、生产是统一运行的，所以，国内的制药企业就在营销组织中建立了事业部。而很多营销体系中的事业部还要受营销组织内部的市场部门、财务部门、企划部门、政府关系部门、商务部门、医学部门等的辖制，这种事业部很难发挥效能。

说白了，很多制药企业中营销组织的事业部就是一个产品群销售部，由于先天缺陷很难有建树。

某制药企业 2013 年开始发展 OTC 业务，并就 OTC 业务的产品群在现有营销组织中构建了事业部，叫 OTC 事业部。这个事业部基本没有部门，下属都是销售人员，而销售人员基本和原有销售团队重叠，营销公司的财务部、市场部、招商部与OTC事业部是同级的。这样的OTC事业部根本没什么权限，下面也基本没人，原有销售团队对OTC业务并不熟练或者根本不了解。

真实情况是这个所谓的OTC事业部就6个人，1个事业部总监、5个大区经理。

结果这个OTC事业部运行了一年，OTC产品销售并没有比原来未成立事业部前有太大的改观，仅仅从1000多万元增长为1200多万元。OTC事业部的总监（没设总经理）更多的精力不是花在市场上，而是花在与平行部门诸如财务、市场和销售团队等的沟通上，因为诸多关于OTC产品的经营权限没有汇集到这个OTC事业部，想获得平行部门的支持，OTC事业部就需要和平行部门频繁地沟通，效率非常低。

鼎臣咨询通过项目介入后，在优化营销组织的背景下，开始对这个事业部进行再造。首先，我们把事业部管理权限由原先的营销总经理－营销总监－OTC事业部总监进行了优化，构建了营销总经理－OTC事业部总监权力结构。其次在OTC事业部内设置了OTC经营部。OTC经营部中主要是财务组、市场组、招商组、KA组，并在大区经理下面重新配置了OTC销售人员。最后，我们重设了管理流程，因为没有相应的管理流程，很多事情难以有效对接，事业部管理和运行就会流于形式。

重设的OTC事业部于2015年运行了半年后，销售人员配置到40人，销售额完成了2000多万元。这时，我们把原来设定的财务组、市场组、招商组、KA组进行了升级，改造成事业部财务部、市场部、招商部、KA部。同时，我们制定了权限分配表，OTC事业部有了较大的权限，很多事项不必汇报给营销总经理，由OTC事业部总监直接确定。

2015年，这家制药企业的OTC事业部完成了4200万元的销售额，基本完成了制药企业当期设定OTC事业部的初衷。

七、体系化营销需要构建新营销组织

未来五年，医药市场经营结构将会发生大的变化，国家针对医药商业结构的颠覆性治理和对医药经营秩序的沉重打击，会让很多制药企业原有的营销组织竞争效率快速下降。

这时，制药企业就需要对现有的营销组织进行改革和调整，以适应新形势的变化需要，否则老马拉旧车，在新的道路上会走得很艰难。

制药企业新营销组织，核心就是要构建体系化的组织形态。这样即便是人来人往，体系的力量也会让制药企业的营销具有持续的可能性。

在新的时期，制药企业营销体系就是要能够适应各省相关医药行业的各种政策，保证安全并能够最终获得营销业绩。

新时期营销体系的三个前提要素：安全、合规、高效。

一是安全。要保证营销体系不被商业贿赂等问题影响，保证营销组织能够在区域内安全运行，也要保证营销人员的安全。

现在国家对医药购销的商业贿赂的打击力度越来越大，一旦被查出商业贿赂事件，就可能拖累整个营销体系在区域内的运作。

在国家现有的医疗体制下，医药商业贿赂短期内是很难杜绝的，这要求一些依靠商业贿赂完成营销的制药企业在一些情况下宁可不去做某些监管趋严的营销业绩，也要保证安全。否则，参与的个人和公司都会受到牵连。

二是合规。营销行为在区域内要尽可能的合规，而尽量避免代金销售行为发生。

现在很多制药企业因为长期的代金销售，市场功能蜕化严重，即便是很多医药专业毕业的营销人才也不知道市场怎么运作。

笔者服务的一家以临床药品为主的较大的制药企业，年营销额 10 多亿元，但是市场部一共才 8 个人，包括市场部经理。

这家制药企业的市场部主要工作并不是做专业的学术策划方案，而是做包材设计、物料提供、招投标辅助支持等工作。而其临床营销队伍也基本不去做专业的科室会，而是以代金销售为主，完成销售业绩。即便是偶尔做一场科室会议，也是简单地讲讲企业的情况和产品的情况，并没有值得医生刻意学习的内容，之后就是送东西、请客吃饭。

现在，这家制药企业想营销转型，减少代金销售的行为。但是，在年度会议上，大家已经搞不清楚应该怎么做市场工作了，更有甚者什么是市场层面的工作都搞不清楚。所以，指望这样的营销团队做市场工作根本不可能，只有继续带着侥幸心理，继续代金销售。

这家制药企业想在医药营销上合规运行非常困难，笔者建议老板，如果可以，宁可下一年度减少营销指标，也尽可能逐步减少代金销售的行为。否则，一旦被查出，就会影响企业的整体运营设置。

三是高效。即便"两票制"、94 号文件、三明模式等政策在全国推行，以及反商业贿赂高压下，也有可能完成营销指标，甚至能够抓住时机获得较大的业绩增长。

不可否认，随着我国老龄化的进程和患病人群的增加，我国医药市场是刚性的。这个刚性导致医药总量在合理用药的情况下，会持续增长。

在市场总量持续增长的情况下，制药企业的营销不会大范围的萎缩，还会上涨。下一年度一些制药企业营销态势普遍看好，一些制药企业因为营销组织调整不及时、营销体系对市场反应缓慢、商业贿赂原因被惩罚等因素导致营销业绩下滑。

保持营销组织的高效性，才能在新的医药市场环境下立于不败之地。

新的营销组织应该以下面几点作为构建原则，才能保持安全、合规和高效。

一是强化医学、市场功能。

医学、市场功能是未来在中国市场上营销决胜的根本。现在，很多制药企业包括有自营队伍的制药企业，医学、市场功能极度弱化，无力支撑营销转型。

二是强化不同市场的应对策略。

很多制药企业或者全国一盘棋，应用相同的营销政策，或者什么都不做，任由市场自然发展，这些主要是代理模式为主的制药企业。

全国一盘棋或者任由市场发展的做法都会让营销难以具备

高效性，更多的可能是区域市场营销萎缩。

不同市场提升省级营销团队的政府事务能力、学术能力、院外营销能力、基层市场对接能力等都是必要的，需要因地制宜。

三是强化商务功能。

"两票制"的推行，让很多制药企业的原有商业结构出现大的混乱，很多省级代理商已经名不副实、徒有其名，如果再以省市代理商或经销商为市场运作主体，制药企业的营销会受到很大冲击。

这就要求制药企业重新定位商务功能，寻找到具有做医院、药店、门诊等终端能力的纯销商业建立合作关系。如果还依靠那些省级代理，不仅作用不大，还会出现问题。

四是强化合规性。

很多制药企业的营销高层或者制药企业的决策层还处于观望或者心存侥幸的阶段，认为国家的反商业贿赂的高压不会持续太长时间，就像 2006 年持续了不到半年就偃旗息鼓了。现在看来，国家真的下了决心，要彻底惩治医药购销领域的商业贿赂行为。所以，真实的强化合规、提升市场层面工作、避免代金销售是下一年度工作的重中之重。

可惜的是，很多制药企业在年度会议上还是片面地强调营销业绩，对合规营销只字不提或者一带而过。这种做法是对营销人员不负责任，也是对企业的发展不负责任。

合规营销，提前建立非代金销售的营销态势，是制药企业发展的根本。

五是强化资源整合与合作能力。

现在的医药市场，单纯地依靠自有团队形成良好的营销业绩难度较大，尤其是制药企业普遍市场功能弱化的前提下。

国家的诸多政策会导致医药行业内的各种营销资源碎片化、零散化，这就需要省或全国层面强化营销资源的整合能力。比如市场、学术功能，如果短期内很难建立，就和国内诸如麦斯康莱等专业机构合作；招标事宜，寻找各省有政府资源的招标精通人士从事招标工作；进入医院工作的，可以整合自然人的医院关系资源。

制药企业很多专业能力因为多年的代金销售是弱化的，或者没重视，短期内很难发展起来。这就要求各省的负责人及营销高层能够整合各种资源，为制药企业的营销服务。

五是营销组织要扁平化、要精简。

很多有自营队伍的制药企业，营销组织非常复杂、管理层级很深，导致信息传递变形失真，很多市场信息不能及时反馈，导致营销效率低下。

未来的制药企业营销组织一定要扁平化。即便是销售额几百亿的制药企业，营销总经理—大区经理—省经理—区县经理、区县业务人员，四个层级就足够，不需要太多层级。

八、体系化营销事业部的设置原则

1. 要确定产品群或者销售区域有较大的发展空间

我们知道，营销体系中的事业部是建立在产品群或者销售区域基础上的。

想建立有效率的事业部就需要制药企业有产品战略。在产品战略基础上，我们就能知道某一产品群的市场宽度、市场容量和市场竞争状态，再根据制药企业的发展目标判断是否需要构建事业部。

一般区域事业部是制药企业根据不同的区域竞争状态的差异，对有巨大发展潜力的区域市场重新布局，为了避免原来的营销体系惯性延续，需要对某些销售区域重建营销体系，这时就需要构建区域事业部。

还有一种情况，各个大区由于承载的经营指标较大，为了放权给这些事业部，促使大区能够尽可能的完成销售指标，同时减轻营销总部的运营压力，有些制药企业把大区都设置成事业部，比如叫京津事业部、西南事业部、华东事业部。这种情况比较少，适合大型制药企业，如图 4 - 3 所示。

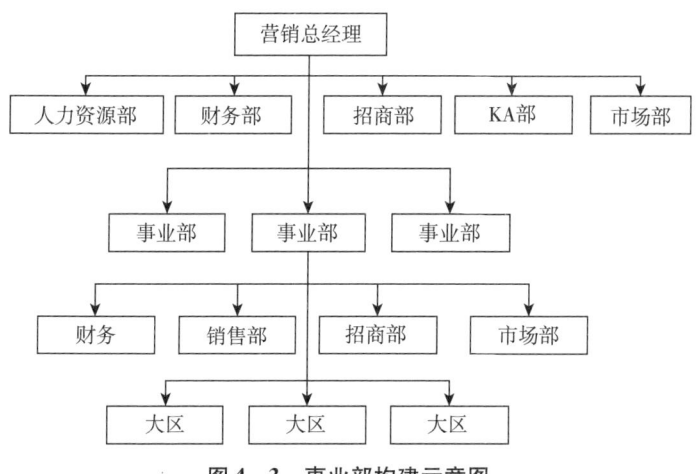

图 4 - 3　事业部构建示意图

2. 设立事业部后要充分赋权

如果权限不充分，事业部运作就会出现等待和拖延的现象，或者事业部精力都放在内部沟通上，效率极低。所以，事业部设定要通过内部管理流程再造和权限表赋予事业部更多的权限。

当然，事业部的权限可以逐步下放，不一步到位，这样可以避免事业部人员短期内增长过快、人员成本激增，也能让事业部更好地控制成本，避免机构臃肿、效率低下。

3. 事业部人员要根据指标完成情况配置

设置事业部不是一步到位的，比如按照年度营销计划是为某事业部配置了500人，这500人要分布到不同的地区。这样才能更好地控制成本，才能不延误市场拓展的进度。

对于事业部的部门配置，开始可以按照上述案例配置小团队，可以叫组，后期达到销售指标，就可以升级为部门，原来的组长可以根据工作情况升级为部门经理。

4. 要构建事业部运营流程

事业部运作会和原有的营销体系有一定的差异，尤其是重新分配权限后，原有的营销体系的流程不会完全适合新事业部的运行。这就要求在制药企业营销体系框架内为事业部重构流程，以便事业部的内部运行和整体效率的提高，避免内部扯皮、沟通艰难。

5. 要构建事业部的薪酬绩效体系

由于对事业部有新的经营要求，尤其是新建立的事业部需要招聘大量的营销人才，这就要在原有营销体系的薪酬绩效下构建新的绩效薪酬体系。

很多人认为，原有的营销薪酬绩效体系就可以，这个观点有待磋商。因为原有的薪酬绩效体系是构建在整体发展基础上的，细分事业部工作内容体现不强、聚焦性不够，或者根本不适合新事业部发展的需求，这就要求在营销体系的薪酬绩效下重新构建适合事业部的新薪酬绩效体系。

最起码，绩效体系需要重新构建，在营销体系中的薪酬体系较为合理的前提下。

6. 要为事业部配置合理的资源

很多制药企业构建事业部是没有配置资源一说的，基本上就是划分产品，这一堆产品这个事业部做，那一堆产品另一个事业部做。划分完产品堆后，给一个销售指标就完事了，告诉事业部领导去做吧。这种做法在制药企业中很普遍，这也是很多事业部无法成长的主要原因之一。

既然构建了事业部，就要为事业部配置资源。那么配置哪些资源呢？主要包括：资金资源、产品资源、市场资源、渠道资源、终端资源、促销资源、人力资源、政府事务资源、企业内部合作资源、办公资源等，这要根据制药企业的不同情况来配置。

7. 构建有效率的事业部的原则

第一，事业部要对自身的发展主动规划，能灵活地应对市场变化。

第二，营销总经理的部分权限要下放，避免营销总经理直接插入事业部内部运行中，让事业部领导失去决策权力，从而失去运营事业部的主动性、积极性和创造性。

第三，要把事业部作为利润中心。事业部承担了一个产品线或者一个区域的经营目标，需要投入较多的资源，所以，制药企业必须对事业部进行成本和利润管理，以利于整体营销目标的实现。

　　第四，营销本部各个部门不参与事业部的运行，但要经常根据设定的指标评估事业部的经营指标完成情况、市场合规情况、人力资源使用情况、财务费用合理利用情况等，避免事业部内部出现问题，甚至失控。

第五章
制药企业营销新策略

一、根据产品、区域形成的差别营销模式

1. 中国制药企业可以从经营模式上分为两大类

一是具有自营队伍的制药企业；二是没有自营队伍，以代理制为主要模式的制药企业。

这种分类方法主要是在营销层面上进行区分，并不是从疾病区域差异层面进行区分。

一个制药企业不可能每个区域都有一样的营销资源，全国有 34 个省级行政区，即 4 个直辖市、23 个省、5 个自治区、2 个特别行政区。2 个特别行政区就不说了，比如中国香港，医药管理模式主要是英式的，不完全按照中国医药管理框架运行。其余的 32 个省级行政区，对制药企业来说有很多差异。

2. 不同省市的药品销售规模存在差异

表 5 – 1　2013 年各省市的药品销售规模对比

序号	地　区	销售总额 万元	药品类销售 占比（％）	中成药类销 售占比（％）	中药材类销 售占比（％）
	全国总计	**130357831**	**73. 82**	**15. 23**	**3. 61**
1	北京市	11928112	72. 69	13. 32	2. 60
2	上海市	11012246	75. 86	10. 79	4. 97
3	广东省	10376786	70. 21	19. 60	4. 45
4	江苏省	10022113	81. 55	12. 73	1. 83
5	浙江省	9266777	76. 04	15. 13	4. 02
6	安徽省	9181328	68. 14	17. 82	6. 66
7	山东省	7250771	78. 55	16. 26	1. 58
8	重庆省	5713150	69. 77	17. 79	8. 49
9	天津市	4795571	49. 51	29. 45	0. 55
10	四川省	4714374	72. 29	10. 52	7. 80
11	湖北省	4672031	67. 69	22. 06	1. 19
12	河北省	4590799	75. 01	15. 89	3. 76
13	河南省	4344582	81. 01	10. 83	3. 56
14	云南省	4295784	80. 21	9. 95	1. 43
15	湖南省	4257587	69. 93	13. 64	4. 79
16	辽宁省	2827289	77. 99	18. 03	1. 30
17	山西省	2532807	76. 38	17. 62	2. 01
18	陕西省	2530998	60. 68	16. 94	6. 73
19	福建省	2472873	84. 04	8. 53	3. 02
20	黑龙江省	2132261	84. 06	4. 75	1. 24
21	江西省	1955333	69. 60	21. 81	1. 89
22	吉林省	1905219	85. 75	9. 56	0. 53

序号	地 区	销售总额万元	药品类销售占比（%）	中成药类销售占比（%）	中药材类销售占比（%）
	全国总计	130357831	73.82	15.23	3.61
23	广西壮族自治区	1902500	72.01	18.27	1.58
24	海南省	1379460	88.77	6.44	0.38
25	贵州省	1177416	73.16	17.88	1.60
26	新疆维吾尔自治区	1049177	76.35	20.00	0.15
27	甘肃省	884584	71.55	11.55	11.36
28	内蒙古自治区	598937	84.48	8.76	1.61
29	宁夏回族自治区	256262	73.83	19.00	0.88
30	西藏自治区	242938	100.00	0.00	0.00
31	青海省	87770	74.05	17.80	3.01

如表5-1所示，可以清晰地看出，各省市的药品使用规模是不同的。

每个省市由于药品使用量存在巨大差异，制药企业要根据各个省份的相关药品的使用情况进行合理的分配销售指标，同时采用适合的销售模式。

对有自营队伍的制药企业来说，可以根据不同省份的自己的历史销售数据、竞品的销售数据和相关疾病的整体规模进行布局。对没有自营队伍的制药企业来说，要划分出哪些省份通过精细化招商模式（"两票制"下找对一票商业承担是关键）进行分割、哪些省份通过逐步构建自营队伍模式进行分割、哪些省份通过物流模式进行分割。

3. 制药企业还要更多关注疾病情况进行营销布局

我国的疾病谱每年都有变化，很多制药企业不研究疾病谱来研发产品或者进行营销布局，会造成巨大的营销资源投入性浪费，也不会获得很好的营销业绩。

某上市药企 2016 年制定的营销策略完全是拍脑袋，对使用量大的药品投入偏小，结果有机会做成大品种的药品因为资源投入少，业绩发展缓慢；对于小众市场的药品，在没有详细调研的情况下，想当然地认为有很大的市场机会，投入了较多资源，但是增长缓慢。

疾病谱分为全国疾病谱和各省疾病谱。不同省份的发病情况是不一样的，比如做风湿类产品，南方用药量相对大一些，北方用药量相对小一些。所以，制定销售指标一定要看全国疾病谱和各省疾病谱。

如表 5－2 所示，中国药品市场容量大，2015 年中国城市居民恶性肿瘤死亡率为 164.35/10 万元，占比 26.44%；心脏病死亡率为 136.61/10 万元，占比 21.98%；脑血管病死亡率为 128.23/10 万元，占比 20.63%。（相关数据来自《中国产业信息》）

表 5－2　2015 年中国城市居民主要疾病死亡率及死因构成

疾病名称	死亡率（1/10 万人）	构成（%）	位次
恶性肿瘤	164.35	26.44	1
心脏病	136.61	21.98	2
脑血管病	128.23	20.63	3
呼吸系统疾病	73.36	11.80	4
损伤和中毒外部原因	37.63	6.05	5

疾病名称	死亡率（1/10 万人）	构成（%）	位次
内分泌、营养和代谢疾病	19.25	3.10	6
消化系统疾病	14.27	2.30	7
神经系统疾病	6.90	1.11	8
传染病（含呼吸道结核）	6.78	1.09	9
泌尿生殖系统疾病	6.52	1.05	10
精神障碍	2.79	0.45	11
肌肉骨骼和结缔组织疾病	1.79	0.29	12
先天畸形、变形和染色体异常	1.73	0.28	13
围生期疾病	1.70	0.27	14
血液、造血器官及免疫疾病	1.22	0.20	15
妊娠、分娩产褥期并发症	0.07	0.01	16
寄生虫病	0.04	0.01	17
诊断不明	2.26	0.36	–
其他疾病	6.15	0.99	–

4. 政策层面

由于不同省市的新医改进程有很大差异，制药企业要根据各省的情况来匹配营销策略。尤其在2017年，各省的新医改框架是不同的。虽然中央办公厅、国务院办公厅发布了《国务院深化医药卫生体制改革领导小组关于进一步推广深化医药卫生体制改革经验的若干意见》，其中明确提出福建三明模式作为未来医改的主要示范性模式，但是之前国家对新医改提出的是框架，各省在新医改的进程中已经有了自己的模式雏形，不可能完全推翻之前的努力，转而完全实施福建的三明模式。

于是，2017 年中国每个省的新医改的进程和内容都存在差异，即便是"两票制"、零差价销售、二次议价等国家强制普及的内容，各省也存在差异。

一些省份现在二次议价、医联体采购等如火如荼，对制药企业来说这种省份会越来越多，价格会大幅度下降。但有些区域即便是价格下来了，招标或联采后也不一定能形成大规模销售，因为还有药品零差价销售和药占比限制。所以，制药企业需要构建自身的政策和竞品分析框架。

没有专业的、长期的政策和竞品分析体系不利于制药企业的营销运行，现在很多制药企业的高层都是凭借从新媒体或者传统媒体中获得的一些信息来判断自身的营销在各省是否需要改进，这是不得当的。

因为新媒体或传统媒体在做政策分析时都存在倾向性，中性度不够，很容易让制药企业的决策层发生误判。所以，制药企业需要构建自己的政策和竞品分析系统，以有利于未来决策的正确性。

鼎臣咨询在为一些制药企业构建政策和竞品分析体系时，构建了较为完善的政策和竞品分析框架模型，这个模型较为复杂，需要专业的团队运行。

在本书里，笔者把其中较为简单的框架做了梳理，提示制药企业怎样做政策和竞品的分析，如表5-3、表5-4所示。

表5-3　政策分析框架模型

省份 / 关键词	"两票制"	零差价	二次议价	其他	详细备注
北京					
天津					

关键词 省份	"两票制"	零差价	二次议价	其他	详细备注
上海					

表 5－4　竞品分析框架模型

关键词 省份	销量增长	市场活动	价格动态	其他	详细备注
北京					
天津					
上海					

在做分析时，上述表格其实是作为思维导图使用的，是分析人员的使用工具，而不是主要的展现形式，主要的展现形式要形成 word 文档，这样有利于决策层阅读。

有了较为详尽的政策和竞品分析体系，制药企业的决策层就可以根据政策、市场、竞品等诸多信息对营销策略或者经营策略进行及时的调整，可以提高市场反应速度，在其他制药企业还没有动作时，已经做出应对方案并开始实施了。

当然，上市政策和竞品分析框架需要几个专业职位的人形成小组模式运行，不是随便找几个人就可以搞定的，而且这几个人需要经过训练。竞品信息需要多种手段获得，比如市场信息需要制药企业的营销人员长期关注竞品的动态，并及时根据事先确定的表格填写上报。

鼎臣咨询正开展针对制药企业政策层面分析的业务，每月向承接的政策分析业务的制药企业提供一份专业的全国和各省的分析报告，这个分析报告不是市面上那种套路的分析报告，而是中性的专题性报告。但目前还不能做竞品分析，因为需要制药企业人员的长期配合。

总之，不同省份、不同产品要有针对性及适应性的营销模式，不要全国"一刀切"。

某代理制为主的制药企业 2015 年开始做控销，这家企业产品的主要销售终端是药店、诊所和基层市场。在确定了控销模式后，对全国合作商业重建合作模式，引入了一大批做大包的自然人进入自身的商业机构体系。同时，把零售价格拉高，通过层层大包，限制药店、诊所数量。

当时笔者曾正式提醒老板希望他按照市场差异进行层级划分，把做得不好的区域，实验性地采取控销模式。但老板很固执，认为现在全方位采取控销是一个良机。

经过三个月，这家药企销量下滑很快，因为限制了覆盖率。所以，出货量急剧减少，但这家药企还没觉醒，认为初期出货量减少是控销初期阶段的正常现象。

经过半年后，销量一直没有拉升，反而很多自然人放弃了这家制药企业的产品，即使是制药企业人员根据之前约定的销量反复催自然人提货。由于这些大包自然人仅仅是把产品放置到药店，没有进一步做市场工作，所以，这家制药企业的产品处于自然销售状态，之前和很多药店说好的做首推也没人具体跟进。

2015 年年底，这家制药企业完成了 1.2 亿元左右的销售额，而之前连续 5 年，这家制药企业的销售额都没低于 1.5

亿元。

经过和这家制药企业对 2015 年的营销进行复盘后，我们都发现，其实在很多原来比较弱的区域，控销有明显的提升销量的效果，但在原来销售比较不错的区域，控销模式拉低了销量。

经过复盘、论证分析，当初我们规劝老板按照不同区域设置不同的营销模式的思路是正确的，但一年的销售期过去了，白白地浪费了时间和效益。

二、医药市场未来的三大专业模块

随着国家政策推行和医药行业的自发调整，未来医药商业结构中各要素会重新组合并向专业化方向发展，最终会形成不可或缺的三大模块，如图 5 - 1 所示。

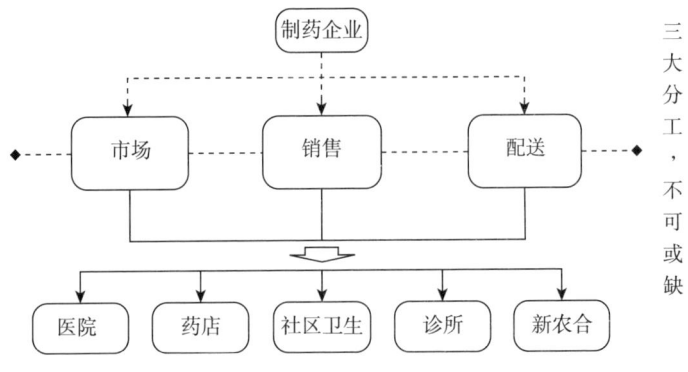

图 5 - 1　未来中国医药商业结构中的三大模块

药品经过配送进入各种终端，真正的营销才刚刚开始，需要通过纯销商业的销售体系维护各种关系，包括医生关系，还需要市场层面的学术推广、市场策划等专业服务。

配送、市场和销售最终构成未来中国医药商业结构中最重要的三大模块。

现在，很多制药企业的市场和销售功能是捆绑在一起的。对于代理制模式为主的制药企业，市场、销售和配送功能基本委托给了合作商业，而合作商业目前没有多大的市场功能，基本是代金销售和配送。其中，代金销售行为是把本应该是合规的市场费用用作商业贿赂，以此刺激医生提高药品的用药量，导致大处方的出现和不合理用药的事情频频发生。

未来，随着国家政策的日益趋严，市场功能会逐步体现。

但是现在，很多制药企业根本不了解什么是市场功能、什么是销售功能，配送功能则都比较了解。

由于多年的代金销售，市场能力已经蜕化了。很多制药企业不重视市场部、医学部等相关部门的工作，而是埋怨这些部门是成本部门、是企业的负担。

这种畸形的发展现状导致很多制药企业就像修炼了"葵花宝典"一样，在未来的发展中被去了市场这个"势"。由于"势"不存在，制药企业的决策层面对现在严厉打击代金销售的现状都束手无策，因为他们的思路中，除了"给钱"已经没有办法能够提升药品销量了。

于是，很多制药企业开始学习外资药企的市场行为。但是，外资药企的市场行为大都是为高空间的专利药物服务，导致国内以仿制药为主的制药企业学不到东西。很多制药企业高薪聘请外资药企的人，奉行"拿来主义"，但过一段时间后，除了费用猛增外，没什么作用。

现在外资药企也自身难保，因为大量的专利药物到期，很多原来的营销模式不适合大规模仿制药物的销售，于是很多外资制药企业纷纷剥离非核心仿制药业务，专注于聚焦业务。

那么，未来医药营销三大模块应该怎样合规合理地运用呢？

我们首先分析一下市场功能、销售功能和配送功能各自承担的功能内容。

1. 市场模块功能

任何产品的经营都离不开市场，其中药品经营更离不开市场。无论国家的相关政策怎么严厉，都不会对合规的市场行为进行打击，国家治理医药购销领域是打击商业贿赂行为，而不是打击市场行为。

合规的市场行为包括以下几点：

（1）对医院来说。

一是给医生带来国内外药物研发的最新动态。

现在药物研发日新月异，医生也需要在用药上提升，可以帮助医生提升诊疗水平，获得更好的诊疗体验。

二是指导医生联合用药。

很多医生并不是药学相关专业毕业的，他们对相关药物的毒副反应不是很清楚，这就需要制药企业的医药代表跟进企业积累的数据，对医生进行联合用药指导。

我们知道，很多疾病并不是单一药物就能治愈的，需要相关的药物联合使用才能达到治愈的目的。

很多药物，尤其是化学药，联合用药合理、科学，可以发挥药物的协同作用或者相加作用，达到较快有效的治疗效果。如果联合用药不合理，就会导致拮抗作用发生。拮抗作用包括相减作用和抵消作用，拮抗作用会导致联合药物的药效都消失或者弱化，甚至可能导致其他的严重毒副作用的发生。

三是分析换代药物的优劣性。

由于药物研发发展很快，一些老牌的原研药物的治疗功效不如新型的仿制药物，也有一些是新型专利药物代替老牌专利药物，这些都需要专业的医药代表对医生进行专业的指导。

四是做药物的四期临床。

很多药物上市后，如果想进一步研究其新领域治理、不良反应、药物疗效、不同体质人群的治疗效果、改进给药剂量等，就要做四期药物临床。药物四期临床可以让制药企业获得更多的研发数据，也可以让医生获得更具参考价值的用药指导方案。

五是为医生提供更多的用药数据。

很多患者用完药后，或者从医院获得药品后，如果住院还好，如果不住院，医生基本不能获得患者用药信息。如果制药企业能收集更多的患者用药信息反馈给医生，医生就能更合理的用药，也能提升诊疗水平。

六是做医生继续教育。

很多医生其实是需要更多更高层级的继续教育的，但是医生再教育门路较窄，加上时间不允许，所以很多医生诊疗水平提升很慢。医药代表可以组织业内专家对医院的相关科室的医生进行继续教育，提升医生的诊疗水平，也让医生有更好的发展空间。

七是做医疗技术研发。

现在很多医院都需要提升医疗技术，但是由于资金问题和立项问题，很难获得相关的机会，但医院是具备相关的医疗技术研发条件和人才的。这时，如果制药企业能够为医院提供资金和外部研发条件，就可以帮助医院做很多医疗技术的研发项目，会极大地提升医院的医疗技术实力和业内知名度。

八是做战略、营销、组织、薪酬绩效等管理咨询项目。

医院的发展离不开管理。

我国一直以来采用的是技术升迁的方式，就是一些科室医生诊疗技术做得好就升为科室主任，科室主任做得好就升为副院长，之后是院长，这是明显的技术升迁路径，虽然表述得有些粗糙，但基本差不多。

技术人员基本对管理有先天缺陷，并不是到了相关位置，管理能力就可以随之而来的。所以，现在很多医院的发展、管理都非常粗放。这就需要制药企业或者商业企业对医院的管理提供专业的支持与服务。当然，可以借助第三方诸如鼎臣咨询医疗行业中心做相关的增值服务。

为医院提供战略、营销、组织、薪酬绩效等管理咨询服务，是很多医院和政府部门认可的，因为这有利于医院的发展。

（2）对基层医疗机构来说。

未来，基层医疗机会因为分级诊疗承接很多康复患者，这些康复患者用药前期基本上来自于上一层级医院。但是，随着康复期的变化，用药也会发生变化。这时，可能很多药物并不是来自于医院，而是来自于基层医疗机构，毕竟对于利益层面的争取是任何机构都需要的。

但是，基层医疗机构的医生基本上对药物的使用能力还有待提高，这就需要制药企业的市场部门或者商业企业的市场部门对基层医生进行专业的用药指导和教育。

（3）对药店、诊所和民营医院来说。

民营医院和公立医院不同，即便是做相关的工作，用药量也不一定提升。以民营医院的逐利天性，不会对是否合理用药有过多的关注，但最好还是把民营医院纳入市场范围，提供专业用药指导，可以避免联合用药发生问题。

对于药店，还有市场活动、患者教育、促销活动等市场行为，这些专业事情销售代表不一定全做了。

对于诊所，可能需要定期提供专业用药指导。诊所数量在我国非常庞大，由于其自身的能力限制，用药水平很低，诊疗水平也很低，一般不会用较高层级的药物，大多是常用药物。因为常用药物风险低，但利润也低。所以，对诊所医生定期教育也是一个庞大的但有实际意义的工作。

2. 销售模块功能

销售模块基本上是完成与医院院长、药剂科主任、仓储人员、财务人员、医生等客情关系的维护，这样可以保证缺货及时补充、购货资金及时返还及其他事项。

销售功能如果由制药企业承担，则人工需求很大、费用很高。未来医药经营结构发展中，销售功能会向商业企业聚焦，因为维护客情关系、发货、回款等功能是很多商业企业的自有功能。

销售功能一般区域化情况比较普遍，他们是本区域人员，人缘关系广泛，建立与医生、药店店员关系较快，也容易构建信任关系。所以，销售功能一般直接交付给当地的与医院、药店、诊所、民营医院等关系较好的纯销商业比较好。

销售功能在医药经济社会化分工中有不可替代的作用，这不是市场人员能做好的。市场人员的优势是专业性方面，而不是人际关系层面，二者混淆就容易出现"打击商业贿赂就是打击医药代表"的现象。因为送钱很容易，做专业服务很累，医药代表会选择送钱的轻松活儿，而不是选择市场服务这种累活儿，但未来市场服务才是医药经营的重心。

3. 配送模块功能

配送企业一般是大型医药商业企业，可能是国企，也可能是民企，这些企业都和当地的医院、药店等有着较好的业务联系。但是大型商业一般的业务联系主要是配送能力、入驻医院的能力和资金能力。

大型商业一般没有市场功能和销售功能，所以，很多大型商业基本通过自身的物流优势、资金优势和开户入驻优势为制药企业服务，其他服务则无法提供，这也是很多制药企业无法和大型商业合作的根本原因。

大型医药商业有很强的仓储能力和物流系统，这是保证医药经济运行的关键要素，也是大型医药商业生存和发展的根本。

制药企业可以把物流、资金、开户功能交给大型医药商业，这样可以保证资金周转、物流安全快捷、进入相关医院速度较快。但是终端销售功能还是交给当地的纯销商业，生存功能最好自己做，实在做不了，可以交给国内能全国做市场功能的第三方医药服务体系麦斯康莱。

三、医药行业新的渠道结构

我国原有的制药企业医药商业渠道结构较为复杂，但从制药企业角度来看，我们可以分为以下三种结构的渠道结构。

1. 有自营队伍的渠道结构

有自营队伍的渠道结构基本是经销商＋分销商的渠道结构。这类渠道结构中经销商主要是物流和资金层面的工作，分销商主要是药品分销层面的工作。一般经销商在各省基本是一层，分销商可能有几层。

2. 代理制为主的渠道结构

代理制为主的制药企业，由于市场上基本没有地面管控队伍，都是依靠全国代理、省级代理等向下层层招商形成的商业机构。

这种商业结构基本上不可控，制药企业基本不能掌控下层渠道商、各种终端数据和各种终端资源，而且上层的渠道商对制药企业有较大的话语权，经常变相压价或者提出更多的费用要求。但这类商业机构中，很少有商业主动做代理的产品的品牌和市场工作，所以很多代理为主的制药企业品牌知名度和产品知名度都较弱，这也包括很多上市公司。一些公司上市后才逐步被公众认知，品牌知名度才逐步上升。

代理制模式下，制药企业的利润都比较低，因为代理商会拼命地压榨制药企业，以获得更大的运作空间和更多的利润。很多制药企业选择代理制，主要是为了降低自营队伍的高昂成本，同时比较省心的将产品行销到各个终端。

3. 大包制渠道结构

大包制是很多采用控销模式的制药企业采用的一种更为多层级的渠道结构。

大包制是层层大包，最多层级达到9层（目前基本能到的最高层级）。

大包制是可以先有全国大包商，之后各省、各地市、各区县、各乡镇。这些层级中，可以一个层级出现两个大包商，比如省到地市，有很多就是两层。

大包制极大地激发了自然人的药品销售热情，因为这种模式把自然人定义为"创业老板"。大包制为主的制药企业的渠道结构中，走票、挂靠现象最严重，因为自然人无法开具发票，只能从现有的区域商业走票，如图5-2所示。

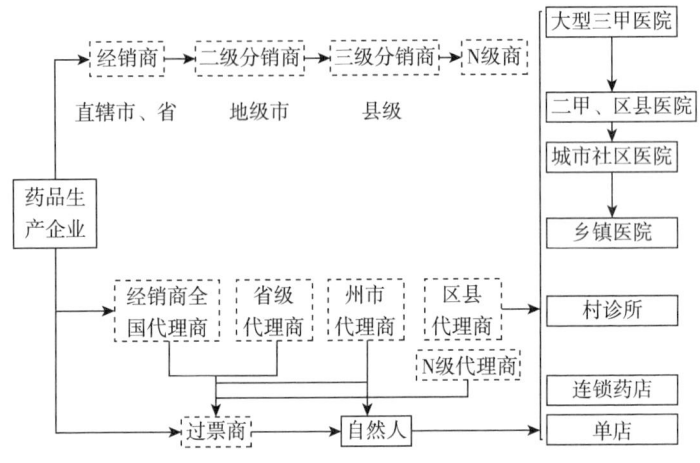

图5-2　制药企业三类渠道结构

94号文件将严厉打击自然人从事药品销售行为：

关于整治药品流通领域违法经营行为的公告（2016年第94号）。

为落实党中央、国务院对食品药品监管"四个最严"的要求，进一步整顿和规范药品流通秩序，严厉打击违法经营行为，国家食品药品监督管理总局决定对药品流通领域违法经营行为开展集中整治。

自本公告发布之日起，所有药品批发企业对本企业是否存在以下违法行为开展自查：

①为他人违法经营药品提供场所、资质证明文件、票据等条件。

②从个人或者无《药品生产许可证》《药品经营许可证》的单位购进药品。

③向无合法资质的单位或者个人销售药品，向药品零售企业销售疫苗，知道或者应当知道他人从事无证经营仍为其提供药品。

④伪造药品采购来源，虚构药品销售流向，篡改计算机系统、温湿度监测系统数据，隐瞒真实药品购销存记录、票据、凭证、数据等，药品购销存记录不完整、不真实，经营行为无法追溯。

⑤购销药品时，证（许可证书）、票（发票、随货同行票据）、账（实物账、财务账）、货（药品实物）、款（货款）不能相互对应一致；药品未入库，设立账外账，药品未纳入企业质量体系管理，使用银行个人账户进行业务往来等情形。

⑥将麻醉药品、精神药品和含特殊药品复方制剂流入非法渠道，或者进行现金交易。

⑦在核准地址以外的场所储存药品。

⑧未按规定对药品储存、运输进行温湿度监测。

⑨擅自改变注册地址、经营方式、经营范围销售药品。

⑩向药品零售企业、诊所销售药品未做到开具销售发票且随货同行。

"两票制"推行，将彻底改变制药企业原有的渠道结构，如图 5 – 3 所示。

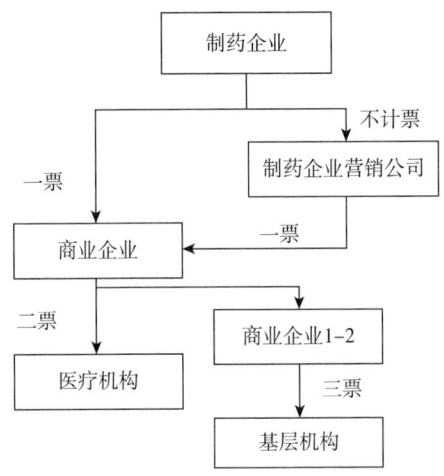

图 5 – 3 "两票制"的单一渠道结构

国务院总理李克强 2016 年 4 月 6 日主持召开国务院常务会议，决定实施《装备制造业标准化和质量提升规划》，其中规定：

推行从生产到流通和从流通到医疗机构各开一次发票的"两票制"，使中间环节加价透明化。患者可自主选择在医院或零售药店购药。

11 月中共中央办公厅、国务院办公厅《国务院深化医药卫生体制改革领导小组关于进一步推广深化医药卫生体制改革经验的若干意见》下发，根据意见内容，所有公立医院取消药品加成，同步调整医疗服务价格，公立医院药品采购逐步实行"两票制"。

经过 94 号文件，"两票制"和营改增，我国制药企业未来的渠道结构会发生巨大的转变。这个转变可能是多层面的，各种市场要素重新组合，渠道中的成员会逐步向专业化方向转化，不能转化的渠道成员只有面临消失的结局。

中共中央、国务院发布《"健康中国 2030"规划纲要》（下称《纲要》）。其中，在医药产业中指出，要推进医药流通行业转型升级，提高流通市场集中度，形成一批跨国大型药品流通企业。

截至目前，国内医疗流通企业有 1.3 万家，估计经过 3 年左右的整合后，大约会留存下 5000 家左右，大量的倒票、过票没有纯销的医药商业公司会倒闭。但是，有纯销和基层渗透功能的中小医药商业企业绝对不会消失。

未来，我国制药企业的渠道结构将会形成单一化的渠道结构，单一化的渠道结构对制药企业提出了更高的市场运作要求，但同时也给了很多有竞争性产品群的制药企业一个更好的发展机会。

经过政策压力形成的制药企业新的渠道结构，如图 5－4 所示中，渠道专业化分工日益明显，大型医药商业负责物流、资金、配送，盘踞在各地域的纯销商业负责终端的维护、上量。

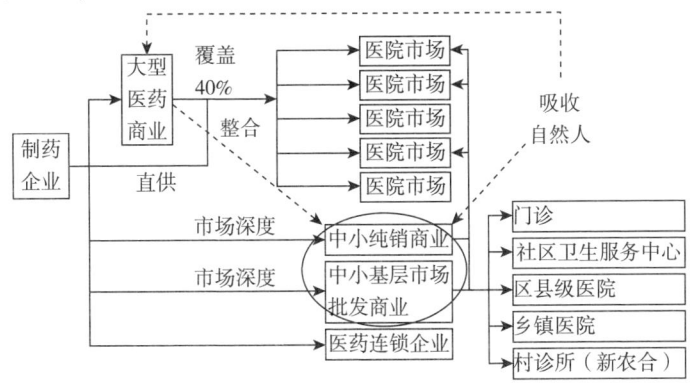

图 5－4　制药企业未来新的渠道结构

自然人会在新的渠道结构中消失，或者被制药企业吸纳，或者被纯销商业吸纳。既没有配送能力也没有纯销能力的医药商业企业注定会消失。但是，新的渠道结构需要制药企业自行运作市场或者与第三方医药服务商业协作运作市场，这就要求制药企业调整营销组织结构，扩大市场部门和医学部门，构建完善的市场运作体系，以便更好、更专业地实施市场行为，从而放大产品销量。

四、医院市场未来的药品营销模式

医院市场历来是国内外制药企业的兵家必争之地，即便是未来大面积推行药占比、零差价率，或者是国家下大力气打击商业贿赂，医院医药市场永远都是国内外制药企业做大品牌的根据地。

现在，由于国家对商业贿赂的打击，原有的依靠代金销售的模式会逐步被淘汰，而且风险也高，不利于医药代表的发展，更不利于制药企业在医院的业务发展。如果一些制药企业还是坚持代金销售，未来其产品会被限制在区域内的医院销售。

那么，未来医院市场怎样确定新的营销模式呢？

市场为重，销售和配送为辅，将是医院市场未来真正合规有效的药品营销模式。

市场为重：

目前大多数中国制药企业已经"自废武功"，做不了市场层面的很多工作了。

代理模式为主的制药企业基本上没有市场功能，之前通过代理制交付给代理商的药品，基本没有市场行为，是代金销售。

很多自营模式的制药企业也是不重视市场，只重视销售，对医药代表的培养也侧重于销售层面。

鼎臣咨询项目团队曾经为一家有 1000 多人自营队伍的制药企业服务，项目团队专家发现，这家制药企业的自营队伍，83% 的所谓医药代表是没有医药专业背景的。他们内部或者聘请外部专家的培训侧重于销售层面，如何开发医院、如何上量、如何拉关系、如何做科室会等。

这样的自营队伍在未来的合规营销中很难进行市场化运作。一方面，很多医药代表专业背景不够；另一方面，医药代表已经蜕化为销售代表了。

既然未来医院药品营销要以市场为重，那么就要与前面市场模块功能里的 8 个市场合规行为结合起来运用，或许还有很多拓展空间。这 8 个行为可能是交叉进行的，也可能是并行的，要考量制药企业的市场运作能力，之前的诸多科室会议，未来估计难以成行。所以，制药企业需要变通。需要明确的是，未来代金销售不可能一下子消失。

市场功能并不是说医药代表不和医生、科室拉关系了，关系还是要建立的，但这种关系和直接送钱不同，要尽可能地在不送钱的前提下，让医生多了解本制药企业的相关药品信息和其他专业方面的信息。

我们需要知道，合规的市场功能是国家允许的、鼓励的，也能很好地促进医生多用相关制药企业的药品。

销售和配送为辅：

销售行为，即便是有自营队伍的制药企业，也最好把相关功能委托给当期的商业企业。

原因如下：

①关系构建需要时间，而制药企业药品经营方面最缺的是时间。

②关系构建需要信任，短期难以成功。

③隐性成本较高，制药企业难以承受。

④具体销售行为可能存在不为人知的内容。

所以，制药企业不要一下子做全了，医药市场未来分工是明确的，制药企业一下子把很多事做完了也容易受到质疑，更会因为抢了商业企业的饭碗而被当地商业企业驱逐。

至于配送功能，还是交给大型医药商业企业，他们有强大的仓储、物流和资金实力，这一点就不说了。

经过分解后，制药企业的费用其实分成了以下四块：

一是市场费用。

这块费用最大，因为很多合规的市场行为需要大量资金支持，有自营队伍的制药企业完全可以通过合规的市场行为分解掉一些费用。比如做四期临床，完全可以给参与的医生一些合理的报酬，而且做四期临床费用也不低；做医生继续教育，需要聘请疾病领域的专家，这也需要费用支持。

二是销售费用。

制药企业可以合理地分解出一部分给提供销售服务的商业企业，这是合乎税法的，也在国家允许范围内。当然，这是制药企业全部承担所有药品经营费用的前提下。如果一些省份允许医药商业企业可以加价销售，制药企业就可以避免给医药商业企业费用了。

三是配送费用。

大型医药商业企业有着仓储、物流、资金实力，以及医院入户等能力，制药企业完全可以把配送和资金方面的业务分配给大型医药商业，这样也可以分配一些费用额度。

四是集采费用。

诸如重庆药交所、上海 GPO 等，未来各省可能都会搭建集采平台，一些区域的医联体直采也会盛行起来，但这些都会涉及费用问题。还有第三方采购平台，比如一些流通性品种，可能未来不需要代理了，也不需要找流通商业，在第三方平台推行下，流通商业估计会消失。流通性品种在第三方平台上运行，平台也会收取一定的费用。

至于制药企业采用自营模式还是代理模式，还是有前置分别的。对于有自营队伍的制药企业，自营队伍最好构建成市场功能模块承接团队，销售功能模块交给当地商业企业。对于依靠代理模式的制药企业，大型制药企业可以逐步自建市场队伍。中小型制药企业千万不要试图自建市场队伍，庞大的人工成本会让你血本无归，实在不行就和第三方专做市场功能模块的企业合作。未来，做第三方的企业不会少，也可以选择与第三方医药服务体系麦斯康莱合作。

总之，依据国家在新医改方面的进程，医药营销必须合规，医药经营也必须合规。抱有侥幸心理的制药企业依靠代金销售估计不会走太远，会跌一个大大的跟头。

五、基层医疗市场未来的药品营销模式

本书说的基层医疗市场不是传统的诸如第三终端、县级市场、乡镇市场等，这些分法有些过时。本书所指的基层医疗市场是指因为分级诊疗而形成的几个层级市场

一级、二级医院，以及社区卫生服务中心构建而成的城市基层医疗市场。

这个市场主要是以城市为核心，会较快和三甲医院构建成城市分级诊疗体系，也能较快地构建起城市药品分流体系。

2017 年，这是制药企业做基层医疗市场最主要的阵地，因为这个城市市场可以较快地形成新的医药分流规模，也容易集中做相关的工作。

目前，城市基层医疗市场会涵盖高血压、糖尿病、心脑血管病等慢性病，这些慢性病患者将从三甲医院导出，进入城市基层医疗市场进行康复性跟进治疗，这正是所有基层医疗市场中最大的份额。城市基层医疗市场未来会把三甲医院用药做导流和延伸，这也是很多高端药物下沉的市场的原因。

县域市场。

县域市场是以非城市区县为核心，向下延伸至乡镇和农村新农合诊所。这个市场是之前很多制药企业确定的传统意义的第三终端市场，但是运作模式会有彻底的变化，原有的所谓第三终端模式根本不会在这个新定义的市场发挥原有的作用。

县域市场未来会以常见病、多发病和慢性病诊疗和康复为主，相对城市基层医疗市场来说，也是一个较大的市场。

但这个市场覆盖面大、人群分散,用药基数和价格难以拉升,主要是常用普药为主,高端药物市场机会较少。

医疗集团。

未来会有很多医院和社区卫生服务中心、企业医院、民营医院、县级医院,甚至乡镇医院等构建区域性的医疗集团。也有可能是某一专科领域的诸多医院构建专科医疗集团,比如牙科连锁、肛肠科连锁、美容整形连锁、肿瘤科连锁等。这个趋势非常明显,也是国家做城市公立医院改革和县级医院改革的方向之一。

未来医疗集团会独立或者联盟性采购,这就形成了一个较大的独立的采购集团,这个采购集团可能不受医保限制,也可能可以对接医保。但这个医疗集团的独立性是政府难以有效干预的。这类医疗集团不会允许代金销售行为发生,但用药量不可小窥。

基层医疗市场既然分为三类,那么对应的营销模式也会有较大的差异。

1. 对于医疗集团的营销模式

医疗集团的采购会是明显的带量采购,但由于资金限制,医疗集团可能难以形成现金采购。大多数医疗集团采购是压批次采购或者累计性采购,也就是三个月或者半年结算一次,以便于医疗集团能保证充足的资金流。

医疗集团采购主要考虑以下三点:

(1)药品是否能够保证质量。

质量要求将是医疗集团采购的第一要求。现在,很多制药企业不按照 GMP 要求生产药品,偷工减料、鱼目混珠的情况时有发生,这类制药企业会被医疗集团拒之门外。因为医疗集团更在意自身的品牌建设，不愿意采购劣质药品让品牌蒙羞，否则一旦出问题，会让整个医疗集团名声扫地，以后难以获得患者青睐。

（2）药品价格。

在保证药品质量的前提下，药品价格也是医疗集团着重考虑的，毕竟在保证药品质量的前提下，进价越低，利润越高。药品利润占据医疗集团很大一块利润份额。

（3）服务。

医疗集团要求的服务范围会和公立医院的要求不完全一致。

医疗集团自身的诊疗水平较高，医生积极性也较高，不需要太多的用药指导或者其他性质的服务。但是，医疗集团对药品的仓储、配送的及时性、药品的有效期、药品完整性等有较高的要求。所以，针对医疗集团的药品营销相对简单，只需要保证质量、提供相互保密的供货价格和发货及时等就可以完成营销行为。

医疗集团的药品购销委托大型配送企业就可以，或者直接供应也可以。医疗集团的药品营销不需要专人长期服务，KA、相关部门或其他团队偶尔提供服务就行。

2. 针对县域市场的营销模式

县域市场是以非城市区县为核心，向下延伸至乡镇和农村新农合诊所。县域市场覆盖面广、市场层级纵深、产品要求价格处于中低价位，所以，做好县域市场有较大难度。

（1）县域市场的用药结构和特点。

①普药为主，但随着分级诊疗下沉，中高端药品会逐步进入。

②大部分区域新农合报销比例较低或者覆盖品种少，自费药品偏多，患者注重中低价位药品。

③私人诊所用药量最大，其次是新农合村诊所或卫生室，然后是乡镇卫生院，最后是县医院。

④采购量小，现款结算。

⑤布点分散、物流成本高，除了县级批发企业车辆，现在基本上依靠乡镇的"药耗子"通过摩托车、面包车等简易配送车辆运输。

⑥药品集散地主要集中在县级小型医药批发公司，但不同的医药批发公司覆盖的范围不一样。要想扩大覆盖面，就需要和县级医药批发公司整体合作。

⑦县医院、乡镇卫生院存在相对较大的灰色空间，目前基本没有管理。

⑧新农合卫生室或诊所，由于新农合目录药品统一采购和管理等问题，很多地区极度缺药。

⑨县域市场医生对中高层级药物认知度不够，药品合理使用存在较大问题，基层医生用药指导是中高价位的药品上量的关键。

⑩患者和医生对区域电视广告有认同感，尤其是中药产品，认可度较高。

（2）县域市场营销模式。

县域市场覆盖面广、布点分散、布点纵深，所以营销运营难度大、成本高。

一些制药企业曾经花费大力气拓展县域市场（第三终端市场），但有成效的很少。通过控销大包制进行拓展的反而充分利用了自然人资源，做得比较成功。

笔者认为，拓展县域市场，不同制药企业的营销模式是不同的，不能一概而论，必须根据制药企业自身的产品资源、人力资源、渠道资源等进行布局，否则会折戟沉沙。基层医疗市场通过会议的方式效果大不如以前，会议拦截、会议拆解等手段已经被控销模式做得效果较差。

现在一些制药企业在基层市场设立或者收购商业公司，这种做法有待商榷，因为制药企业产品相对其他真正的商业公司来说有点少，制药企业直接做商业公司。一方面，产品层面竞争力弱；另一方面，成本控制比较困难。

一些制药企业直接把基层商业公司收归麾下，以为这样可以直接掌控终端，这其实是一厢情愿。一个商业公司并不能真正掌控终端，需要多个商业才能完成全面覆盖。一旦制药企业收购了商业公司，这家商业公司将面对其他商业公司的竞争，可能会导致制药企业的产品无法完成较广的覆盖，导致销售额下降。

还有的制药企业在玩控销，希望通过基层众多的大包人员完成基层销售，这也是一厢情愿。因为94号文件导致众多自然人无法再像以前一样从事层层大包，必须进行归属，否则可能会触犯法律。

所以，以前的一些基层销售模式可能需要较大的改进才能做好，制药企业做得最好的是整合资源而不是意图去控制资源。没有哪一家制药企业，包括百亿级的制药企业能真正掌控基层。大量的制药企业之前在第三终端开发上折戟沉沙就是教训。

根据自身的产品资源、渠道资源、市场资源和营销能力构建新的基层营销体系才是关键，人云亦云的做法只能自尝苦果。

（3）产品资源丰富，有自营队伍的制药企业。

对于产品资源丰富，尤其是适合县域市场产品较多的制药企业，可以通过现有的自营队伍向县域市场深度拓展。

深度拓展的模式很多，对于有丰富的产品资源，同时有自营队伍的制药企业，笔者的建议有以下几点：

①充分利用分级诊疗区域化推进，协助区域政府做好区域分级诊疗工作，同时整合基层医生资源。

②在发达区域或者集中性区域做好基层医生用药指导和基层医生继续教育。

③根据基层商业覆盖情况，把自身产品进行分类，不同类别的产品和不同商业合作，以便于合作的基层商业能够充分覆盖。

④覆盖度达到一定程度后，通过合理的基层医生系列工作，促进医生合理用药。

⑤由于94号文件推行短期很难达到基层，乡镇的自然人还会在一段时间存在，可以充分利用自然人资源拓展基层市场。

⑥利用乡镇医院的统采机会。现在一些省份的基层市场是由乡镇医院统一采购的，也就是说，新农合诊所使用药品、耗材等必须经由乡镇医院统采，不允许自行到别处采购。有自营队伍的制药企业可以把工作做到乡镇医院，构建合作关系，只要区域内与大量的乡镇医院建立了合作关系，就可以把产品向农村市场拓展。

（4）产品资源较少，有自营队伍的制药企业。

对于产品资源较少，主要是临床产品的制药企业，虽然有自营队伍，但由于深入基层费用较高、难度较大，做好县级医院就可以了，经济条件发达的省份，可以做到乡镇医院。

（5）没有自营队伍的制药企业。

以代理模式为主的制药企业，就不要企图做深入县域市场的计划了，因为即便通过商业区构建县域市场拓展体系，合作商业也不会尽力去做。

很多没自营队伍的制药企业的产品，其实能够在县域市场看见，这是商业之间的调拨形成的。由于市场对很多中小制药企业的产品也有较大的需求，而中小制药企业又不能在营销上达到县域市场的管理，于是根据市场实际需要，县域商业会根据利润空间要求选择一些中小制药企业的产品，通过本区域或者跨区域调拨的模式，对这些高空间的产品进行采购配送。

所以，以代理模式为主的中小制药企业，就不用考虑自己开发县域市场了，因为这是一句空话。

3. 对于一级、二级医院以及社区卫生服务中心构建而成的城市基层医疗市场

城市基层医疗市场因为分级诊疗，将会迅速扩大。

公开资料显示，目前接近 20 个省出台了指导意见和详细的 2017 年考核指标，要求至少达到城市万人居民有 2 个全科医师，基层诊疗量需达到全部服务量的 65% 以上，远程医疗覆盖 80%，医疗信息化在医院和基层机构普及率分别达到 100% 和 80% 以上，高血压、糖尿病等疾病管理比例达到 40%。

其中，对于基层医疗机构来说，最大的市场机会应该是负担慢病管理的任务，卫计委发布《2016 年深入落实进一步改善医疗服务行动计划重点工作方案的通知》中就大篇幅的提到了分级诊疗以后关于医药和中医药的使用问题，尤其在社区医

疗方面，小病不出社区，给医药公司更多的选择和平台。

预计到 2017 年，医保药品目录的 2510 种药品将全部下放社区，这将导致基层医疗市场药品种类和数量急剧增加，很多在三甲医院的品种由于药占比限制，也会大量的流向基层医疗机构。

以后，医保支付将全面对接医疗机构，大量三甲医院专用药品将会在基层医疗机构获得对接医保的机会。

随着药占比和分级诊疗的实施，未来基层医疗市场将成为增速最快，规模最大的市场。未来 5 年，因为分级诊疗和药占比造成的基层医疗市场的份额增加，可以达到 6000 亿元，占到全国药品总量的四分之一，成为一个庞大的新型市场。

如此庞大的市场怎么样运作？

城市基层医疗市场作为一个因政策而兴起的新兴市场，操作模式与其他的市场是完全不同的。

城市基层医疗市场的用药特点：

A. 医保目录的产品将在城市基层医疗市场全面使用；

B. 基层医生用药水平不高，急需大量的用药指导教育；

C. 总量庞大，但布点多，配送细分化严重。

根据上述特点，可以制定出针对城市基层医疗市场的营销模式：

（1）营销体系搭建。

抓紧时间跟随各个区域的分级诊疗的步伐，在各个城市搭建适合城市医疗市场的营销队伍，这个队伍需要销售人员、市场学术人员共同构建。

（2）抢在其他制药企业还没反应过来的时候，进行用药指导教育。

现在，很多制药企业都看中了这个市场，但很少有制药企业看到这个市场产品发力的最大要求是做好基层医生的用药指导。

我们知道，随着分级诊疗的推进，大量的患者会回到基层医疗机构进行疾病康复，但即便是疾病康复，也需要使用在三甲医院的药品，而基层医生对这些三甲医院的药品是非常缺乏使用方法和使用技巧的，这存在巨大的风险。

而目前，国家财政有没有资金投入对基层医生进行用药指导和疾病康复的教育，这就给制药企业做基层医生用药指导教育留下了巨大的机会。

但很多制药企业自身就缺乏市场学术能力，这就要借助类似麦斯康莱的第三方医药服务体系。

第三方专业医药服务体系可以根据各地分级诊疗进展进行基层医生用药指导和疾病康复指导的教育工作，这样既可以保证基层医生合理安全用药，也会让大量的制药企业优质品种产生较大的增长空间。

制药企业自身或者借助第三方专业医药服务体系针对医生的用药指导工作，可以让产品提前占据和养成基层医生的用药习惯，这对制药企业的产品上量有非常大的作用。

（3）加强城市基层医疗市场的客情维护工作。

城市基层医疗市场也和其他市场一样，需要长期的多频次的客情维护，一方面可以抵制其他制药企业借机进入，更可以让医生对制药企业的产品更为熟悉，因为熟悉人就熟悉了产品，这个套路和做医院工作是一样的。

六、诊所、非公医院的药品营销模式

据国家卫计委网站统计数据，截至 2016 年 4 月底，全国医疗卫生机构数达 98.8 万个。其中，医院 2.8 万个、基层医疗卫生机构 92.5 万个、专业公共卫生机构 3.1 万个、其他机构 0.3 万个。民营医院 15090 个，诊所（医务室）19.8 万个。

我国零售药店总数从 2006 年的 32 万家迅速提高到 2015 年的 45 万家，其中，零售单体药店 24 万家、零售连锁药店 20 万家。

所以，民营医院、药品零售药店和诊所是一个非常大的市场，按照我国 2 万亿总药品产销盘子，估计民营医院、药品零售药店和诊所可以占到 35%。

民营医院、药品零售药店和诊所的用药特点是除部分医保对接产品外政策影响有限，非医保药品主要销售终端基本就是这三块范围。但是，这三块范围对制药企业来说，营销模式是不同的。

民营医院营销模式：

民营医院对药品采购相对分散，但以莆田系为主的医院体系目前呈现集中采购姿态。

民营医院中，莆田系占据约 9000 家，可谓是一个庞大的群体。目前，莆田系正自建采购平台，计划全国范围内的莆田系医院集中采购。

对于民营医院的销售尤其需要慎重，民营医院基本没有国家财政扶持，医院运营资金完全自筹，即便是有国有资产的股份制医院性质也一样。我们知道，公立医院拖欠药品款现象比较严重，民营医院也一样。所以，对于民营医院，笔者建议尽可能先款后货，或者货到付款。如果民营医院的信誉较好，可以压批结算，但不能跨批次结算，一旦跨批次结算就有可能出问题。

笔者的一个朋友在东北某区域做了大约 80 多家民营医院的药品销售，以往为了防范风险，基本是货到付款或者压批结算。

压批结算是打听民营医院的信誉后才实行的，经营了几年，朋友一直很小心，虽然有一些民营医院压批时间较长，但基本能及时付款。

经营了 3 年，基本没出问题。但在 2015 年年初，一家有十多家医院的连锁民营医院要求延长第一批次的付款时间并要求继续供货，同时用信誉保证，会在资金到位后及时付款。由于第二批次药品数量较大，朋友犹豫了两周多，觉得已经合作了 3 年，应该没问题。所以，医院第二批次进了 500 多万元的药品和耗材。

两个多月后，到了结款日期，这家连锁民营医院找了很多理由拒不付款，并要求朋友供给第三批货，承诺货到一个月内全部付清，否则就找其他进货渠道，但前两批货款需要延后支付。

这样拖了一个多月，朋友无奈之下，又供给了这家民营连锁医院 200 多万元的货，对方承诺两个月后全部支付。

但两个月后，朋友去结算近千万元的货款时，发现这家民营连锁医院原有的管理人员都不见了。他很奇怪，前几天他还盯着怕出问题，怎么到了结算日期都换人了。经过交涉，朋友才知道这家医院被收购了，双方已经结算清晰。而收购方拒不承担责任，因为并购前几个月财务已经结算完毕。

于是，朋友到了打官司讨要货款的境地，至今没要回一分钱，还在打官司。

这个案例告诉我们，民营医院本身的不稳定性是一个非常大的隐患。笔者建议，对于民营医院，尽可能先款后货或者货到付款，即使压批结算，不支付前批次货款就不供给第二批货物，即使是信誉再好也要慎重。

对于莆田系的集中采购，笔者咨询了业内人士，知道现在的莆田系集中采购还远没有成型，采购平台上入驻的莆田系医院也不多，采购的品种比较少，大部分都是各自分散采购。

上面说的是个人或者制药企业对民营医院的销售。还有一种是比较常用的，就是通过当地医药商业企业，制药企业不直接和民营医院发生货款关系。当地医药商业企业可以成为一道很好的防火墙。

七、零售药店的营销新模式

传统的药店营销模式不过是 KA 专供、高空间、独家控销、首推、进店各种费用支持、促销活动支持、店员教育、店员私下回扣、协助药店促销等，如果形成系列动作，药店的销量还是蛮不错的。

但上述做法把药店作为一个坐商来做营销，这种情况下药店的增量其实是有限的。所以，做 OTC 的制药企业还是创新一些行之有效的有差异的营销模式才能出奇制胜，获得良好的业绩。

笔者对零售药店或者连锁药店的营销建议有以下几点：

1. 组方式营销

任何做 OTC 的药企都会有重点产品和非重点产品，笔者建议最好对店员教育时采用组合方式做营销。

重点产品都是代表治疗某一类疾病的，那么治疗这类疾病单一的用药企的某一重点产品可能效果不如组方好。既然医生在为患者就某一疾病诊断后都是以组方的形式出现，药企为什么不可以围绕重点产品对现有药品进行提前组方呢？

这里仅列举几类组方样式：

（1）处方药 + 处方药。形成新的治疗理念并对医生进行宣传，这类组方可能需要临床试验验证最佳效果。

这一点对专业性要求较高，需要精通医、药的专业人士，综合运用相关疾病的治疗理论，比如美国也研制出了用于防治心脑血管病的"多药片"。尽管这些复方制剂的效果尚需得到循证医学的验证，但是综合控制多重的心血管病危险因素这一理念已获得心血管医学界的广泛认同。

（2）处方药 + OTC。主要目的是强化处方药的作用，形成有效的联合用药治疗机理。但这一点对大医院的医生宣传意义不大，可以用在门诊、社区、药店等医生用药水平较低或者专业性较低的终端。比如急性支气管炎，如果主要产品是头孢类，如头孢克肟，那么可以根据患者是否感冒而形成不同的药品组合方案。患者未感冒的组合方案是头孢克肟 + 复方甘草片（处方药 + OTC）。患者感冒的组合方案是头孢克肟 + 复方甘草

片 + 板蓝根冲剂（处方药 + OTC）。

（3）OTC + OTC。主要用于药店和诊所，可以明确地教给店员和医生。比如胃十二指肠溃疡，组合方案是奥美拉唑 + 复胃散胶囊 + 复合维生素 B 片。

（4）药品 + 保健品。如果药企自身有非常好的保健品（价格不要太贵），可以通过教育消费者、店员或者医生的方式进行更深的组方。比如高血压患者，除了服用正常的药物，服用一些虾青素、小麦胚芽油、大蒜油胶囊等就很不错。

2. 社区教育营销

社区教育营销很多人都已经提及了，但是做得很少，因为没有系列的产品，尤其是产品比较少的在药店做社区教育营销划不来。所以，做社区教育营销最好是系列产品，比如上面的组合型产品群，就可以有效实施社区教育营销。而社区教育营销是把药店做成了行商，由药店人员、社区卫生服务中心人员、专门请的医生及药企的人员组成。社区教育营销主要针对慢性病，不要做常见病药物，否则得不偿失。社区教育营销要分多期，每月一次最好，这样可以让消费者持续购买。

3. 数据库营销

现在很多国内制药企业还没有涉及数据营销。

所谓的数据营销就是通过患者数据，长期对接慢性病患者，跟踪慢性病患者常用的药物，并导入到附近指定药店购买的营销模式。

以医院销售为主的某药企在一些省份落标情况严重，项目团队和某药企营销人员组建综合性团队，用两个月做市场调研，试图解决这一问题。经过细致的调研和分析，综合团队制定出新的营销方案。新营销方案在某省的销售最差的某市开始样板运作。

某市招标情况：某药企的某心脑血管产品 A，在某市流标，肿瘤产品 B 未流标。

某制药企业的人员从多个渠道获得了大量的消费者数据，通过对接原来的关系医生，为医院附近药房、离散社区药房、门诊及消费者构建了新的关系体系。其药品布点由原来某市的 6 家公立医院分解为 80 多家药店、民营医院和门诊。这 80 多家药店、民营医院和门诊对接区域 4000 多个消费者，新增 10 名呼叫中心人员为其服务。

6 个月效果：

流标产品 A 半年度完成了其年度指标的 72%。

未流标产品 B 半年度完成了其年度指标的 46%（按照既往模式销售，没变动）。

之后，把未流标产品 B 也导入新体系。

年度效果：

流标产品 A 年度完成了其年度指标的 140%（实际销售，如终端和渠道库存为 175%）。

未流标产品 B 年度完成了其年度指标的 98%（实际销售，如终端和渠道库存为 124%）。

2015 年 5 月（半年度时），某企业全面推广新模式，并根据消费者需求逐步导入相关保健品。

上量的真正关键是新模式抢夺了很多院内竞品的份额，但竞品销售人员始终搞不清原因。某药企的实操人员也因为分别负责而无法获得全部的新营销方案。（为避免商业机密泄露，请不要对号入座，产品类别已经修改。）

4. 处方外流院外营销

未来，处方药外流是大趋势。处方药外流大部分会导入医院或者医生指定的医院附近药店，这对空间高的药品是有利的。对于价格相对较低，没有进入医保甚至没进入医院的药品来说，根本没办法操作。但是，处方药外流的机会又不能错过。

某口服类药物 Q 产品在某城市由于没有进入三甲医院，只能通过院外进行销售。由于之前医院基础做得不好，依靠医生处方外流或者医生定向购药有些困难，不可能通过三甲医院的医生来销售产品。

Q 药物的区域销售人员经过仔细调研后，发现某竞品由于药占比限制，在医院也出现了销售额问题，但某竞品采用医生指定医院附近药房取药的方式仍然销售得不错。

于是，Q 药物的区域销售人员通过一定的关系，获得了某竞品指定。

5. 控销模式延伸

很多所谓的控销模式其实就是整合自然人资源进行终端的布点控销，因为渠道控销已经在"两票制"下没有实际意义了。但是，在 94 号文件及国家相关治理文件的打击下，自然人团队面临生存问题。

现在，自然人开始大规模分化：

（1）一部分优秀的自然人被制药企业或者第三方服务企业收编。

（2）一部分自然人自主加入当地的具有纯销功能的医药商业企业。

（3）很大一部分自然人由于自身年龄、素质、水平等因素差距，不受制药企业、第三方服务企业和纯销商业企业青睐，仍然"活跃"在医药市场，尤其是基层医药市场。他们即将面临的结果是：无票可挂、无企业可靠、无医院信任、无产品可营。

由于控销模式在这几年兴盛和衰落，很多制药企业在没有其他更先进的营销模式情景下，还在依靠所谓的"控销大咖"进行下一年度的营销布局，以前的控销布局不可能一下子弃之不用。所以，以前控销从控渠道、控价格、控终端数量上会有所发展——向终端提供更多、更专业的服务来拉动药品营销。

很多人认为国家现在的政策还没有顾及 OTC 市场和基层市场，一些自然人还可以就政策空隙在 OTC 市场和基层市场生存，这个想法有一定的合理性。但是渠道结构发生了巨大变化，也会对控销模式产生巨大的影响：对很多没有自营队伍的控销企业来说，已经无法真正通过代理渠道实施控销，只能向大量的自然人辐射。由于票据和高开高返财税等因素的限制，如何把大量的现金返还给自然人是一个大问题。这就要通过对控销的延伸，增加终端的各种市场活动和促销活动，通过对终端的市场行为拉动，实现对药品上量和返还佣金的需求。

在以前的控销模式下，受很多自然人的水平、能力、素质、运作空间和资金等因素的限制，基本没有终端拉动，主要是和药店、诊所等终端有一个简单的约定。

这个区域仅供给一家，要保证首推。其余基本上没什么行为和内容了，好一点的偶尔做一次药店促销，促销也是寅吃卯粮，提前消费患者而已。

所以，通过真正的控销模式延伸，可以有效地进行终端拉动，但这不是一件简单的事情，需要产品有较大的运作空间，更需要多产品协同运作。因为一个产品即便空间再大，也承担不了频次终端拉动的费用。

针对药店控销延伸的陷阱：很多控销人员通过设置陷阱让药店和控销企业进入他们短期布局的圈套，以期获得药店的采购和制药企业的认可。这种陷阱基本是短期的，对全年的增量没有任何意义。

某制药企业 2015 年准备开展控销模式，在通过广泛招聘、发布控销信息后获得了很多控销支持者。

其中，某区域自然人甲对控销企业承诺了初期采购 100 万元，这让做控销的制药企业非常惊喜。于是承诺采购金额达到 100 万元，并承接省级年度 1000 万元指标的前提下，可以和甲签署省级控销代理协议。

甲并没有 100 万元的资金，就和区域内多家药店联系，承诺药店只要采购大约 3 万元的药品，就可以帮助他们在半个月内销售完，否则承诺退货。结果，约 40 家药店采购了这家控销制药企业的货，合计 100 多万元。于是制药企业痛快的和甲签署了压批次结算协议，并把某省控销权给了甲。

甲在 40 多家药店通过购买大量廉价促销品，引诱患者在目标药店大批量购买指定药品，实现了销售。之后，甲又通过引诱患者在指定药店会员卡上存钱返 20% 赠品（也是廉价促销品）的方式，帮助药店一个月内获得大量现金收入。当然，药店必须承诺年度采购一定数量的甲获得省级控销权的制药企业药品并签署协议。

表面看，甲的做法让制药企业、药店在短期内获得了较好的收益。年度结算时，药店发现年度的经营指标并没有增加甚至下滑了，而制药企业的省级1000万元的目标基本实现了。但是，第二年不管做控销的制药企业怎么做工作，甲也不承接某省的控销代理权了，这是为什么？

新接手的控销人员进入市场后才发现，原来大量的产品积压在药店的仓库，商业企业仓库也有，根本没有实际销售出去，新接手的控销人员根本没办法开展工作。

甲就是玩了一个套路，这个套路中药店是寅吃卯粮，不过是提前把患者需要的药品通过促销品拉动的方式卖给了患者。患者购买一次或两次后就不购买了，至于促销品拉动存现金也是提前预支销售额的行为，并没有形成增量。药店由于短期获得了大量的资金收入，根据协议必须购进药品，但是购进的控销药品又卖不出去。制药企业委托给甲的药品并没有实际卖出去，而是分散积压在了药店仓库里，但是甲已经把空间费用全都拿走了。

那么，积压在药店仓库里的药品怎么处理呢？

仔细算来，只有甲获得收益了，药店和制药企业都没获得收益，最终给药店和制药企业留下了很大的麻烦。药店还好一些，不行一点点卖出去。对制药企业来说，这个区域根本开展不了业务，还要解决大量的退换货问题。

这真是一个坑，但很多控销人员都在玩这种坑，玩的是制药企业的市场信誉和药店的信誉。

第六章
制药企业
新营销转型

一、代理模式转型：营销变革与加强合作

目前，很多制药企业都开始谋划下一年度怎么运作营销。我们说过，全国大约 4700 多家制药企业，大约 300 多家制药企业有自营队伍，而 4000 多家制药企业基本是多年采取代理模式，是没有控销队伍的。有自营队伍的制药企业都面临营销转型的困局。

那么，没有自营队伍的制药企业，营销怎么转型？这就要分为两类企业：

一类是止步不前型制药企业。很多制药企业由于一致性评价等相关政策，未来产品数量会急剧萎缩，很多制药企业老板萌生逐步退出的念头，现在是能干一天是一天，没有未来发展的意图，等到实在干不了了就只能关门了。

另一类制药企业，老板和决策层希望企业越做越大，未来

成为医药行业知名的大型企业或者特色发展企业。这类企业需要借助这次政策变革对自已的经营体系和营销体系进行变革，逐步构建专业营销的结构，摆脱代金销售的惯性营销思维，构建新的营销格局。

笔者认为，以代理模式为主的第二类制药企业营销转型需要考虑以下建议：

①对营销体系进行变革，以应对未来的行业巨变。

②加强和区域内第三方服务组织的合作，通过合作方式构建新的营销态势。

③细分产品线，大框架划分 OTC、医院和基层，分别采取不同的营销模式。

④重构渠道框架，变被动为主动，以合适的模式、较小的运营成本切入市场。

⑤慎重使用控销模式。

⑥构建全国战略合作平台，形成新的营销布局。

上述六个方面可能还不全面，但基本可以帮助代理模式为主的制药企业形成新的、较好的营销格局。这个营销格局需要长时间、耐心的构建，不能一蹴而就。

代理模式为主的制药企业转型要对营销体系进行变革，以应对未来的行业巨变。以代理模式为主的制药企业，原来的营销体系都很简单：招商体系为主，市场、物流或者销售管理为辅。因为原有的代理模式下，有招商体系就可以了，其余的完全依靠代理商业运作，自身几乎没有营销功能。

新的征程形势下，这种有些简易的营销体系不再适用了，需要根据市场和政策形势进行调整。

首先，要强化招商体系。原有的招商体系都非常简单，对商业的管理和支持很弱。新形势下，因为渠道结构将发生大的变化，大量原有的商业企业可能消失或者无力支撑新的营销业绩，所以招商体系必须从原来的运营模式向精细化招商管理转型。

原来的招商基本上是一省或者一市一商业模式。下一步招商需要划分医院招商管理、OTC招商管理和基层招商管理三大块业务，而这种模式划分需要更细的市场管理功能。

未来的商业企业可能仅是一个桥梁，不再像以前一样承担全部功能。比如"两票制"下，很多制定配送商业占据一票，就需要把配送商业纳入招商范畴，但这些指定配送商业基本不具备除配送外的其他功能，这就需要通过强化招商体系的功能来弥补这些功能。

那么，一个地区可能有专门负责配送的配送商业，可能有专门负责市场的第三方服务企业，甚至可能有专门负责开发医院的商业或者招标商业企业。所以，细化招商功能是代理模式为主的制药企业前期非常重要的工作，细化招商就是要从市场层级和区段进行不同的商业模式匹配，以达到完成区域营销的目标。

其次，未来单纯的招商体系强化是不能做大企业的，还需要强化市场功能。很多以代理模式为主的制药企业基本不重视市场部门，但是未来想做大产品、做大企业，就必须强化市场部门。

未来的市场部门需要对医院、OTC和基层三个不同系统的产品进行详尽的策划，因为终端的合作企业可能无法完成市场策划功能，这就要求制药企业对重点产品提供完备的、可行的市场运作方案，下面的合作企业（配送商业、第三方、其他合作企业）具体落地执行就可以了。这样有利于做大产品规模，更有利于市场健康有序的发展。

同时，市场部门需要对产品品牌和企业品牌进行详尽的策划并利用全部营销资源进行传播。未来医药市场的品牌功能和影响力会逐步放大，品牌竞争是最主要的竞争利器。

市场功能还包括政策研究、招标、竞品研究、研发支持、临床学术支持等，这些功能都需要通过强化市场部门来获得。

对以代理模式为主的制药企业来说，强化招商和市场基本就可以满足未来医药行业发展的需要。当然，想逐步建立营销队伍的制药企业可以通过先强化上述两个方面逐步组建，毕竟有自营队伍是未来做大做强企业的前置条件。

加强和区域内第三方服务组织的合作，通过合作方式构建新的营销态势。未来的医药商业结构一定会向专业化方面发展，也就是说，不同的商业企业类型负责不同的业务模块，基本上可以分为市场、销售和配送三大块业务。

对于市场层面的功能，新的政策形势下会有大量的第三方服务组织出现，比如当前做大的服务体系麦斯康莱。

第三方服务组织可能是纯粹的第三方建立的，也可能是以前的商业企业转型而成的，还可能是制药企业和商业合作构建的。但是这些第三方服务企业优劣差别较大，有的是商业企业转型过来的，本身没有专业能力，也没有资源。这些转型过来的第三方服务企业会有各种保证，其专业能力和市场资源整合能力是什么程度还不能说清，需要制药企业自己鉴别。不管哪一种形式，都具有一定的承接医药行业变革后相关功能的能力。所以，选择合适的第三方服务企业合作，将成为制药企业营销转型的一个重要方面。

第三方服务企业可以在配送环节之外做很多市场功能，比如医院维护、市场策划、学术支持、基层医疗机构开发、医院内部管理支持等，这就可以保证制药企业在代理模式下有一个体系承接更多的市场功能。如果制药企业和这些第三方服务企业对接良好，就很容易把产品做起来。

笔者无法给制药企业明确与第三方服务企业合作的选择标准和路径，但可以提出以下几点建议：

①要看第三方服务企业专业性如何。没有好的专业性，和配送企业或者以前的代理企业没有区别，无法解决产品市场问题和经营业绩问题。

②要看第三方服务企业之前是做什么的。如果是调拨、挂靠、走票等为主的商业企业转型而来的，就要慎重考虑。

③要看第三方服务企业现有的专业结构合团队。如果市场功能基本没有，也没有很多的终端资源，这样的第三方服务企业就是空架子。

④要看第三方服务企业覆盖区域。覆盖区域小的，基本专业能力都不太强，因为养活专业队伍需要大量的费用，区域小，获得的资金也比较少，很难养活一支专业队伍。

二、代理模式转型：细分产品线和重构渠道框架

1. 细分产品线，大框架划分为 OTC、医院和基层，分别采取不同的营销模式

未来医药代理模式的制药企业进行营销转型，需要在营销模式上细分经营产品群。这个产品群基本可以按照大框架划分

为 OTC、医院和基层。

制药企业要先把自身的产品做一个简单的规划，哪些产品适合医院销售、哪些产品适合药店销售、哪些产品适合城市基层、哪些产品适合县域市场……即便是很简单的规划，也需要一个专业的团队进行规划。如果制药企业做不了，可以聘请第三方医药管理咨询团队来做。

对产品线进行规划后，就可以根据产品线的情况重构招商体系，新的招商体系一定是细化的，而不是几个人打打电话就可以的。对产品线进行规划后，要重新设立市场部门，强化市场功能，统一规划不同的产品线，找出其中的重点产品并构建重点产品的营销策略，以便合作的企业能够统一执行并取得良好的效益。不同的产品线对应的市场层面有很大差异，比如 OTC、医院和基层，都有各自的运营规律。

医院市场的产品可能需要招标、二次议价、学术支持、医院科室维护等功能，那么制药企业就需要对这类产品寻找合适的商业合作伙伴，而不是交给一家合作方全面掌控区域市场。如果 OTC、医院和基层都交给一家区域企业，这方面失败的案例特别多，制药企业可以自己找。

针对 OTC 的产品，可能需要终端进店、店面维护、终端促销、消费者教育等层面的工作，要求制药企业在区域内寻找在 OTC 领域做得比较好又能认同企业 OTC 产品的合作企业协同发展，制药企业在 OTC 产品上千万不要指望合作企业能够完成很多专业性的工作，比如市场策划和产品策划，这两项工作最好由制药企业做好，交给区域合作的 OTC 企业执行即可。那么，对区域 OTC 产品线合作的企业，可能既有业绩考核又有市场策略执行考核，这样可以保证 OTC 产品线在区域上量。

针对基层市场，不要再使用以前的第三终端等过时的策略，要既有主推产品又有上量产品，还要有高空间产品协助，形成有效的产品群，这样可以以产品群的方式给合作企业更好地运作模式，保证合作企业或者个人既有钱赚，又能积极主动的花力气推主销产品。

2. 重构渠道框架，变被动为主动，以合适的模式、较小的运营成本切入市场

由于"两票制"，很多商业企业逐渐没了业务，尤其是中间商业，会因为政策因素被砍掉。这时，很多以代理模式为主的制药企业就会出现大量的区域空挡，虽然一定时期内有虚拟商业出现，可以为制药企业过渡提供短暂服务，但是由于金税三期等税务改革，制药企业将会面临大量虚拟商业佣金无法支付的情况。所以，制药企业要尽快考虑怎样重建渠道框架，变被动为主动，以合适的模式、较小的运营成本切入市场。

其实方法很简单，就是在强化的商务体系下，对医院市场和基层市场，通过各种有效途径和纯销商业及配送商业进行对接，通过纯销商业完成对医院市场、基层市场的对接。

怎样找到纯销商业企业？

通过自身或者第三方服务企业，比如麦斯康莱，在每个地市尽快找到做纯销的商业企业，尽快和纯销商业搭建起新的渠道形态，以迎合"两票制"的实施。通过第三方服务企业尽快找到盘踞在各地的纯销商业，与纯销商业建立合作关系，通过纯销商业完成区域的营销指标并通过第三方服务企业完成市场功能。这样做的成本最小。

第三方服务企业较多，可以分别和各省的第三方服务企业或者其他类型的企业构建合作关系。这个合作关系并不完全是销售关系，因为第三方服务企业不具备销售功能，但是具备整合资源的功能，可以充分利用第三方服务企业资源整合能力获得与纯销商业的合作机会。

至于 OTC 和基层市场，可以通过第三方服务企业构建与纯销商业的合作关系，毕竟"两票制"一定会遍布整个医药行业，短期可能对医院和基层医疗市场影响较大，长期对药店影响也不可忽视。

3. 慎重使用控销模式

很多制药企业还处于被忽悠的控销模式下，虽然很多做控销的制药企业并没有从控销模式中真正获得理想的业绩，但在没有其他更有效的营销模式下，控销模式还具有一定的效率性。

在医院市场和基层市场，还是慎重使用控销模式。因为这两个市场可能是政策重点关注的市场，使用控销模式可能使效率大幅度下降，还有引发行业贿赂的风险。

现在控销做得比较早的企业，比如修正药业、葵花药业、仁和药业等都在转型，可见原来的以大包为主、小包为辅的控销模式，生命力和营销效率失去了政策支持和市场支持，如果还持续下去，可能有被打击的风险。

即便是 OTC 市场，94 号文件也会重点对自然人进行打击。因为国家政策层面是不允许没有药品经营资质的自然人经销药品的，这些自然人就会通过挂靠、走票模式运作。但是，挂靠和过票是国家重点打击的行为，这让大包为主、小包为辅的控销模式在 OTC 领域很难有较大的生存空间。

所以，以代理模式为主的制药企业要慎重使用控销模式，国家已经对医药商业领域的各种模式有了清晰的认识，对控销模式的打击会成为常态和重点。

以前采用控销模式的制药企业要逐步转型，可以把控销做得好的自然人收到制药企业名下，成为制药企业的区域营销人员，可以在很大程度上避免政策风险，但要求加大对新进来的自然人的掌控力度。否则这些自然人可能因为制药企业的疏于管理，给制药企业带来巨大的麻烦。即便是收编，也要控制人工成本，避免人工成本过高，影响制药企业的利润。

对于终端，如果一些区域控制终端数量，业绩明显提升，就持续在这些终端发力，继续采用控制终端数量的方法。如果区域内业绩增长不明显，就要考虑采用其他模式，不要一味地控制终端数量。对控销模式的终端拉动强化将是比较好的选择。

4. 利用政策机会，构建全国战略合作平台，形成新的营销布局

由于我国药企的企业决策层的战略眼光和思维决定了强化个体、守住个体、摒弃合作、强化竞争的企业管理模式。所以，医药行业内构建战略合作平台的企业现在是比较少的。

构建战略合作平台如图 6-1 所示，可以让制药企业用最少的营销资源获得最大的营销业绩，但是很多制药企业的决策层并没有真正意识到这一点。如果哪家企业在战略制定上强化了合作竞争的思维，建立真正的战略合作平台，形成资源和能力的共享和提升路径，那么，这家企业肯定会成为行业的黑马，这需要宏观的战略思维。

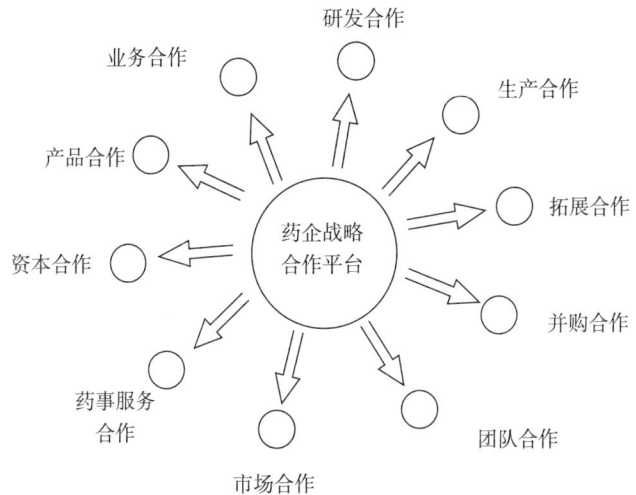

图 6 - 1 战略合作平台

战略合作平台的建立和成功运行要注意以下几点：

（1）利益分配要合理。

（2）避免存在竞争关系的区域或者资源的合作。

（3）自己要诚信，还要有风险规避的预设。

（4）要对合作的进程和质量进行全方位的监控和管理，不能放任自流，关键要保证合作的质量和双方的诚意。

新的战略合作平台构建，容易让制药企业构建新的营销格局。

三、自营为主的药企工商一体化营销模式

由于"两票制"实施，很多商业企业难以为继，但是一些商业企业自身承接着一些大型制药企业的区域销售功能，有

没有终端资源和能力承接"两票制"中的最后一票,对大型制药企业来说是两难的选择。

我们从各地执行"两票制"的规定中可以梳理出两个亮点:

一是三种情形视同生产企业。

①药品耗材生产企业或科工贸一体化的集团型企业设立的仅销售本企业(集团)耗材的全资或控股商业公司。

②境外药品耗材国内总代办(仅限1家)。

③委托生产企业或经营企业代为销售的药品耗材上市许可持有人。

二是国内流通集团型企业内部像全资或控股子公司调拨药品可不视为一票,但是最多只允许开一次发票。

上述两点尤其是第一点让很多大型制药企业心动,就是科工贸一体化的商业公司算作一票。于是很多制药企业开始兼并与自身业务多年合作的商业企业,使之成为自身的区域销售公司。

工商一体化的营销模式,说简单了就是制药企业延伸到渠道层面,通过区域的商业企业覆盖下游渠道和终端。

原来的制药企业工作重心是产品生产和研发,以及品牌建设,工商一体化后,制药企业还要做仓储、物流等商业工作。

通过工商一体化,可以在新的政策形势下构建营销平台的模式,可以让制药企业和原有的医药商业企业风险共担、利益共享,可以有效避免乱价行为发生,从而提高整体的经营管理水平和盈利能力。

但是,大型制药企业构建厂商一体化有诸多前置问题需要解决,否则仓促构建起来的厂商一体化营销格局会降低营销效率。

笔者从已经发生的一些案例中梳理出一些前置要件，供各位参考：

一是股权结构怎么配置。

厂商一体化的制药企业基本上要求控股，因为在"两票制"下，全资或控股商业公司才算一票，否则就难以适应形势。但是，怎样评估商业企业的估值是一个难题。因为一些商业企业原有的经营业绩可能比较好，其经营的产品可能不仅仅是大型制药企业一家，而是很多家，这时投入重资进行控股或者全资收购，制药企业在全国进行厂商一体化布局是非常困难的，尤其是上市公司，更难以操作。

二是利益怎样划分。

我们知道，一些商业公司经营的产品是多家的，不是一家的，这时商业公司的利益怎样保证？如果不能保证商业公司的利益，而是剥离其他制药企业的产品，可能会导致商业公司利益受损，商业公司会抗拒。

三是商业公司原有网络能否持续存在。

很多以省为单位的商业公司，其实自身并没有网络，而是通过层层向下招商的方式完成大型制药企业的约定业绩。"两票制"下，很多省级商业公司的下游网络断裂，那么这家商业公司的实际价值就会急速降低，大型制药企业通过投入资金与其进行厂商一体化搭建新的营销布局的愿望就会落空。所以，还是要对拟厂商一体化的商业企业进行网络和终端价值评估，也可以在股权配置上解决问题。

四是资源能力在新政策形势下能否保持。

一些商业企业在原来的政策形势下，可能有医院资源、政府资源、渠道资源、终端资源、市场资源等，在新的政策形势下，这些资源可能被替代或者弱化。比如招标，一些商业公司原来凭借业务因素或者贿赂因素和政府、招标等搭上关系，但新政策形势下，这些关系资源可能被替代或者弱化。原来的终端资源是依靠商业企业有众多产品情况下维护的，一旦参加了某制药企业的厂商一体化后，数量急剧降低，话语权也会降低，就会导致一些所谓的终端资源弱化。所以，制药企业构建厂商一体化时，要考虑如果成立自己在区域的营销公司，其资源是否会弱化。

五是后期怎么管理。

我们知道，制药企业和商业企业的运营模式是完全不同的，一般制药企业在产品生产、产品研发、品牌构建等方面是运营重点。对于医药商业企业来说，仓储、物流、配送、销售、终端关系维护拓展等方面是运营的重点。

所以，管理上，不要财务业务管控模式，最好是在确定年度经营业绩指标的前提下，实施财务管控或者战略管控。

最好在制药企业层面设置相关的营销体系，把医药商业纳入营销体系进行统一管理，但其区域个性和经营独立权要放手，因为各区域有自己的实际情况，不同的区域采用的营销模式和营销管理手段是不同的。中国制药企业管理容易一刀切，一刀切就会遏制新加入的医药商业企业的经营主动性和能动性。经过系列的筛选后，能够建立合作关系的医药商业企业就纳入制药企业统一的管理范畴。

笔者认为，对医药商业企业的管理要从四个维度出发。

一是梳理医药商业企业的经营产品结构。

毕竟收编医药商业企业的主要目的是做大自身制药企业的

产品，而不是放大竞争对手的产品，从这个角度来说，必须对收编的医药商业企业经营的产品结构进行梳理。

对于经营的其他制药企业的产品结构，要看是否与制药企业自身的产品结构冲突，如果有冲突，坚决砍掉，否则后患无穷。毕竟同一渠道的作用是有限的，竞品在自身渠道中存在，竞品的制药企业也会要求销量，在相对时期内市场规模没有大的变化的情况下，砍除竞品一定程度上可以放大自身产品。

流通类产品如果销量一般，可以让其存在；如果销量较大，制药企业就要考虑通过贴牌的方式来代替。因为贴牌的方式可以获得一定的利润，而且风险较小，市场现存，可以短期内获得利润，也有利于制药企业进行品牌建设。

二是构建新的运营体系。

很多医药商业企业的内部经营组织非常凌乱，有很多直系亲属或者裙带关系存在，这种现象必须破除，否则就会出现很多问题。同时，很多医药商业企业原来在市场功能上比较弱，这就要求制药企业通过自身的市场经营能力放大商业企业的市场能力。如果还允许医药商业企业依赖代金销售的方式经营，隐患会非常大，尤其是对大型制药企业，隐患不是一般的大，发展市场能力可以让医药商业企业逐步摆脱代金销售的惯性依赖，逐步走上经营的正轨。

构建新的运营体系还要对其其他组织部门进行重构，比如临床部门、OTC 部门、基层部门、销售管理部门、财务部门、市场部门、医学部门、采购部门等，都要进行重构，以期收编的医药商业企业未来能真正地承接起区域经营公司的具体职责。

三是强化财务指标和财务管理。

财务指标是制药企业收编医药商业企业的根本，但财务指标可能不仅仅是制药企业自身产品的财务指标，还涉及其他医药商业企业经营的产品。

财务指标必须细化。笔者见到一些制药企业仅仅完善销售指标的多少，只有一个总量是不行的，容易完不成任务或者被钻空子。细化财务指标就要细化到每个区域、每个产品上，而不是单单的一个总量。财务指标要落实到具体的部门，不要单一的落实给负责人，这样容易制衡，也有利于完成指标。

对于财务管理，制药企业不要掉以轻心，要通过布局全国财务能力来强化每个收编的医药商业企业的财务能力。现在，国家的财务管控体系非常厉害，制药企业一定要避免收编的医药商业企业出现财税上的问题，要堵住一切可能的漏洞，防止出现难以解决的大问题。

四是强化终端指标。

很多医药商业企业的纯销能力较差，即便是经过考察后收编的医药商业企业，其纯销能力也不会太强。所以，要完成业绩指标，就要强化终端指标。

终端指标主要指终端覆盖数量、单个终端或者连锁的进货数量、对应的终端或者服务的终端的支持能力等。强化终端指标容易让收编的医药商业企业更好地在区域内精耕细作，有利于更好地掌控终端。同时，更大的作用是完成年度业绩指标和进行制药企业的品牌建设。

五是构建新的管控模式。

毕竟制药企业的主业不是商业经营结构，所以构建新的经营结构既可以避免制药企业背上沉重的商业经营包袱，又可以最大限度地发挥收编的医药商业企业经营的主动性和积极性。

构建新的管控模式有利于双方业绩的发展，更有利于协同一致的发展。构建新的管控模式的同时，需要逐步导入制药企业的管理模式。很多商业企业自身发展就是坎坎坷坷的，管理比较弱化，这时就需要制药企业能够导入现代的管理体系，让收编的医药商业企业健康发展。

六是导入企业文化。

既然已经收编，医药商业企业就是制药企业的一部分，任何部分都是制药企业面对市场的招牌。所以，要导入制药企业的企业文化，让医药商业企业能够较快融入制药企业的整个运营体系中，形成制药企业在区域有力的品牌构建单元和业绩达成单元。如果制药企业和收编的医药商业企业各自执行不同的企业文化，就容易产生经营层面的诸多矛盾，最后可能难以调节、不欢而散。

七是要构建好利益分配机制。

现在厂商一体化的收编，利益是前期最主要的层面，也是厂商一体化是否成功的关键。利益层面设计不好，容易产生纠纷，也容易扯皮，对整个厂商一体化是不利的。

四、药企战略联盟怎样避免失败

六家战略合作联盟已经出资，白云山、上海医药、哈药股份、南京医药、天津医药和重庆医药签署《筹建联合医药平台合作备忘录》，六方拟共同出资设立平台公司，为六方提供采购服务，以加强战略合作，实现共赢。

根据上市公司公告，该平台公司注册资本总额为 5 亿元，并由其在广州设立经营公司负责实际运营。其中，白云山、上海医药各拟出资 11875 万元，股权占比均为 23.75%；哈药股份拟出资 7500 万元，股权占比为 15%；南京医药、天津医药、重庆医药均拟出资 6250 万元，股权占比均为 12.5%。

根据合作备忘录，该平台定位于专门服务于各参股企业的采购服务平台，包括为各成员企业引进代理和战略产品，降低企业采购成本；通过有效机制使各方在各自区域内相互支持其自有工业产品的市场准入和渠道销售工作，降低企业产品运营成本；以工业原辅材料集中采购为合作点，减少原辅材料价格波动对企业的影响，有效降低生产成本。

笔者看了六家战略联盟的合作备忘录概要，觉得按照这个备忘录概要构建合作战略平台，可能有平台运行达不理想的风险。

药企怎样成功构建战略合作平台？

笔者在《医药企业转型升级战略》一书中明确论述了怎样避免风险，成功构建战略合作平台。最重要的是进行非关键点的战略联盟产业链整合。

医药行业的战略联盟就是产业链上的药企或其他相关企业，通过战略联盟的形式整合到一起，以期提高战略联盟成员在产业链上的参与度和获利能力，从而最终提升战略联盟成员的自身核心竞争力。

对医药企业来说，战略联盟是一种产业链整合、优化资源配置的重要模式。从现在的医药行业政策和竞争格局来看，医药行业的战略联盟可能起到抱团取火、共渡难关的作用，也有利于药企的生存和发展。

在医药行业的战略联盟中，企业之间可以进行内部资源的整合和互补，缩短产业链，发挥协同优势，从而形成利益共同体，共同应对风险。

中国的医药行业战略联盟非常多，比如河南圣光联盟、齐鲁医药商业联盟、大西北药店联盟、黑龙江药店联盟、四川蓝海联盟、四川医药商业联盟等。医药行业的战略联盟较多，失败的也较多，所以，医药行业的战略联盟必须把参与联盟企业的合作机制、利益分配、资源共享程度、业务联系等考虑周全，否则就会出现问题。

战略联盟是一种君子型的联盟形态，没有强制性，更缺乏可控性。利益纠纷或者竞争态势变化可能导致战略联盟内部分散，对药企来说，战略联盟适合产业链非关键点的整合，不适合关键点的整合。

所以，药企一定要明确自身在各种战略联盟中的地位和作用，千万不要拿自己的核心竞争力参与联盟中，这可能会损害药企自身的利益。比如一些所谓的医药商业合作联盟，其主导企业通过联盟运作，可以获取参与企业的业务机密，获取参与企业的协作和终端客户信息，从而抢夺其他参与企业的业务。

五、药企千万别做虚假的 CSO 或咨询公司

现在，医药行业内 CSO 非常火，火到什么程度？你可以不知道医药行业的一致性评价，也可以不知道"两票制"，但一定要知道什么是 CSO。

什么是 CSO？

简单讲 CSO 就是合同销售组织（Contract Sales Organization）。CSO 机构在多个领域被应用，主要是为服务的客户提供整体营销的专业服务，它囊括了市场调研、产品策划、市场推广、产品宣传、渠道设计、终端促销等专业的服务内容。

代理模式在运行机制上主要分为两种：

代理销售商：代理药企的产品为主，核心区域有自己的销售队伍、终端资源，也通过招商模式拓展非核心区域市场。

代理招商型：代理药企的产品为主，没有队伍，通过对代理区域的市场招商完成销售，没有终端资源几乎无市场掌控能力。

无论哪一种代理模式，基本都是制药企业无法分辨的，多是统称为代理商。

很多制药企业对代理商基本没有市场调研，不清楚代理商的资金实力、销售队伍、市场队伍、终端资源、配送能力、政府资源等，导致很多制药企业无法有效地管控代理商，更不能让代理商按照制药企业的要求完成销售指标或者完成数据提供等管理指标。

很多国内的代理商其实连销售队伍也没有，更别说终端资源了。他们依靠所在区域的下游销售资源（非掌控），对制药企业左右欺瞒，最终让制药企业相信他们能够在承诺的代理区域完成销售指标。

这种性质的代理商在获得制药企业的协议后，开始在本省进行二次招商，因为他们没有多少终端资源、纯销能力非常弱，只有通过二次招商把制药企业的销售指标向其他更小的代理商进行分解。一些经过二次招商进来的代理商，很多没有终端资源，于是，这些二次代理商又开始进行三次招商。经过层层招商后，指标看似分解下去了，但终究能完成多少，相信很多制药企业感悟很深，因为这种形式的营销模式很难真正从省级代理层面完成销售指标。

层层招商，在中国制药企业有一个名词——大包制。大包制是通过对销售整体行为进行承包后，后期招标、销售、市场等活动由大包人独立承担，制药企业和上游商业不再持续地投入市场开发费用，市场开发费用全部由大包人承担。

大包制被东北某企业应用的非常好，经过层层底价大包，产品层层加价，最多一个产品加价七八次，这样一个药品就可以涨价 N 倍，药品价格非常高。大包制调动了销售人员的积极性，他们不惜通过各种模式违规进行药品销售。比如为了鼓励终端购买药品，就通过采购抽奖的模式让很多药店、诊所、医院等终端大批量采购其高价药品，当然，高价对这些终端来说不是问题，因为这些终端还会加价一两倍销售给患者。大包制也让很多销售承接人不惜铤而走险，利用其高运作空间，向公立医院的医生大批行贿。大包制导致药价奇高，患者购药成本增加，医保支付增加。

国家食药总局推行 94 号文，治理医药购销领域的多重问题，以及中共中央办公厅、国务院办公厅《国务院深化医药卫生体制改革领导小组关于进一步推广深化医药卫生体制改革经验的若干意见》出台，明确要求：公立医院药品采购逐步实行"两票制"。各地要因地制宜，逐步推行公立医疗机构药品采购"两票制"之后，大包制开始走向末路。

2017 年，"两票制"和营改增将逐步铺开，制药企业将代理模式作为主要的营销模式逐渐难以走通。在这种情况下，CSO 开始走上行业舞台。

笔者听过几次所谓的 CSO 专家课程，这些专家告诫制药企业领导人要尽快与 CSO 体系合作或者构建 CSO 体系。这些专家搬出了很多国外成功案例，告诉制药企业领导，传统的营销体系不再适合现在的中国医药行业营销，而是要进行销售外包，把产品都交给 CSO 体系销售。

但是，中国目前没有 CSO，专家无法用实际案例说服制药企业，只好把康哲药业和香港亿腾搬出来做案例。仔细研究就会发现，这两家企业根本不是 CSO，只是以销售进口药品为主的医药商业企业，它们的增值服务都是针对上游的，而不是针对下游的。

真正的 CSO 一定是把上游和下游都作为增值服务的对象，尤其是下游终端，CSO 会为提升销量和构建长期合作关系，为终端尤其是医院和药店提供非常专业的增值服务。

由于国内没有真正的 CSO，于是专家们建议制药企业尤其是那些以大包制为主要模式的制药企业自己构建 CSO。目前已经知道的制药企业构建 CSO 有以下两种情况：

一是制药企业把原来大包人员统一归口到一个营销公司或者医药科技公司里，发放很低的薪资，避免未来自然人身份从事医药营销被查处。

二是在各地或者本地大批量注册管理咨询公司或者科技公司。

上述两种模式都是打着建立 CSO 名义建立的，但其中根本没有专业的增值服务。一方面，没有专业的人才；另一方面，主要目的不是做 CSO，而是解决高开高返中的高返费用。

制药企业建立这种性质的所谓 CSO 公司有多大意义？

在营改增的税务环境下，各地对税务的检查日益趋严，虚开增值税发票是要背罚款，甚至判刑的。

上海某科技股份有限公司就是因为在 2009—2015 年，收受上海某企业管理咨询事务所等公司咨询费发票的处理上存在严重虚开发票问题，被罚 2.26 亿元。现在的咨询类项目，都需要提供参与人员的差旅发票，提供项目合同、项目内容，如果没有，很容易被界定为虚假开票。

制药企业到处开的管理咨询公司或者科技公司，肯定不会有什么真实 IDE 管理咨询项目或者相关项目，最终会被查处，结果就是面临巨大的财税风险和刑事责任。

即便制药企业把原来大包人员统一归口到一个营销公司或者医药科技公司里，也没有改变自行营销的局面，原来存在的问题依然存在。所以，那些鼓励制药企业自己建立 CSO 体系的说法，还是有很大问题的。

需要明确的是真正的 CSO 体系是独立第三方。独立第三方是可以接受医药行业内的任何企业的服务项目的，一个制药企业做一个 CSO 体系，其他制药企业能把产品放到你的所谓的 CSO 体系里面吗？很多制药企业是竞争关系，结果这个所谓的 CSO 体系就成了这家制药企业的营销公司。

总而言之，制药企业千万不要把极其重要的营销行为押宝到自建 CSO 体系上，可以肯定，这样做不仅不会提升营销，还会有巨大的财务风险，得不偿失。

第七章
医药商业企业的
新营销思维构建

一、医药商业企业面临的新政策环境

目前，我国的医药企业销售收入已经结束了双位数的高速增长，整体呈现单位数低速增长状态。从国家政策导向和市场竞争情况来看，这种状态还会持续一段时间。

在低速增长状态下，医药商业企业经营明显呈现疲软，加上国家实行"两票制"、营改增、94号文件、金税三期，已经经历了GSP的医药商业企业面临一个非常艰难的时期。而且近期发生的诸多医药流通票据事件，让医药商业企业的经营状态更加艰难。

上海某股份有限公司其控股子公司因虚开增值税发票被罚款合计2.66亿元。河北某医药有限公司虚开72份增值税专用发票，在账簿上多列支出偷税，造成少缴增值税100万元、少缴企业所得税 39 万元。石家庄市国税局查实后对该公司做出补缴税款共计 139 万元，并处以罚款 69.7 万元的处理处罚决定。同时，石家庄市国税局将该公司录入重大税收违法案件信息系统并在门户网站上公布，列入黑名单。

未来影响中国医药商业格局变化的几个重要文件：

● 7 号文件和 70 号文件

7 号文件：《国务院办公厅关于完善公立医院药品集中采购工作的指导意见》（国办发［2015］7 号）。

70 号文件：《国家卫生计生委关于落实完善公立医院药品集中采购工作指导意见的通知》（国卫药政发［2015］70 号）。

7 号文件和 70 号文件的重心是"药品采购、配送、监管和结算"等关键环节，提出集中采购、分类采购、带量采购。其中，分类采购包括招标采购、直接挂网采购、议价谈判、定点生产、特殊采购。

● "两票制"

国务院总理李克强 4 月 6 日主持召开国务院常务会议，决定实施《装备制造业标准化和质量提升规划》，其中规定：

推行从生产到流通和从流通到医疗机构各开一次发票的"两票制"，使中间环节加价透明化。患者可自主选择在医院或零售药店购药。

11 月中共中央办公厅、国务院办公厅《国务院深化医药卫生体制改革领导小组关于进一步推广深化医药卫生体制改革经验的若干意见》下发，根据意见内容，所有公立医院取消药品加成，同步调整医疗服务价格，公立医院药品采购逐步实行"两票制"。

- **第三方药品物流审批放开**

2016 年国务院发文规定取消从事第三方药品物流业务批准，同时国家食品药品监督管理总局发布《国务院决定取消从事第三方药品物流业务批准等 7 项中央指定地方实施的食品药品行政审批事项》的通知。

中共中央办公厅、国务院办公厅《国务院深化医药卫生体制改革领导小组关于进一步推广深化医药卫生体制改革经验的若干意见》：充分发挥邮政企业、快递企业的寄递网络优势，提高基层和边远地区药品供应保障能力。推动中小流通企业专业化、特色化发展，做精做专，满足多层次市场需求。

- **94 号文件**

关于整治药品流通领域违法经营行为的公告（2016 年第 94 号）

为落实党中央、国务院对食品药品监管"四个最严"的要求，进一步整顿和规范药品流通秩序，严厉打击违法经营行为，国家食品药品监督管理总局决定对药品流通领域违法经营行为开展集中整治。

自本公告发布之日起，所有药品批发企业对本企业是否存在以下违法行为开展自查：

（1）为他人违法经营药品提供场所、资质证明文件、票据等条件。

（2）从个人或者无《药品生产许可证》《药品经营许可证》的单位购进药品。

（3）向无合法资质的单位或者个人销售药品，向药品零售企业销售疫苗，知道或者应当知道他人从事无证经营仍为其提供药品。

（4）伪造药品采购来源，虚构药品销售流向，篡改计算机系统、温湿度监测系统数据，隐瞒真实药品购销存记录、票据、凭证、数据等，药品购销存记录不完整、不真实，经营行为无法追溯。

（5）购销药品时，证（许可证书）、票（发票、随货同行票据）、账（实物账、财务账）、货（药品实物）、款（货款）不能相互对应一致；药品未入库，设立账外账，药品未纳入企业质量体系管理，使用银行个人账户进行业务往来等情形。

（6）将麻醉药品、精神药品和含特殊药品复方制剂流入非法渠道，或者进行现金交易。

（7）在核准地址以外的场所储存药品。

（8）未按规定对药品储存、运输进行温湿度监测。

（9）擅自改变注册地址、经营方式、经营范围销售药品。

（10）向药品零售企业、诊所销售药品未做到开具销售发票且随货同行。

● 营改增

营业税改征增值税（以下简称营改增）是指以前缴纳营业税的应税项目改成缴纳增值税，增值税只对产品或者服务的增值部分纳税，减少了重复纳税的环节，是党中央、国务院根据经济社会发展新形势，从深化改革的总体部署出发做出的重要决策。目的是加快财税体制改革、进一步减轻企业赋税，调动各方积极性，促进服务业尤其是科技等高端服务业的发展，促进产业和消费升级、培育新动能、深化供给侧结构性改革。

自 2016 年 5 月 1 日起，中国全面推开营改增试点，将建筑业、房地产业、金融业、生活服务业全部纳入营改增试点，至此，营业税退出历史舞台，增值税制度将更加规范。这是自

1994 年分税制改革以来，财税体制的又一次深刻变革。

营改增对医药企业的影响，如表 7 - 1 所示。

表 7 - 1　营改增对医药企业的影响

企业类型	运作模式	影响
制药企业	底价结算高开高返	需要大量增加进项票据，财务处理难度大，商业账面提现难度加大，返现周期长，商业风险大
	底价结算半高开半高返	制药企业财务处理减轻，商业财务压力增加，但提高了提现速度
	自营模式	自营费用提现也面临同样的问题
商业公司	大商业、大物流	影响不大
	代理、过票、批发中小商业	厂方返款周期长，医院结算周期长，财务压力大，大部分企业会倒闭
	大代理公司（全国、省）	会被架空，厂方直接面对纯销代理商
	地市县代理商	厂方最佳选择，自营越深的厂方越会和下层级商业合作
自然人	抢手、兼职、个代	会被吸收或组团形成终端服务商，主要是身份转变

二、我国医药商业的类型和前景

我国医药商业企业由于国家多年的政策放开策略，导致各种形式的医药商业类型存在，大多数彼此交叉，没有统一的固定的形态。为了更好地分析医药商业类型，以及对医药商业类型进行规划，本书通过整体分类法，在不涉及交叉的情况下，对医药商业企业进行硬性分类。

1. 代理销售商

代理药企的产品为主，核心区域有自己的销售队伍，有终端资源，也通过招商模式拓展非核心区域市场。这类商业企业分为省级代理销售商和省以下的 N 级代理销售商。

由于"两票制"的实施，上一层级的代理销售商会被做虚，但 1~2 年内这些省级代理销售商会成为体系外的商业，其主体功能还能延续。因为"两票制"、营改增和 94 号文件，代理功能逐渐弱化甚至消失，但为了生存，代理销售商的纯销业务会逐步放大，如图 7－1 所示。

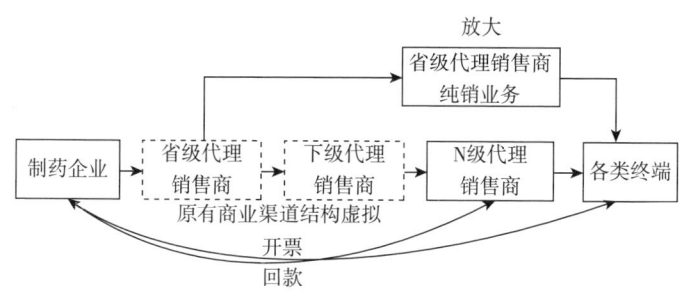

图 7－1　代理销售商的纯销业务

制药企业直接开票给临终端商业（终端上一级商业），会逐步获得临终端商业的各种数据：地理位置、商业名称、渠道结构、销售队伍、发货数据、资金情况等。制药企业获得临终端数据后，就会逐渐和省级代理销售商脱离，这样可以减少渠道长度、渠道费用，可以直接向临终端销售商提供各种服务。所以，省级代理销售商或者非临终端的代理销售商在制药企业逐步获得相关数据后会把中间渠道抛开，重新构建自己的简易且费用相对较低的渠道结构。

1~2 年，省级代理销售商或者非临终端的代理销售商或许由于制药企业没有掌控临终端商业而虚拟存在，但是 2 年后，会因为掌控相关数据而逐步改变渠道结构，最终会把省级代理销售商或者非临终端的代理销售商省略掉。省级代理销售商或者非临终端的代理销售商如果不能尽快发展和拓展自己的纯销商业体系，结果不言而喻。

2. 代理招商型

代理药企的产品为主，没有队伍，通过对代理区域的市场招商完成销售，没有终端资源，几乎无市场掌控能力。

代理招商型商业如图 7 - 2 所示，由于没有纯销商业，以往依靠身在省会城市或者地市城市，依靠下游熟悉一些商业资源的优势，从制药企业那里获得省级或者地级代理权。之后，进行二次招商甚至三次招商，层层分解制药企业的指标。最终，由于没有纯销资源，无法真正掌控市场，这样的代理招商型商业会逐渐被弱化。

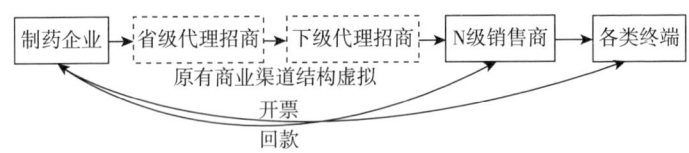

图 7 - 2　代理招商型商业

1 ~ 2 年，这类商业由于以代理制为主要营销模式的制药企业缺乏渠道资源和终端资源，短期内可以存活，但基本会被虚拟化。一旦制药企业掌握了纯销商业的渠道资源或者终端资源，这类医药商业基本没有存活的可能性。

代理招商型中，有一类是全国代理商业，这些全国代理商业可能自身是制药企业或者是小型商业公司，他们把一些营销能力薄弱但产品较好的制药企业产品经过谈判、许诺等方式，让自身成为全国代理商。之后，经过二次、三次、N 次招商方式层层转包，完成指标分解，但其自身有较好的市场服务功能，比如有较好的市场部或者医学部，可以为下游商业提供终端服务。

全国代理商业由于自身可能是制药企业，有较强的专业背景或者销售背景为依托，对代理的药品的制药企业有较大的话语权。但随着"两票制"的实施，大量的医药商业转型，以及新型的第三方平台的发展，尤其是制药企业逐步成为"两票制"的关键一票并掌握临终端资源的时候，这类全国代理商业有业务布局崩盘的可能。现在的政策环境下，是不允许这类商业存在的。

3. 区域配送商

区域内招标、基药等政府、医院、医联体指定配送商业，配送这些指定产品毛利低；也会配送外部产品，毛利稍高。没有专业的销售团队，与自然人合作较多，区域性质明显，发展潜力很小。

区域配送商一般是政策范围内的医药商业公司，这类医药商业公司在政府层面或者医疗机构层面有着区域性较强的关系，这也是一些区域配送商能获得基药或者其他目录内药品指定配送资格的原因。

很多区域配送商没有销售能力，也没有自身的下层级的商业渠道结构，主要盘踞在区域内获得政策范围内较少的药品配送资格，赚取的是微薄的配送费用。

区域配送商未来或许能存活，但要看其他竞争对手的政府资源情况。一旦竞争对手比如大型国企商业进入所在的区域，就可能会被替代；政府相关领导换届，主要领导变换后政府资源被其他商业掌控，也会被替代；或者医联体构成发生变化，这类商业的配送资质很容易被替代。

也有一些区域配送商由于在成为指定配送商业前本身有一部分纯销资源，也有一些销售人员，这类区域配送商较少。但这类区域配送商业存活的可能性较高，他们可以凭借区域政府资源或者医疗机构资源放大自己的纯销资源，成为区域的纯销商业，叫配送商业。

4. 流通调拨商

以大流通普药品种为主，纵向层层调拨，横向跨区域调拨，业务量大，毛利低，有较为完善的配送体系，资金回笼有风险。

这里商业自身基本没有纯销能力，主要依靠各地的医药商业信息，进行大宗普药产品的调拨，以此赚取调拨费用或者差价。

由于这类商业基本是中间渠道商，上下游有很多商业资源，所以，这类商业除了大宗普药产品外，在一些药品上窜货销售成为其主要收入来源。他们通过上下游资源和一些与制药企业签署了代理权的商业合作，把这些签署了代理权的商业无法完成的销售指标进行购买并跨区域销售，以底价的方式冲击其他市场，从而在既往的医药商业结构中被长期诟病。这类医药商业是窜货的根源，也是国家政策范围内重点打击的对象，更是制药企业痛恨的商业。

新的政策环境下，调拨型商业基本没有存活的余地。

5. 经销商

所在区域有销售队伍，大部分区域没有销售队伍，主要是为制药企业解决物流、资金和招标等问题，通过自身的配送系统向下级商业配送，提前垫付产品资金。有较强的资金实力和配送能力，但销售功能较弱。经销商主要是配合有自营队伍的制药企业解决资金和物流问题。

经销商由于有较强的资金实力和物流配送网络，未来可以通过向第三方服务进行转型。但很多经销商自身有医药商业功能，比如有经销商身份的医药商业企业，自身有代理功能、纯销功能，他们参与具体的医药商业各个环节的竞争。即使转为第三方，也很难真正构建起第三方的服务体系，更难以让其他医药商业企业接受其第三方服务者的身份。

所以，这类经销商会面临较大的发展危机，除非这类经销商弱化或者砍掉其他医药商业功能，专注于物流和资金，成为纯粹的第三方服务商。否则，在政策环境下，随着真正的第三方物流的发展，这类医药行业会面临巨大的发展压力。

6. 过票挂靠商

依靠医药个代过票和挂靠为主，依托税利的差额盈利，无销售队伍，无终端资源。这类商业是原有医药商业结构中的万金油性质的商业，他们可以为自然人做挂靠业务，可以为制药企业提供过票业务，也可以充当流通调拨商的中间接盘者，还可以变身为区域代理商业。虽然自身没什么销售功能，但医药商业资源众多，再加上中国医药市场的多元化和层级化比较严重，这类商业以前活得很好。他们虽然基本没有销售队伍，营业收入主要依靠各种钻营机会，但中国医药市场的复杂性让这种类型的医药商业有生存的空间。

但国家94号文件的出现，直接打击了这类商业。这类商业如果不尽快脱离现有业务形态，有被"秋后算账"的可能。

这类商业形态基本没有未来。

7. 医院纯销商

区域内有较好的医院终端资源，主要围绕招标、二次议价后的产品，帮助制药企业进入医院，有自己的临床销售队伍，主要是小包为主，很多业务与"枪手"合作。

医院纯销商业主要是以医院为主要终端的纯销型商业，这类商业分为以下几种：

一是大型国有企业和原有的省级医药公司长期构建的医药商业。

二是民营的、有医院终端资源的大型区域商业，比如九州通。

三是在医院做了很长时间业务人员，对区域的医院资源有较好关系的自然人注册的区域商业公司。

上述三种商业公司占据盘子最大的不是大型国有医药商业企业，也不是诸如九州通类的民营商业，而是省级医药公司和自然人的小型商业公司。

省级医药公司由于本身脱离于本区域的原有行政命令构建的医药体系，所以，在本省医药商业方面有良好的医院布局。他们和当地的药监部门、卫计委、医院等政策范围内的资源多年来形成良好的对接关系，再加上省级相关部门的扶持，一直是区域医药商业的主体，比如重庆医药、上海医药、河南省医药公司、安徽华源等。但也有一些省级医药公司由于经营不善，实力弱于其他医药商业企业，导致区域的医药商业企业结构比较复杂。

大型国有商业公司和省级医药公司大多只能解决进医院、配送、区域招标等政府方面的问题，都缺乏学术推广能力，这一点也是省级医药公司的致命点。所以，一些制药企业在选择区域合作商业时会形成复合结构，就是通过省级医药公司进入医院，再通过其他商业公司完成医院的学术推广或者销售上量的工作。

自然人注册的区域商业公司基本都是在区域内有较强私人关系构架起来的小型商业公司，这些公司以医院为主要销售终端的纯销商业，自身可能有较好的学术推广能力，与医生的关系较好。他们可能无法解决区域目录、招标等问题，但在推广上量上有优势。"两票制"的情况下，这类商业公司是制药企业最佳的合作对象。

自然人注册的区域商业公司及其他国有或民营大型商业公司，都会针对医疗机构销售雇用一些非常熟悉医院的自然人，俗称"枪手"。这些被叫作"枪手"的自然人会帮助医药商业公司针对某一家或某几家医院做好产品上量工作。

"枪手"由于多年都在为一家或者区域内的几家医院服务，他们非常熟悉医院的人事体系，上到院长、药剂科主任、科室主任，下到医生、护士、库管和药房人员。实际上，"枪手"从事医院药品上量工作基本不可能做学术活动，绝大部分依靠代金销售的模式进行药品促销。

很多医院杜绝制药企业或者医药商业公司的销售代表进入医院，但在医院，"枪手"来去自如。当然，更多的"枪手"是不进入医院的，而是在医院外围完成相关的代金销售工作。

随着国家政策的趋严，针对这类"枪手"的治理也日益趋紧，后期"枪手"唯一的选择就是进入医药商业企业或者制药企业，否则被抓住的结果，严重的会刑事处理。

8. 第三终端纯销商

分销为主，小型商业，主要是面向药店、诊所、社区卫生服务中心和民营医院销售，这类终端资源较为丰富。以药店、诊所、社区卫生服务中心和民营医院为主要销售终端的纯销商业，基本上都是小型的区域化医药商业公司，这类商业公司大多数是在当地从事多年医药销售工作，在药店、诊所、社区卫生服务中心和民营医院等有较好的人际关系和业务关系。

第三终端纯销商业自身有良好的终端资源，但资金实力和配送能力较差，很多第三终端纯销商业基本没有合规的配送体系。第三终端纯销商业可以承接上游商业对各类非大型医院的商业任务，可以帮助制药企业向药店、诊所、社区卫生服务中心和民营医院铺货，可以帮助制药企业完成终端维护工作或者促销工作。

第三终端纯销商业由于自身能力和资源的限制，无法和制药企业直接对接获取区域市场的药品经营权，只能成为分销商业，帮助上游的代理商或者经销商完成终端分销，赚取较少的雇佣费用或差价。

第三终端纯销商业也会与自然人合作，这些自然人可能自身就是一些医药商业企业或者制药企业的销售人员。这些人员会承接第三终端纯销商业的铺货、促销、大包产品，以增加自身的收入，基本上每个第三终端纯销商业都有很多自然人身份的销售人员合作情况。

第三终端纯销商业未来是制药企业针对药店、诊所、社区卫生服务中心和民营医院销售的主要合作对象，随着"两票制"、分级诊疗、药占比、辅助药目录等政策的推进，第三终端纯销商业将会承接更多的业务。

由于第三终端纯销商业自身资金和资源较少，很难和制药企业对接，1~2年还会成为上游商业接盘终端事务的对象，随着"两票制"限制，加上制药企业通过上游商业逐步和这些终端纯销商业对接，以及第三终端纯销商业自身提升经营能力和资源对接能力，第三终端纯销商业会成为最具发展潜力的小型商业公司。

9. 基层市场批发配送商业和第三方物流商

（1）基层市场批发配送商业。

盘踞在县城，以向县级医疗机构、乡镇医院、药店和村诊所或村新农合门诊进行渗透为主的基层市场商业体系。基层市场批发配送商业是目前大型国有医药商业企业、大型民营医药商业企业和省级医药公司和其他医药代理商业向基层渗透的关键性商业公司。

基层市场批发配送商业基本有自身的活跃在基层市场的物流体系和销售体系，基本上物流体系和销售体系是合二为一的，物流人员基本也是销售人员，负责本区域内的片区，通过远途送货上门的方式或者上门自提的方式向医疗机构、乡镇医院、药店和村诊所或村新农合门诊销售药品。一般基层市场批发配送商业都是现款现货。

由于近两年一些制药企业开发基层医疗市场和基层医药市场，一些药品销售人员和一些在村镇销售药品的自然人（俗称"药耗子"）开始沉积下来。这些基层市场的药物销售人员有着自己的终端资源和渠道资源，他们为药品向更深的市场层级渗透发挥了巨大的作用。

这些基层市场的药物销售人员好一点的用廉价的汽车运送药物，差一点的用摩托车向村镇运送药物，而这些村镇基本上是任何医药商业企业不能到达的地方。未来制药企业或者医药商业企业开发基层医药市场，这些基层市场的药物销售人员是整合的对象，他们在规范的行为中继续从事基层市场药物销售工作。

（2）第三方物流商。

有部分配送商功能，但也承接政策外药企对终端的配送任务，无销售队伍，配送体系和仓储体系较强。中国还没有全国范围的药品第三方物流商，但区域的第三方药品物流商逐渐成熟。

目前国家在大力扶持第三方物流商的发展，主要是想解决药品商业渠道结构的诸多问题。通过发展第三方物流商，减少中间医药商业环节，降低药价，同时保证药品在仓储和运输过程中容易追溯和监察。随着药品微利时代到来，制药企业将精力放到了终端，需要真正的第三方物流商帮助完成药品仓储和配送工作，以期降低高昂的药品物流费用，控制物流成本。

随着医药电商的发展，医药电商平台和诸多医药电商企业也希望有符合 GSP 标准的第三方药品物流完成配送工作。

现在，很多区域性的第三方物流商已经出现，比如青海的安徽华源正在筹建覆盖青海、甘肃、宁夏的第三方药品物流商业，一旦青海华源在青海成功构建第三方药品物流商业，那么在青海、甘肃和宁夏就可以让很多制药企业、医药电商平台受益。

第三方药品物流平台是目前很多医药商业企业转型的主要方向。随着国家对第三方物流商审批下放，邮政或其他快递公司进入医药物流行业，会引发整个医药商业格局的变迁。

10. 大型商业

大型商业有代理功能、配送功能、经销功能、调拨功能、纯销功能，但主要是地市级以上的市场，缺乏市场深度。资金实力强，政府资源强，终端资源差。大型商业公司主要包括国药控股、华润、上海医药、云南白药、四川科伦、广东医药等国有大型医药商业，还包括九州通民营医药商业。

未来大型商业会获得较好的发展，因为在国家现有政策体系下，大型商业会获得更多的医药商业资源。

三、医药商业企业转型思考

随着"两票制"、营改增、金税三期等政策的落地，我国医药商业结构必将发生大的改变，所以，增加对上下游的增值服务来获得合理的、更高的利润，是现在很多医药商业企业必须考虑的问题。这就导致医药商业企业必须考虑进行盈利模式转型，才能提高生存概率和利润水平。

目前，我国医药商业的主要业绩并不是来自于增值服务，而是来自医药配送、调拨、差价、挂靠、过票等，这些盈利模式一些是高成本低利润的，一些是政策和法律不允许不支持的。比如物流层面，基本上是很多大中型商业企业的主要盈利来源，但我国的医药商业企业的物流成本多年来呈现偏高态势，高物流成本占据医药商业企业大量的利润。

因此，发展现代物流成为大中型医药商业企业的必然选择。但是，很多大中型医药商业企业由于短期垄断区域的物流配送，尤其是成为医院指定配送商业后，反而有些不在意对现有医药物流的改进和发展。

由于一些政策性支持和区域政府关系的因素，大型的全国性医药商业除了九州通一家外，其余都是国有企业，比如国药控股、华润、上药等。中型企业主要以盘踞在各个省份或者地级市原有的国有省医药公司为主。

这些国有医药商业企业对利润和发展要求不高，对规模有着非同寻常的偏好。所以，很多国有医药商业企业通过政策支持获得指定配送资质或者通过托管药房等垄断行为就可以获得较好的收益，之后就满足于现有的业务成绩，不再寻求更好的发展路径和发展模式。

国有医药商业企业的做法直接导致我国整体医药商业发展呈现靠关系、靠垄断、不靠管理、不靠创新的态势，导致我国医药商业整体竞争力低下，各种非正常业态存续的情况成为常态。这种情况国家看得很清楚，逐步放开对快递企业的限制就是希望通过门外的野蛮人来冲击这个行业的一些老旧的、固有的传统现状。未来，不仅是快递企业对大中型医药商业带来冲击，国外的医药商业企业也会逐步进入中国。

我国医药商业企业的转型就是从传统的业务形态、非法的业务形态为上下游企业提供增值服务的业态转变。

对中小医药商业企业而言，由于不具备大中型商业企业的政府资源，没有垄断权力，就在发展中寻找自身适合的运营模式，但一些运营模式本身就不具备发展的潜力，有些甚至非法的。比如调拨业务，很多线上 B2B 业务发展很快，网上有大量的调拨类医药产品信息，可以让很多医院、药店、诊所等快速购买到调拨类药品，这导致很多以调拨业务生存的医药商业企业难以为继。控销导致大包自然人兴起，调拨型商业企业就转型发展挂靠、过票等业务，获得大量的非法收益。

以前，非主流的中小医药商业企业可以通过作为大中型医药商业的延伸配送构建自身的业务形态，比如县域市场，很多国有大型商业是无法配送的，一些区域的中小配送商业就成了这些大型商业的配送延伸服务单元，这与大型商业形成了较好的互补关系，有的中小型商业企业甚至获得了大型商业的青睐，被兼并或并购。但在"两票制"下，向偏远地区配送的中小型商业可能会获得一票权限，大多数中小型商业就没有这方面的优势。

现在由于政策的打压，原来调拨、挂靠、过票的经营模式成为非法模式，很多医药商业企业开始逐步转型做纯销业务，发展自己在医院和 OTC 方面的纯销队伍。这两年转型做纯销业务的主要是经营新特药的医药商业企业，他们经营的品种需要精耕细作才能达成一定的约定销量，所以这类商业企业开始构建自己的销售和市场团队，通过市场培育的方式逐步拓展新特药业务。

现在，这类较早发展纯销业务的医药商业企业在目前国家政策下获得了较好的发展先机，因为有较为专业的销售和市场团队，就可以在很多医药商业企业无法转型生存的情况下获得更多的发展机会，他们可以承接更多地需要进行市场培育的产品，甚至可以承接很多因为失去中间代理商业的制药企业的产品。

这就是市场细分带来的发展机遇，所以，纯销商业或者商业企业的纯销业务单元即便比较小，也是生存和发展的根本。

横向比较国外的医药商业企业的发展，可以让现有的医药

商业企业获得更多的转型思考路径。

美国的医药商业企业基本被麦克森、康德乐和美源伯根掌控。这三大医药商业企业占据了大约90%的美国医药商业份额。这三个商业企业之所以能够在诸多的医药商业企业竞争中存活，主要是其业态并不单纯是配送、批发，而是向上下游延伸，构建了较为全面的增值服务体系，从而增强了产业链的黏合度和掌控度，强化了自身的服务能力，最终形成了三家对美国医药商业市场的绝对掌控状态。

我们来看一下美国三大医药商业企业的业务结构，如图7-3、图7-4、图7-5所示：

麦克森公司是美国最大的医药保健分销企业。最大的一部分业务立足于药品批发，通过其分布在全美各地的30个分销中心向全美50个州批发药品、保健品及化妆品、医疗用品及设备。位居2016年财富美国500强的第五位，2014年销售收入达到1380亿美元。

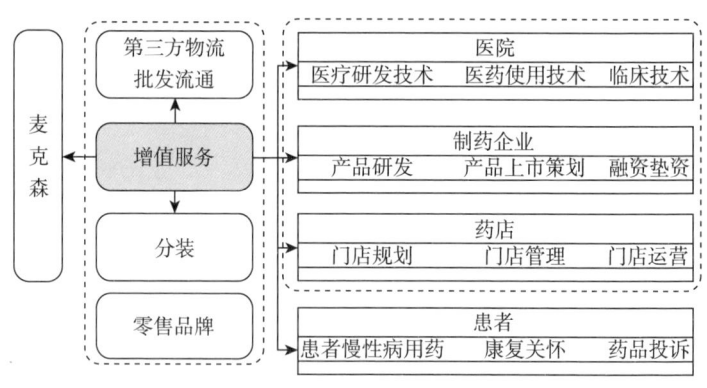

图7-3 麦克森的业务结构

康德乐作为美国第二大医药保健产品批发商，2014年销售收入达到 910 亿美元, 净利率为 0.3% 。

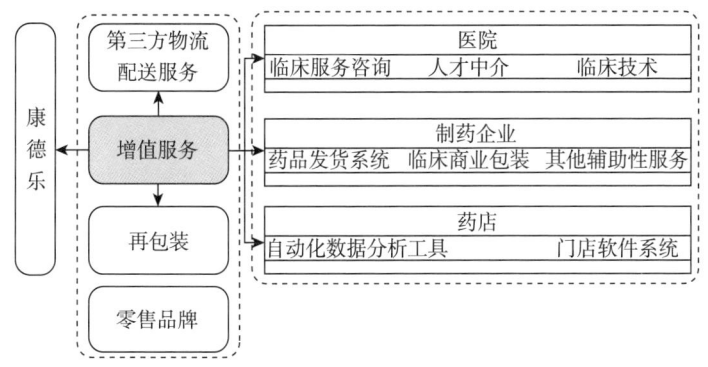

图 7 - 4　康德乐的业务结构

美国第三大医药保健品批发商为美源伯根, 上市之前, 该公司已经经历了一系列整合, 并购了许多小型药品批发企业。上市后, 公司加快了并购步伐。2014 年销售收入达到 891.4 亿美元。

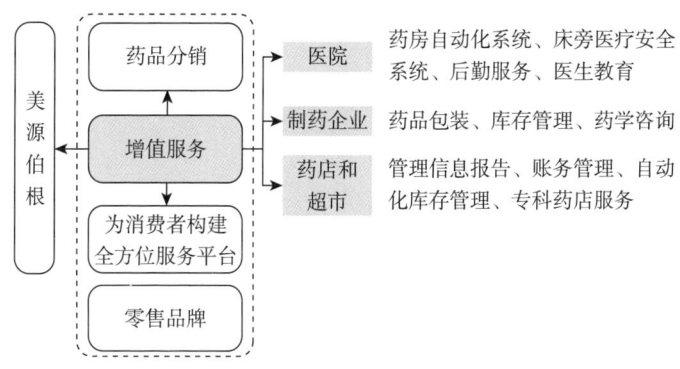

图 7 - 5　美源伯根的业务结构

三家公司对比, 美源伯根公司的运营效率最高, 无论是应收应付账款周转还是存货周转, 都领先于对标企业, 这也是该公司仅拥有 2.56% 的平均毛利却依然能在竞争激烈、盈利空间有限的市场环境中保持规模扩张和多元化发展的原因之一。

以下是关于医药商业企业转型的几点思考：

从国外的尤其是欧美的医药商业企业发展来看，笔者认为，中国的医药商业企业未来需要在以下方面思考自身的发展路径，以顺应国家的政策。

1. 向专业化方向发展

降低运作成本、增加增值服务、提升利润率、发挥在细分市场的优势，是向专业化发展的关键。

2. 发展金融服务业务

我国的制药企业，中小型纯销商业或者中小县域批发商业未来发展都存在较大的资金问题，大中型医药商业企业可以通过自身资金的积累，或者通过与金融机构合作，为上游制药企业、研发机构、中小县域批发商业和中小型纯销商业提供金融支持，从而获得在金融层面的收益。

3. 提供信息方面的服务

信息化是未来医药商业企业、医院、药店终端等发展的关键工具。比如国家强制的药品追溯机制，由于阿里健康的事件，现在改为制药企业方承担责任。但目前为止，需要信息服务支撑的药品追溯问题并没有得到很好的解决。

药店进销存软件是多样化的，有时很难和上游或者医保支付部门对接，需要增加更多的接口。

医院采购方面，现在的医院药品、器械、耗材采购大部分还处于较为原始的电话通知或者口头通知阶段，企业方想知道库存情况，还要亲自跑到医院库房查询。

这些方面都需要更好的信息服务支持，但这种支持如果单纯依靠药店或者医院自己发展，费用高、模块复杂，所以，医药商业企业可以为其提供更好的、更专业的信息服务支持，从而提高信息运作效率。

4. 发展商业健康保险业务

目前，国家规定了大约1000多个临床路径清单，这给商业健康险种提供了很大的运作空间。我国的商业健康险种还不多，主要是无法掌控用药数量和疾病种类，这1000多个临床路径已经确定，可以大规模的发展商业健康险种。

医药商业企业可以根据自身对医药领域的认知度，或者自己做，或者联合商业公司协同做商业健康险种，这样可以获得更多的收益，也能拓展更多的业务。

5. 发展租赁业务

商务租赁业务是近几年兴起的新型业务。

由于制药企业、药店、医院、诊所等在生产设备采购、器械采购或者其他方面采购上存在资金压力，所以，租赁业务发展很快。

拥有较大资金实力的医药商业企业可以进行租赁业务拓展，从而获得新的收益单元。

6. 发展电子商务业务

国家对医药健康领域的电子商务支持力度是空前的，资本方对医药电子商务的追逐也是热情高涨。

现在国家已经在 ABC 证上放开许多，发展医药电子商务业务可以提高现有的医药流通效率。同时，医药电子商务可以扩大对上下游客户的服务渠道，获得更多的医药经营数据、流通数据，甚至获得患者的数据，这些数据可以为医药商业企提供更多的业务创新机会。

总之，我国医药商业行业目前处于转型关键阶段，医药商业企业都要加快转型升级的步伐，构建新的战略发展模式，通过整合资源和创新业务获得更多、更好的发展机会。

四、医药商业企业转型成功的前提

国家"两票制"、营改增、分级诊疗、药占比、94号文件、7号文件、70号文件及国家诸多针对医药流通领域的政策，让很多医药商业企业面临"不转型等死，转错型找死"的境况。

国家十三五规划针对医药流通领域改革明确提出：以"两票制"为重点，规范药品流通领域，健全药品供应保障体系。通过实行药品分类采购和"两票制"来撬动药品生产流通的改革，规范药品生产、流通的行为，减少药品流通中不必要的环节，提高流通企业集中度，降低药品流通费用。

所以，医药商业企业面临的首先是以让国家认可的模式生存下去，这对现在诸多医药商业企业的转型提出了较高的要求。

未来医药商业企业转型其实就是对目前医药产业结构进行优化，由于我国医药市场的多样性和复杂性，即便是在"两票制"的强力推行的前提下，未来我国医药商业企业结构也呈现多样化态势。

笔者认为，随着国家政策的推进，未来的中国医药商业企业会构建出以大型全国医药商业、第三方物流商业、区域物流商业、终端纯销服务商业、第三方医药服务平台和基层销售商业为主的商业结构形态。在新的医药商业机构中，原有的诸多类型的商业会逐渐消失。

其中，第三方物流商业、区域物流商业建成了遍布全国的专业医药物流网络，这个网络会大大降低医药物流成本，形成具有价低、快速、专业、合规、便于监控的新型医药物流体系。

终端纯销商业和基层销售商业完成针对各类终端的销售系统，在终端帮助制药企业实现针对医院、药店、诊所、社区卫生服务中心、民营医院和基层医疗机构提供专业的销售、市场、学术、管理等服务工作，

第三方医药服务平台则独立于医药流通体系之外，一方面，为上游制药企业或药品持有人提供研发外包、研发资金、研发项目、新产品引进、融资、管理咨询、并购重组、人力资源等专业服务；另一方面，为下游的终端纯销商业和基层销售商业提供学术支持、融资、管理咨询、人力资源、并购重组等专业服务，还会为终端纯销商业和基层销售商业的终端客户，比如医院，提供医疗技术研发、人才管理、管理咨询等专业服务。

大型全国医药商业会综合物流、纯销、销售，形成传统医药商业企业的代表。但随着第三方物流的发展，大型全国医药商业的物流能力和竞争能力会降低，大型全国医药商业最终会和纯销商业争夺终端市场。

未来随着区域医联体采购、GPO等模式的广泛推广，以及药店连锁化区域日益明显，终端向制药企业直接采购的情况会越来越多，但是直采并不代表各类终端不需要专业服务，而是

更加需要各种专业服务。这就要求终端纯销商业和基层销售商业的服务对接能力很强，甚至需要自身打造专业服务的能力。

未来中国医药商业结构会呈现扁平化的渠道流通结构，制药企业到达各类终端的层级急剧减少，医药商业机构的专业化服务能力增强，这样也是国家对医药流通领域的规划和发展的具体要求。

现在的医药商业企业必须转型，这样才能生存下去。原有的商业体系生存要素已经发生了巨大的变化，这些变化导致很多医药商业企业逐步被虚拟、逐步被淘汰。同时，纯销商业、第三方物流企业和基层销售商业也要尽快在这个医药商业环境的变迁中进行布局、升级，构建自身强势的区域医药商业体系。

总之，医药商业都处于转型期，但医药商业企业转型需要慎重考虑五大问题，这五个问题也是医药商业企业转型成功的前提：一是资源和能力；二是合适的转型规划；三是立足区域市场整合资源；四是强化内部管理；五是不做虚假的 CSO。

第八章
医药商业企业
营销转型

一、转型要考察自身的资源和能力

很多医药商业企业经过多年的发展，已经沉淀出自身的诸多资源和能力要素，这些要素包括以下几点：

1. 产品供应方资源

医药商业企业可能经营的产品包括药品、医疗器械、耗材、消毒用品、其他用品等，但不同的商业企业获得的供应方授权经营的程度是有很大区别的。

一般情况下，较大的医药商业企业可以获得更多的产品资源，尤其能获得品牌企业的产品经营资源。这种商业在渠道结构中具有较强的谈判能力和话语权，因为有更多的良好的产品资源供给，较大的医药商业企业可以快速形成销售规模。

很多以纯销为主的医药商业企业虽然掌控着数量庞大的终端资源，但获得产品资源的能力较弱。大部分产品资源来自上游的医药商业企业，很多中小纯销商业很难直接从制药企业获得区域产品经营权利。所以，更多地以纯销为主的商业企业其实是被上游的商业控制的，这些纯销商业帮助上游商业完成终端纯销任务，帮助上游商业完成指定的市场工作，甚至完成仓储、物流工作。

新的时期，纯销商业要逐步构建起自身的产品资源获取架构和能力，通过自身和第三方途径获取更多的区域独家经营的产品资源。

2. 终端资源

大部分医药商业企业其实最缺乏的是终端资源，终端资源始终是医药商业结构中最重要的一环。国内很多大型商业的终端资源也不多，主要依靠庞大的物流网络向下一个层级商业供货，由下一层级商业完成终端销售任务，而盘踞在各省的老牌原省级医药商业公司，主要终端资源是医疗机构。药店终端、诊所终端、民营医院终端、社区卫生服务中心终端等其实是非常缺乏的，主要原因是这些老牌的省级医药商业公司缺乏对各类终端的管理团队，也无法控制管理终端的各项成本。

即便是纯销商业企业，区域终端资源也是分散的。一个区域的终端资源被很多家医药商业企业掌控，分散程度非常高，这也是在区域内医药商业很难集中化发展的主要因素。

未来纯销商业要想尽办法整合更多的区域终端资源，通过并购、收购、人才资源整合、股份制公司构建等系列方式在区域内构建庞大的终端资源体系，以对抗大型医药商业的侵袭和竞争。

其实终端资源本身具有很大的流动性，终端资源获得的根本是产品资源。一个纯销商业获得的区域独家产品经营的产品越多，终端资源也会越多，因为各类终端对接长久的是产品，而不是人际关系。

区域纯销商业要获得更多的区域独家产品经营权，就要和第三方体系合作，通过纯粹第三方性质的厂商服务平台直接对接制药企业、医疗器械生产企业获得其他工业企业，获取更多的区域独家产品经营权。

医药物流商业公司不需要终端资源，主要是构建起向区域内的任何终端配送产品的能力，医药物流公司更多的是考量区域仓储能力、物流时效、物流成本、物流信息等因素。

3. 资金资源

资金资源是限制很多医药商业企业的重要资源。

大型商业公司因为有较强的资金沉淀，在和上游工业企业谈判时，可以凭借庞大的资金实力首批大规模采购并以现金方式采购。他们可以获得上游工业企业的合作，但大型商业公司终端纯销更多还是依靠盘踞在区域的纯销公司完成销售和市场等工作，很多大型医药商业公司其实就是依靠自己的资金能力来上游接盘产品、下游雇用纯销商业，具体的销售能力和市场能力是弱化的。

其实很多纯销商业可以通过阶段性、层级的融资解决资金问题，同时要考虑各类终端的回款周期，明白市场的纯销商业应该脱离哪些回款周期长或者回款差的终端资源，构建自身优质的终端资源结构，这样可以形成很好的现金流。

另外，商业公司还应该和制药企业达成长期诚信合作，让制药企业允许批次压隔批回款，以此解决资金问题。但医药商业不要完全依靠现金现货获得良好的资金流，这种方式可能导致终端资源分解。

4. 仓储配送资源

很多医药商业公司虽然通过了 GSP 认证，但仓储能力相对较差，面积小、容积小，很多冷链类的产品无法存储和经销。如果能获得当地政府的支持，构建较大的仓储配送体系，就可以获得区域内更多的产品资源、政策资源和市场资源。

尤其是配送资源，很多中小型纯销商业是不具备的，未来区域内好的医药商业公司一定是仓储、配送、销售、市场等都能高质量供应，还能为上下游提供更专业的增值服务。

中小纯销商业不可能长期为上游商业服务获得一点微薄的佣金，而是要重新审视本区域的医药商业现状，构建政府认可的仓储配送体系，这样可以承接更多的政策支持。

5. 政府资源

医药商业的发展其实在任何区域政府中都是有规划的，因为医药商业是区域医药经济的重要体现。很多医药商业企业不重视或者不会做政府资源，这是限制医药商业企业尤其是纯销商业的一个重大问题。获取政府资源不一定要认识政府官员，也不是非要通过行贿，这些方式都存在重大风险。

获取政府资源的最佳策略是为当地政府考虑当地医药经济的发展，医药商业企业可以通过帮助政府规划本区域的医药经济发展规划，并把自身的发展融入区域医药经济发展规划中，最终帮助政府构建发展快速、整合到位、集中程度高、监管便捷等企业医药经济发展模式。在这个模式中，负责规划的医药商业企业会正当的获得广泛的、长久的政府资源。

当然，区域医药商业还需要考虑把一些具有较好政府资源的人士纳入自身的发展体系中，一起为当地的医药经济发展努力。

6. 业内人脉资源

很多医药商业企业和区域内的其他医药商业企业是竞争关系，基本上是长期竞争、长期敌对的状态。这种做法其实是没有意义的。

在区域中，渠道商业和各类终端始终是分离的，终端资源彼此交叉、彼此拥有。如果区域内的商业企业在经营层面能够敞开心扉，更多的是合作而不是竞争，可能会彼此受益。比如在未来的医药商业企业转型中，几家区域医药商业企业整合起来，仓储配送、市场销售各自分工、统一结算，一起对工业企业或者上游商业进行谈判，一起对政府、药店和医疗机构等进行谈判和提供服务，这样可能有更好的发展结果。

这时，可以在区域内以构建股份制公司的方式整合资源，以响应国家的"两票制"，但增加了对上下游的增值服务。一方面，外拒强敌；另一方面，内部整合区域市场资源和销售资源，协同发展。

没有永远的敌人，但有永远的利益。

协同构建区域专业化、合规化的医药商业体系，才是未来诸多医药商业公司真正发展的路径。

对区域医药商业企业来说，随着国家94号文件的实施，很多自然人无法再以个体从事医药销售工作，那么这些区域商业企业应该尽快整合这些自然人，给出较好的条件，吸纳有能力、有资源的自然人进入自身的医药商业体系。既可以帮助自然人脱离违规销售药品的困境，又能给自然人一个可以依靠、可以长期发展的公司。但吸纳自然人进入医药商业体系需要有合理的内部管理模式，需要构建多样化的具有可激励性的薪酬绩效体系，如果自身管理混乱、人员内部争斗激烈，是留不住人的。

二、转型规划要具有合理性

笔者为很多医药商业企业做过培训，和很多的医药商业企业老板沟通过，也为一些医药商业企业转型提供过管理咨询服务。笔者发现一个较普遍的情况，就是很多医药商业企业的决策层要么非常悲观、畏首畏尾，觉得未来怎么发展都难以成功，要么敢想，觉得自己只要肯干，什么事都能做成。

笔者以前接触过一个医药行业企业的老板，他和我聊了很长时间，谈的都是如何做大。如果代理更多的产品，如何扩大销售队伍、市场队伍，如何扩大终端覆盖率，如何从年经营额3亿元做到20亿元。期间谈了很多，最终问笔者，他的设想能否实现？问笔者怎样帮助他实现。

笔者知道这家医药商业企业的经营情况：年度经营额3亿多元，净利润200多万元，销售人员12个人，仓储很小，没有完善的配送体系。区域独家代理品种7个，经营额1亿多元。

这3亿多元的经营额也是发展了七八年才实现的，其中2亿多元还不是主营产品获得的，而是通过流通产品、分销产品或其他商业分解产品实现的，这种非主营产品获利较低。这样一个小型商业企业快速发展难度很大，尤其是这个小型纯销商业基本没有市场功能，显示功能也比较低。怎样快速发展呢？

尤其是区域独家代理的产品偏少，很难从上游或者制药企业获得区域独家代理品种。对于医药商业企业来说，区域独家经营产品偏少本身就供血不足，产品对医药商业企业来说就是血液、就是根本，获得产品的渠道如果非常窄，就很难发展起来。

结果笔者给这个商业企业的老板提出了以下几点建议：

一是放大采购能力，尽可能多获取区域独家产品经营权，尤其是专科类产品、耗材的区域独家经营权，并尽可能完成年度指标，从而提升毛利率。

二是构建自身的专业销售团队和市场队伍，针对获得区域独家经营权的产品进行专业化营销，为终端做更多的专业活动和促销活动，一次维护和扩大终端合作量。

三是向市场深度拓展，和市场较深层级的销售资源对接。因为同质化产品经营在短期扩大市场覆盖面难度很大，其他商业企业反击得比较厉害，而且产品丰富度不够，扩大市场其实是空话。

四是构建合规的仓储配送体系，获取区域内的指定配送权利，在获得指定配送利润的同时，获取更多的医院资源和政府资源。

五是仔细研究各类终端的实际需求，在可能的范围内提供解决方案，以期长期黏结终端客户。

六是整合市场内的自然人进入公司体系，这样既可以带来终端资源，又能带来产品资源，更能获得销售人才。

……

我当时一共提了十几点建议，后来这个老板基本都做了。期间，笔者帮助这个老板整合了20多个区域独家产品，也介绍了一些他所在区域的自然人加入体系中。经过两年多，到了2015 年年底，这家商业企业经营额已经达到 10 亿元。虽然还是规模小，但其目前的经营质量明显偏好，净利润一千多万元。

后来这个老板又来到我的公司，看着很兴奋，觉得近两年经营成效不错，希望我再给他提供一些建议，但市场环境和政策环境变化了，笔者后来给的建议发生了很大变化。

其实并不是笔者的建议有多高深，很多建议其实是诸位医药商业企业都知道的，而是这个老板意识到一件事情：要脚踏实地的经营，不要好高骛远。所以，在医药商业企业做转型发展规划时，一定要根据自身的资源和能力做规划，不能脱离实际，更不要人云亦云。当然，最主要的还是要脚踏实地。

三、转型不要做虚假的 CSO

现在很多专家在各种会议上、论坛上、讲座上鼓励医药商业企业转型做 CSO。专家们经常列举做 CSO 的企业，康哲药业、香港亿腾等。于是，很多医药商业企业开始注册管理咨询公司或者科技公司，转型做 CSO。

我们来研究一下康哲药业：

很多人都认为康哲药业是一家纯正的 CSO 公司，其实，从康哲药业的运作模式来看，应该叫代理公司，目前国内还没有真正意义的 CSO 公司。

在康哲药业网站上，我们可以看到，本集团拥有中国医药行业普遍采用的两种业务模式——直接学术推广模式和代理商推广模式，以及两个不同特质的第三方推广网络——直接学术推广网络（直接网络）和代理商推广网络（代理商网络），如图 8 - 1 所示。

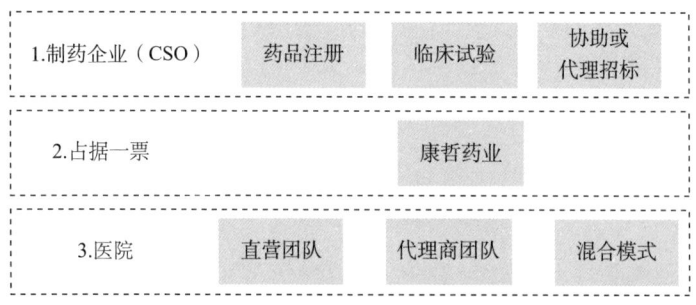

图 8 - 1　康哲药业业务布局图

从康哲药业的业务布局图可以看出，康哲药业并没有为下游提供真正的增值服务，而是直接参与下游竞争，组建自己的营销队伍，构建自己的代理商体系，这就和现有的销售代理商没什么区别。

我们再看一下香港亿腾，如图 8 - 2 所示：

香港亿腾也不能叫 CSO 公司，应该叫外资药企中国销售代理公司。

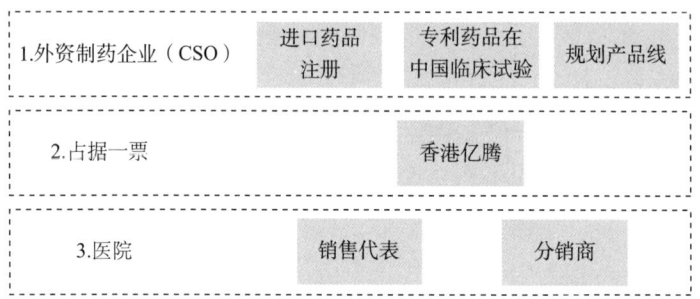

图 8 - 2　香港亿腾业务布局图

香港亿腾定位明确：长期致力于将全球优质的药品带入中国医疗市场，专注于临床营养、抗肿瘤治疗、抗感染治疗和呼吸系统疾病治疗等领域的产品开发及医学推广。

香港亿腾主要从事为国外制药企业代理工作，负责进口药品在中国大陆的注册、专利药品在中国的临床试验，以及为国外制药企业规划在中国的产品线规划。所有的增值服务工作也和康哲药业一样是针对上游企业，对下游，香港亿腾有自己的销售代表和代理商，直接参与下游医药商业的竞争。所以，从这种业务结构可以清晰地看到香港亿腾也不是 CSO 企业。

真正的 CSO 机构必须是纯粹的第三方机构，身份背景不能是制药企业、医药商业企业或者其他从事医药营销的相关公司，这是根本前提。比如山东×高，号称第三方 CSO 机构，但查询就很容易知道这是一个有制药企业背景的机构。这样的 CSO 机构完全不是第三方 CSO 机构，他们从事的第三方工作本身主体是为制药企业服务的，竞品不会进入他们的合作范围，而且制药企业本身根本没有什么管理咨询、学术推广等较为顶尖的能力。

现在，很多医药商业企业都在转型做 CSO，或者以自身的医药商业企业做 CSO，或者注册一个公司做 CSO，但这样的所谓 CSO 公司有以下几大弊端：

（1）根本没有专业的管理咨询团队。

销售外包需要为上下游提供各种专业的增值服务，其中很重要的一项功能就是管理咨询。比如为上下游合作企业提供产品策划服务、战略规划、产品线规划、薪酬绩效等专业的医药管理咨询工作，真实的管理咨询服务是 CSO 机构必需的专业服务项目，也是可以合理的从制药企业或者下游商业企业获得合法收入的专业服务项目。

但很多医药商业企业根本就不具备为上下游客户提供管理咨询服务能力，于是就通过假项目、假合作服务条款，获取上游制药企业的返利，这样的管理咨询项目可能只有一份虚假的合同和对应的虚假开具的发票，其余什么都没有。既没有项目参与人员，也没有项目成果，更没有对应的差旅票据，这样的项目合同和项目发票一查就会被查出。

（2）存在从事医药商业工作。

很多医药商业企业转型做 CSO 后，还是主要从事医药销售工作，做制药企业的代理，为终端配送货物、帮助销售队伍维护终端等。这样的 CSO 只是对上游制药企业服务的，根本不会为下游商业提供服务。

同是医药商业公司，其他医药商业公司和转型后的假 CSO 是竞争关系，而不是单纯的合作关系，其他医药商业公司是不会接受转型后的假 CSO 的服务的。

很多人会说，在省会城市建立 CSO 机构，向地市或者县域市场的医药商业公司提供服务不就行了吗？这样的 CSO 机构层级高，可以宽范围的为区域内的医药商业企业提供服务，同时上游对接制药企业。但是，这种性质的 CSO 机构本质是从医药商业转化而来的，区域内的很多医药商业企业可能都知道是谁做的、原来是做什么的，这种情况下的 CSO 机构能获得区域医药商业企业的认可吗？

这种类型的 CSO 机构本身就不具备很多专业的增值服务能力，怎么为上下游提供增值服务？依靠假项目吗？可能性不大，可能还是通过产品代理、层层招商模式获得代理商利润，只不过是在商业结构被虚拟了。

（3）不能提供更多的增值服务。

真正的 CSO 机构外包的是销售工作，但不能实际参与销售工作，不能接触资金流，只能做实际销售的外围工作，否则就会形成和下游商业的竞争状态。

销售外围工作主要是市场调研、学术推广、产品导入、融资、资源整合、终端医疗机构的管理咨询、终端医疗机构的研发等下游增值服务工作，需要为上游制药企业提供管理咨询、融资、新产品研发、资源整合、并购重组、人才猎取等增值服务工作。

真正的 CSO 机构提供的增值服务目的是为了让合作的上下游客户快速发展，能发展壮大，提高经营质量。

很多医药商业公司转型后的 CSO 机构基本无法提供上述服务，可能会造一些虚假的增值服务项目，向制药企业获取代理费用或者代理佣金，这种情况非常容易被查出，因为虚假合同连带虚假发票，其实就是和原来很多会议费用一样，最终是洗钱行为。所以，医药商业企业转型做 CSO 机构和制药企业做 CSO 机构是一样的，财务风险和法律风险都很高。

湖北某医药公司涉嫌虚开增值税专用发票，根据审计署转来线索，该公司 2010 年 6 月至 2014 年 12 月从 113 家非药品经销企业取得日化产品类增值税专用发票 46114.58 万元进行抵扣，涉嫌接受虚开。此外，还涉嫌向下游企业虚开发票。该医药公司实际负责人徐某、中间人何某、下游医药公司法人李某等 5 人被刑拘。

该公司实际负责人徐某承认向中间人何某支付手续费，由何某提供资金，取得 10 家上游非药品企业增值税专用发票进行抵扣等企业接受虚开和对下游虚开的犯罪事实。

四、转型要立足区域，整合资源

目前，我国有13000多家医药商业企业，类型众多，但排名靠前的主要是国有药企，这说明国有医药流通企业已经成为医药流通的主流企业。药品流通直报企业中，国有及国有控股药品流通企业主营业务收入8644亿元，占直报企业主营业务总收入的68.5%，实现利润169亿元，如表8-1所示。

但这些企业大部分缺乏终端销售能力，主要依靠自身原有计划经济体系下沉淀下来的资源进行流通、配送和批发，而大部分终端销售工作和基层市场药品流通主要是由中小医药商业企业在做。

表8-1 2015年中国医药流通企业排名
（相关数据来自中商产业研究院数据库）

序号	企业名称	主营业务收入（万元）
1	中国医药集团总公司	27764535
2	华润医药商业集团有限公司	9881430
3	上海医药集团股份有限公司	9851200
4	九州通医药集团股份有限公司	498925
5	广州医药有限公司	3232696
6	南京医药股份有限公司	2472294
7	重庆医药（集团）股份有限公司	2429910
8	华东医药股份有限公司	2172738
9	中国医药健康产业股份有限公司	2057023

续表

序号	企业名称	主营业务收入（万元）
10	安徽华源医药股份有限公司	1767893
11	四川科伦医药贸易有限公司	1554893
12	浙江英特药业有限责任公司	1543072
13	天津天士力医药营销集团有限公司	1324800
14	云南省医药有限公司	1226000
15	康德乐（上海）医药有限公司	1170316
16	山东瑞康医药股份有限公司	974553
17	山东海王银河医药有限公司	959645
18	中国北京同仁堂（集团）有限责任公司	904356
19	哈药集团医药有限公司	830323
20	石药集团河北中诚医药有限公司	824115
21	嘉事堂药业股份有限公司	823724
22	天津中新药业集团股份有限公司医药公司	665606
23	鹭燕（福建）药业股份有限公司	658564
24	广西柳州医药股份有限公司	650106
25	同济堂医药有限公司	552007
26	天津医药集团太平医药有限公司	507614
27	重庆桐君阁股份有限公司	495353
28	江西南华医药有限公司	462311
29	江苏省医药公司	461023
30	浙江省医药工业有限公司	455882
31	陕西医药控股集团派昂医药有限公司	440416
32	江西汇仁集团医药科研营销有限公司	435453

　　"两票制"情况下，虽然国有医药流通企业有着先天的资源优势，但在终端层级或者基层市场，国有医药流通企业还是无力拓展。主要有以下三个原因：

（1）终端销售态势的形成是一个长期积累过程。

药品营销并不是通过流通配送到终端就结束了，恰恰相反，药品配送到终端才是真正的药品营销的开始。

我们知道，诸多药品即使在医院销售，也需要学术人员、销售人员跟进才能上量，如果没有专业的医药代表跟进，大部分药品会被存放在医药库房，无法形成销售。尤其是一些新药，医生如果对新药不熟悉，不知道怎样联合用药、不知道有哪些毒副反应、不知道哪些患者体质不能使用，这种情况下，医生是轻易不敢使用的。他们宁可根据自己的多年用药习惯，使用一些自己认为安全有效的药品，也不去使用自己不了解或者不是很了解的药物。

对于基层医疗市场，医生本身用药能力水平偏低，更需要制药企业或者医药商业企业的专业人士对基层医疗医生进行专业的用药指导，这样才能有效保证患者的安全用药。

但这些终端工作内容，是目前大型国有药企都缺乏的。终端用药工作需要长期的沉淀、积累，尤其是专业团队的塑造，不是招聘进来就能马上做的，而是需要对服务的药品进行学习、研讨和积累，才能逐步发挥作用。

这一点也是国内很多制药企业不愿意选择国有药企做全国或者区域代理商的根本原因，因为国有医药流通企业可以让产品进入终端，尤其是医院终端，但没有后续的药物学术服务。

（2）基层医药市场拓展成本太高。

我们知道，中国的地理国情决定了医药流通领域的发展。在县域以下市场，由于市场层级深，而且非常分散，尤其是一些地域四个轮的交通工具根本无法到达，甚至有些地域两个轮的交通工具都无法到达，这就需要人来背送运输。这样看来，基层市场的深度和广度决定了配送成本非常高。

高到什么程度？鼎臣咨询做过核算，按照国有药企的配送成本核算，即使是在道路平坦的区域，由县级市场配送到正常的村镇，配送成本可能达到35%。如果更远可能更高，但很多药品的毛利率基本在20%以下，配送到乡镇达到35%，直接亏损15%，这是国有药企无法承受的，更不能接受的。

如果国有医药流通企业强行配送基层医药市场，可能会将在城市赚取的利润全部贴进去，还要亏损很多。

（3）国有医药流通企业效率低下、运营成本高。

我们都知道，很多国有企业的人员在市场上的竞争能力很低，由于体制的因素，人浮于事，大家不做事不担责任，做事不出问题还好，出了问题就非常麻烦。所以，很多国有医药流通企业宁可守着县级以上市场，做流通、做配送、做批发，也不愿意去做终端维护工作，也不愿意去做基层医药市场的流通配送工作。

某省的医药公司（国有企业）找到某制药企业，要求代理某制药企业在某省5个产品的销售工作，并承诺或短期内让某制药企业的药品进入三甲医院。某制药企业正愁这个省的一些医院无法开发，导致销量停滞不前，于是就接受了某省医药公司的合作要求。但某省医药公司药企给某制药企业底价供货，让他们加价向下游供货。

最终某制药企业做了很多工作，并根据某省医药公司的要求妥协了很多后，双方签署了年度合作协议。

半年后，某省医药公司并没有完成短期进入某省全部三甲医院的工作，只进入了60%，即便是进入的医院，药品基本没有多大动销量。

这时某制药企业的处境非常艰难，一方面，由于底价供货，根本没有资金再投入市场做市场推广工作；另一方面，由于签署了年度合作协议，不能中途单方面撕毁协议，无法从某省医药公司拿回省级代理权。

这个案例，其实也是很多制药企业或多或少经历过的。所以，在中国复杂的医药流通市场中，民营的医药流通企业还是有很大的发展空间的，这个发展空间就是区域终端服务和基层医药市场。

那么，中小医药商业企业就可以立足于区域终端服务和基层医药市场布局自身的业务发展格局，发展到一定程度后，可以向上游争抢国有医药流通企业的份额。立足区域终端服务和基层医药市场，需要先做强再做大，就是做到别人无法取代只能合作的程度，做大就是依靠自己强的优势，侵占其他商业的市场份额。

做强、做大就要立足区域终端服务和基层医药市场，整合资源。

区域终端服务和基层医药市场有哪些资源可以整合？

其实做得久的医药商业企业是明确的，在区域终端服务和基层医药市场，资源不外乎以下内容：

①产品资源：药品、器械、耗材、卫生用品、保健品等。

②政府资源：药监、卫计委、物价局发改委等。

③资金资源：货款资金，融资、股份制改造资金。

④仓储资源：自有仓储资源、合作仓储资源。

⑤配送资源：自有配送资源、合作配送资源。

⑥人才资源：专业人才，尤其是拥有终端和产品资源的销售人才。

⑦管理资源：内部具有竞争性的管理体系，留得住人，能激励人才的薪酬绩效体系。

⑧医院资源：各个层级的医院。

⑨药店资源：连锁药店、单体药店。

⑩诊所资源：专科门诊、综合门诊、中医门诊。

⑪社区服务中心资源：区域内。

⑫患者资源：各种慢性疾病的患者数据。

⑬学术资源：上下游能做学术支持的资源。

⑭医生专家资源：高端医疗专家、本区域内的医生。

⑮其他资源。

转型的医药商业一定要衡量自身的资源，要根据现有的资源情况规划自身的转型战略，既不要畏惧大型医药商业企业、悲观失望，也不要步子迈得太大，让转型规划落空。

无论如何，未来医药商业企业通过增值服务来获取上下游长久的合作是任何医药商业企业转型的关键。那么，就要仔细分析自己哪些能做、哪些不能做、哪些需要通过合作的方式获得，最终要在区域内构建起让竞争对手无法超越的竞争态势。

五、转型要重构内部的管理体系

医药商业企业大都不重视内部的管理体系，很多医药商业企业刚开始做的时候是一个老板、几个伙计，基本都能把控好业务，随着业务量达到一定程度后，人员难招，招进来留不住，留下来效率低的情况比比皆是，这也是很多医药商业企业难以发展壮大的实际原因。

中小商业企业不需要内部管理吗？肯定需要。

医药商业企业自身就是营销组织，这个营销组织和制药企业的营销组织完全不是一回事。笔者曾经为几家国内民营和国有医药商业企业设计过内部管理体系，发现不同发展阶段和不同性质的医药商业企业的内部管控机制完全不同。

那么，我们就从不同阶段的医药商业企业的发展阶段和性质来分析一下转型中的医药商业企业的内部管理系统怎么强化。

1. 组织

医药商业企业就是营销组织。

中小医药商业企业一般业务简单，多采用直线式的营销组织结构如图 8-3 所示，这种组织结构的优点是权力集中、信息传递快、效率高，老板一般身兼采购、业务、财务总监、市场总监、政府关系等于一身，什么都依靠老板，或者依靠几个合作股东（合伙人）。

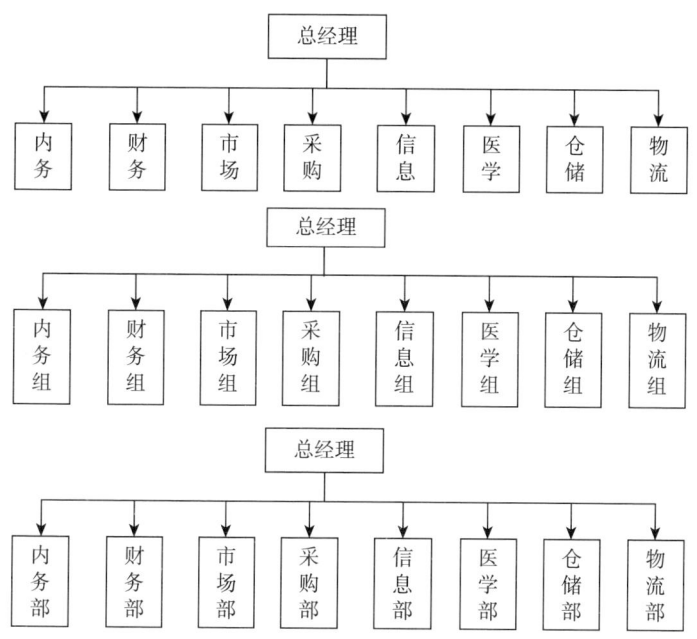

图 8 - 3 医药商业企业直线制组织示意图

注：上述医药商业企业直线制组织事业图是相对全面的架构，很多
医药商业企业开始可能就几个人，但各自担任不同的职位、负责不同的
业务，一旦有重要事件发生，就会集中力量处理重大事件。所以，有的
医药商业企业开始不是以部门形式出现，而是以人的岗位出现，之后因
为业务增加，进化成组、进化成部门。

不同阶段的医药商业企业可以根据自身的实际业务，按照
上述形式发展组织。

直线制组织效率高，老板基本直管，这也是一些医药商业
企业发展初期的真实现象。这种刚发展的医药商业企业的效率
直接体现在人对人的管理上，不需要太多的内部管理条文，凡
事老板直接决策，下属执行即可。

当业务发展到一定程度后，老板力不从心，很多事情不能

脱离自己，否则就停止运转。这时，老板突然发现，人员的专业性都很差，基本上是哪一块都懂一些，哪一块都不精。这就需要逐步调整医药商业企业的内部管理结构和组织结构。

　　调整的方式是从直线式向直线职能制转化，如图8－4所示，这个转化是有条件的。

　　关键条件就是哪一块业务有合适的人选，就把哪一块分权，一般情况下的分权顺序为：内务—采购—财务—人力资源—某业务线1—某业务线2—市场—政府关系等。

　　上述逻辑不一定完全适用每个医药商业企业，因为人才原因会发生交叉，但基本上按照轻重缓急的顺序。

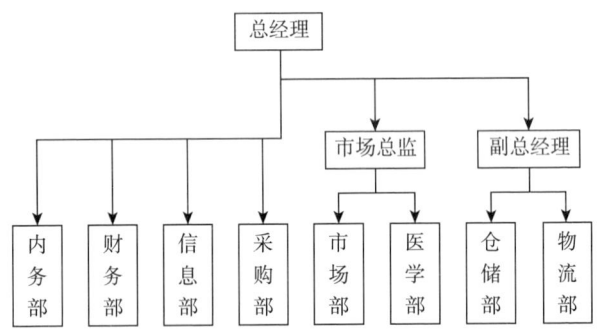

图8－4　直线制向直线职能制升级转化示意图

　　医药商业企业想做大，就不要凡事老板一手抓，也不要过分放权。因为医药商业企业本身是营销组织，营销组织需要强有力的领导团队和决策团队，过分放权容易导致人浮于事、缺乏监控，但一些不重要事件，比如内务，要先放权。

　　逐步放权就是要让员工养成习惯性，不能让员工越级汇报，否则容易把分权的业务负责人架空，也容易让老板陷入繁杂事务中，影响对整体组织和营销的把控。

直线职能制估计能承接 20 亿元左右的运营盘子，但盘子大了，可能直线职能制就要进一步升级，升级到事业部制。

事业部制是国内外大型医药商业企业通常采用的模式，可以集中相关业务或者相关产品线、产品群，比如医院事业部、OTC 事业部、基药事业部等。事业部制横向沟通信息较为缓慢且机构重叠，资源分配难以合理、人员匹配不一致，这是事业部制需要长期注意和调整的地方。

医药商业企业的组织转型是整体转型的根本。

大型商业企业进行业务模式转型就必须对现有的组织进行调整，以匹配计划发展的业务模式。

现在的大型商业企业其实是大而虚弱，所以，很多大型商业公司如果进行估值，是不值钱的，也就是价值很低。因为这些大型商业企业除了流通、配送、批发外，基本就没有有价值的东西，而流通、配送、批发业务很容易被分割、瓦解、替代，所以价值很低。

但中小型纯销商业转型就具有很强的竞争性，主要是他们才是医药商业领域的根基和推动医药经营的根本。中小型纯销商业组织转型就要构建起弹性较强的组织体系，因为业务发展是主要任务，组织是为业务发展服务的，而不是反过来牵制业务发展。

2. 管理制度

一般来说，中小型商业企业的管理制度形同虚设，很多管理制度都不是真正在发挥作用。正确来讲，中小型商业企业制度越少越精简越好，精简适用，但必须执行。

很多中小型商业企业学习大型商业企业或者制药企业制定了一大堆的管理制度，结果很少有人关注这个管理制度。所以，在转型期，中小型商业企业管理制度是逐步进化的，管理制度必须要有，因为管理制度是构建一个成熟运营体系的根本，没有管理制度就没有内部的游戏规则，大家为所欲为，企业就会处于混乱状态。

这里就不讲哪些管理制度适用于中小型商业企业了，因为管理制度很多，中小型商业企业可以根据自己的实际发展情况逐步推出，最好每个季度推出一次，让员工逐步适应、执行。

大型医药商业企业需要较为完备的管理制度，因为医药商业体系运行没有管理制度作为保证，业务单元很容易出问题。需要明确的是，管理制度的制定或者优化一定要让真正懂医药商业企业运作的人或者团队来做，否则做出来也执行不了，形同虚设。

3. 薪酬绩效

薪酬绩效是任何医药商业企业都需要高度重视的关键问题。

很多医药商业企业根本不重视薪酬绩效问题，认为设定了基本工资、提成工资就万事大吉了，根本不考虑这些薪酬绩效体系能不能留住人、能不能激励人。

笔者为一家国有医药商业企业制定薪酬绩效时发现，这家国有医药商业企业的薪酬体系竟然是五年多前制定的，绩效体系好一点，是两年前制定的。问题是绩效体系制定得不科学，员工基本不用努力工作就可以拿到薪资的90%，即便是努力工作了，也不过是多10%，据说这还是某大咨询公司做的。

鼎臣咨询项目组对这家医药商业企业的薪酬绩效做了根本性调整，在调整前，进行了两周的详细访谈，对业务体系、仓储物流的高层、中层、基层进行了 200 多人次的访谈，我们重新制定了薪酬和绩效体系。

在项目组进入这家国有医药商业企业之前，其年度经营额为 12 多亿元，而且多年在 10 ~ 13 亿元之间徘徊，已经有一些人员尤其是业务体系的人员计划离职。项目组进入后，大家开始观望。

项目方案阶段完成，推进实施后，很多计划走的人都不走了，感觉只要努力工作，还是能获得较高收入的。项目方案也遭到一些老人的抵制，这些老人在这家企业服务了多年，基本是不怎么干活也有七八千元的收入，经过薪酬绩效改革后，这些老人基本收入降低了一两千元。虽然根据绩效可以获得更高的收入，但需要深入市场、做实销售业务，不如以前打几个电话就可以完成一些业绩的好日子。

但是项目方案得到了大多数人的支持，基本都是年轻人和肯干事的老人。他们只要每个月度完成指标就可以获得较高的收入；完不成，收入下降很多；超额完成，收入上不封顶。这个方案极大地激发了业务人员的积极性。

项目方案执行一年后，这家企业业绩达到了 16 亿元，员工收入也水涨船高，超额完成年度业绩的业务人员收入超过40 万元，但很多懒散的业务人员的收入只有七八万元。根据绩效淘汰规则，连续三个季度或连续 5 个月完不成销售指标的业务人员要进入 5% 的淘汰区的，所以，一年后，一些懒散不努力工作的人员被提前退休或者被调整工作岗位，也有主动离职的。

无论大小，医药商业企业都要对薪酬绩效体系进行升级，要让自己的企业的薪酬体系在区域内有很强的竞争性，这样可以较为快速的吸纳人才、留住人才。同时，也要让绩效体系具有激励性和淘汰性，这样可以让努力的员工赚得更多，也会让懒散的员工无留身之地。

4. 流程管理

很多医药商业企业根本不注重流程，殊不知流程管理是任何企业高效运行的关键因素。

一是可以让组织高效运作。关键事项的标准化流程可以让员工节省沟通时间，提高做事的效率。

二是可以提高竞争能力。内部管理效率提升了，就会对市场、政策、竞争对手做出快速的反应。

三是可以避免事件无人负责。有成熟的流程体系，让每一件经营事件找到具体负责人，不用老板事必躬亲，避免老板不在公司就处于对事件无人负责的情况。

医药商业企业流程管理怎样升级？可以参考笔者《医药企业转型升级战略》中关于药企内部流程的制定。

需要明确的是，未来精益化、数字化、标准化是医药商业企业在激烈的市场竞争中取得胜利的核心动力，是实现各项业务、获得良好发展的前提。

六、医药商业企业三大转型方向

第七章说过，我国的医药商业企业大致分为 10 种类型（不包括药材商），我们就详细分析一下各种类型的商业企业转型方向。由于是为分类而分类，实际上很多医药商业企业可能有多种运作形式，可能既是代理商又是分销商，既做纯销又做配送，各种业务形态是交叉的，但这不重要，重要的是未来不同类型的商业企业应该如何转型。

前六类过票挂靠业务为主的医药商业企业不做讨论，因为这类企业基本没转型的必要，即便转型也很艰难，不如注销。

根据国家对医药领域的相关政策，我们可以知道未来的医药商业结构会形成的态势，如图 8 – 5 所示。

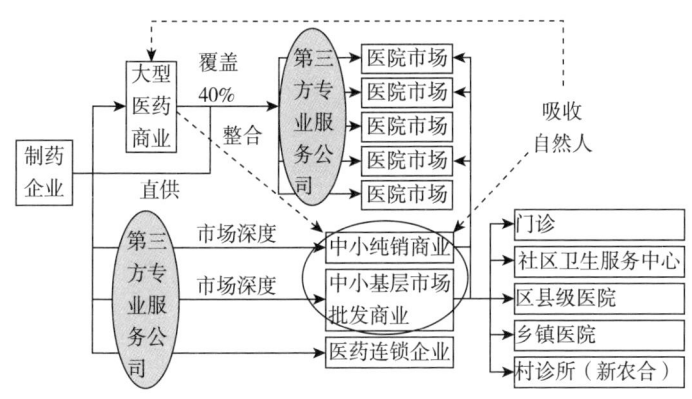

图 8 – 5　未来医药商业结构

中共中央、国务院发布《"健康中国 2030"规划纲要》（下称《纲要》），其中，在医药产业中指出，要推进医药流通行业转型升级，提高流通市场集中度，形成一批跨国大型药品流通企业。截至目前，国内医疗流通企业有 1.3 万家，估计经过 3 年左右的整合后，大约会留存 5000 家左右，大量的倒票、过票没有纯销的医药商业公司会倒闭。但是，有纯销和基层渗透功能的中小医药商业企业绝对不会消失。

在国家的政策导向下，我国的医药商业各种要素会进行碎片化分解，随着分解，各种商业要素会向专业化方向发展。

基本上，未来中国的医药商业要素会向四大方向发展。

1. 专业配送方向

专业配送企业可能是目前大型商业公司，比如九州通、华润、国药控股、科伦、上海医药等，这些大型商业公司虽然有零售等业务，但从渠道结构上，这些大型商业会发挥其拥有良好的仓储、物流等资源优势，抢占各地的配送资质。所以，未来一段时间的配送主体基本是拥有良好的仓储、物流等资源的大型商业或者盘踞在各个省的中型商业公司。

盘踞在各个省的中型商业公司由于具有良好的地缘优势，当地的政府关系、医院关系、终端关系较为熟悉，再加上区域政策保护，各省甚至各地市的中型商业公司是指定配送商业的主体。

比如福建省，下发了医疗机构药品集中采购实施意见，意见指出实行全省统一配送，省级公立医疗机构基本药物和非基本药物合并集中由 10 家药品配送企业配送，非基本药物的配送企业优先从 10 家基本药物配送企业和通过 GSP 认证的配送企业中选定，捆绑配送减少配送不到位现象，保障基本药物的供应。

10 家指定配送商业名单：鹭燕（福建）药业股份有限公司、福建同春药业股份有限公司、国药控股福建有限公司、福建省医药有限责任公司、福建省福州市惠好药业有限公司、国药控股福州有限公司、福建九州通（21.100，0.32，1.54%）医药有限公司、泉州市东大医药有限责任公司、厦门宏仁医药有限公司、福建中鹭医药有限公司。

上面的 10 家指定配送商业中，国药控股、九州通赫然在列，其余 8 家都是福建省区域商业公司。需要配送商业警惕的是，现在可以凭借政府关系、医院关系做指定配送，未来就不一定了。

《国务院深化医药卫生体制改革领导小组关于进一步推广深化医药卫生体制改革经验的若干意见》指出：充分发挥邮政企业、快递企业的寄递网络优势，提高基层和边远地区药品供应保障能力，推动中小流通企业专业化、特色化发展，做精、做专，满足多层次市场需求。

也就是说，未来快递企业一旦真正进入医药流通行业，这些快递企业有完善的配送管控体系，有具有竞争力的成本优势和价格优势，届时传统配送商业的现有业务可能被侵蚀。

现在快递企业进入医药流通领域的最大问题是业务量不够，因为没有哪家现有业务分配给快递企业。所以，诸如顺丰快递之流的快递企业无法正常拓展业务。现在的快递企业还没找到真正的路径进入医药流通行业，一旦有高人支招或者想清楚怎么进入，现有的大型商业可能面临巨大的生存危机。

或许有人说，在医药行业快递企业积累不够，比如政府关系、业务量、医院关系、终端关系等，不可能玩得转。笔者觉得这句话说得过早，想当年快递企业刚发展时也遇到很多困难，还受到邮政的种种辖制，但现在邮政业务量大幅度下降，快递企业业务占据了绝大部分市场。

国家层面或者地方层面在某种程度上会短期偏向于传统医药流通企业，但从竞争层面看，低成本、低价格、高效率、高质量的医药物流，是制药企业、医院等真正需要的，也是降低药价的一个重要方面，国家不会任由现在医药流通企业或者指定配送商业利用自身优势享受着 8% ～30% 的医药物流收费。至于达到30% 的物流费用，这一点可能让很多人很惊奇，哪有这么高？

某国有大型商业，在很多区域通过托管医院药房等模式，明目张胆地向制药企业收取这么高的费用。当然，这是总费用，其中或分解为各种费用结构。

这种垄断性质的配送能长久吗？所以，建议大中型医药商业企业还是逐步向专业增值服务方向发展，比如美国第一大医药商业企业麦克森，麦克森的业务结构，如图8-6所示。

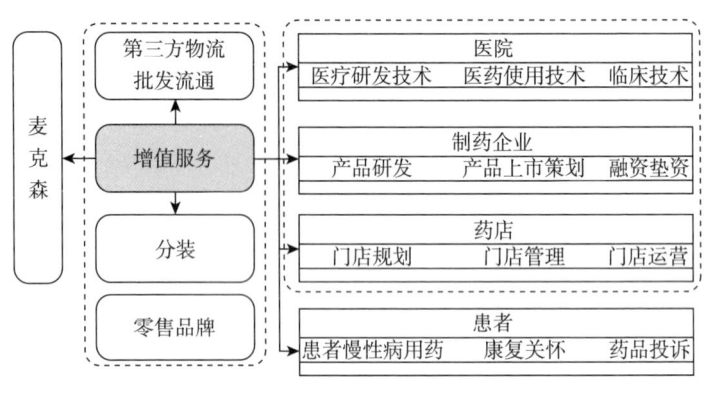

图8-6 麦克森的业务结构

从麦克森的业务结构可以看出，其经营核心并不是批发流通，而是其他层面。

2. 专业销售方向

目前，绝大多数的配送商业基本上是没有销售推广功能的，这会使一些邻终端纯销商业企业获得生存的条件。

我们知道，药品并不是配送到医院、药店等就完成了销售，而是需要销售人员维护关系，盯紧终端库存、回款、退换货、效期产品处理等，尤其是回款了，基本才能保证销售的完成。但配送企业基本不做这些功能，因为需要大量的人力、物力，需要专业团队来做这些事情。所以，邻终端纯销商业企业就发挥了销售的基本功能。

我国大多数的纯销商业或者大中型的商业公司纯销业务单元基本都不大。比如某省的 5 家经营业绩年超过 20 亿元的中型商业公司，经过实地调研，发现其纯销团队最多的 56 人，最少的仅仅 18 人。这些纯销团队基本上是维护一些临床上需要做工作的品种，涉及的经营额度在整体的盘子上并不占优势，好一点的有 3 亿元，差一点的仅有几千万元。这 5 家中型商业公司经营的主体是配送、调拨、差价、挂靠、过票等业务，其中配送和过票占了经营业绩的大头。

未来，一些无法占据指定配送资质的商业公司应该放大销售功能，这样才能有生存下去的希望。因为毕竟通过调拨、挂靠、过票等模式发展已经不被政策所允许，纯销功能放大还是有可能的。

3. 专业市场功能方向

多年来，由于国家对医药购销领域的监管放任自流，代金销售成为常态。即便是当年葛兰素史克被处罚 30 亿元，但对国内企业或者国外的其他外资药企影响不大，大家还在大规模的代金销售。

央视曝光了很多制药企业代金销售的行为，国家又持续出台高压政策，下一年度再像以前一样明目张胆地通过代金销售进行药品营销，风险不是一般的大。所以，未来通过专业的市场行为完成或者放大经营业绩，是任何制药企业和医药商业企业的首选。

但是，很多医药商业企业的市场功能是弱化的，很多医药商业甚至连市场部都没有，根本谈不上从事市场行为或活动。

未来想在医药行业长期的发展，医药商业企业就要建立专业化的市场团队，为诸多制药企业或者大中型流通商业提供区域专业化的市场服务。

以前很多医药商业企业赚取的是销售、配送、差价、倒票、走票、挂靠、调拨等收入，未来是赚取专业化的市场工作的收入，这是两种截然不同的收入方式。以前医药商业诸多的赚钱方式相对来说是轻松的，是容易赚取的，其中有些是不合规的，未来医药商业企业赚取方式是专业的、合规的，是为医生合理用药、保证医药市场流通秩序、为制药企业或者医院等终端提供增值服务而发展的，也是国家极力提倡的。

那么，医药商业企业提供的市场工作有哪些？

笔者简单梳理了一下，基本为市场学术、市场培训、促销活动、数据统计、市场调研、会议服务、产品研究支持、区域专家支持、招投标、政府事务、二次议价、医疗机构集采或直采、价格维护、终端开发、品牌建设、产销协调、医院仓储管理、医院药房管理、医生教育、诊疗技术研发、资源整合等。

医药商业企业向市场层面转型，由于自身市场功能沉淀不够、难度很大，可以借助第三方，比如第三方医药服务体系麦斯康莱，借助第三方可以较快地转型成为专业机构。

基本上，医药商业企业转型就是上述三大方向，这是在医药商业领域的转型。

另外，还有向电子商务方向发展：

医药电子商务蕴含的层面较多，并不单纯的是线上。现在线上的电子商务平台较多，比如康爱多网上药店、1 药网（岗岭集团）、七乐康网上药店、广东健客医药有限公司、好药师网上药店、北京康复之家医疗器械连锁经营有限公司（德开网上大药房)、上海百秀医药科技有限公司(可得网)、康泽网上医药商城。医药电子商务除了线上,还可以做 O2O、B2B 等,还可以承接区域招标采购或者医疗机构直采业务。

当然,一些医药商业企业还可以根据自身的资源和能力向医药商业领域之外转型:

一是向上游转型。整合制药企业资源或者产品资源,成为供应方;整合非药品资源,比如保健品、家用医疗器械等,成为非药领域的生产机构;整合中药材资源,做中药材的种植方或者加工方。

二是向非药领域商业转型。可以转向做保健品、快消品等,现在很多医药商业企业大量的转型做商贸公司,做茶叶、保健品、包装品等。

三是向下游转型。下游不外乎是医院、药店、诊所,医药商业企业可以根据自身的能力或者资源优势,拓展医院业务、药店业务、诊所业务,成为下游的业态。其中,做医院药房托管在目前的政策体系中是允许的,医药商业企业可以借助区域的相关政策,介入药房托管,构建起专业的医院药房托管机制,为政府真正实现医药分开,为医院提供专业的药房管理服务等。

七、成为大型药企的区域营销机构

国家政策导向下,很多医药商业企业可能没有太大的生存空间,一些医药商业企业可能依靠 OTC、诊所或者民营医院存活一段时间。但是长久来看,这些领域中"两票制"的影响会逐步影响。因为票货同行的情况下，一些依靠传统的分销模式进行销售的商业模式已经行不通了，制药企业也会逐步下沉渠道结构，导致一些中间商业无法再像以前那样获得更多的业务。

在这种情况下，盘踞在省会城市的很多医药商业企业转型选择的余地就比较窄。其实，在省会城市的大型商业企业可以向大型制药企业投诚，这样可以获得稳定的产品资源，还可以生存下去。

那么，怎样确定自己的商业企业向制药企业投诚呢？怎样成为大型制药企业的区域营销机构呢？

首先要搞清楚自身的情况，有较大纯销体系的商业企业找制药企业投诚比较容易，因为制药企业对收编商业主要看是否有较好的纯销功能。多年来一些商业企业由于政策因素并没有真正重视纯销商业，有一些医药商业企业虽然有部分纯销商业，也是依靠代金销售作为主要的运营手段，其纯销价值并不高。这时，医药商业企业就要分析自身的情况，选择合适的制药企业作为投诚的目标。

笔者认为，投诚的方法有以下两种：

一是依靠自身的纯销业务，让制药企业收购或者控股。

有较好纯销业务的医药商业企业可以对自身的纯销业务进行整理，看目前纯销业务板块的总量有多少，合作的终端有多少，自身在临床产品、OTC产品、基层市场产品、医疗器械产品、耗材产品等方面有多少资源。梳理清楚后，根据自身在纯销领域的合作企业中寻找合适的有意向的大型制药企业，提出被收编方案。

我们知道调拨、挂靠、走票等业务虽然有较大的业务量，但是这些业务内容对制药企业来说是没有含金量的，甚至是让他们弃之不顾的业务内容，真正有含金量的是纯销业务，因为纯销业务可以让制药企业的产品很快进入终端销售，不是让药品在渠道飘来飘去。

有一点需要注意，双方进入实质性的沟通阶段时，要把自身的优势和劣势都告知制药企业，千万不要有隐瞒，否则就会导致被收编失败。

笔者帮助一家经营额大约 8 亿元的医药商业企业寻找有合作或者收编机会的大型制药企业。

这家商业企业盘踞在省会城市，主要依靠流通调拨、差价、挂靠和部分纯销业务生存和发展，其中纯销业务仅有 4000 多万元，大部分是调拨和挂靠。

笔者根据商业企业的要求，寻找了三家有意向的大型制药企业。经过 2 个多月额沟通后，有一家有意向，要求商业企业把自身的经营结构、经营业绩、经营品种、终端数据拿到会上讨论，以期最终确定是否收编。

为此，这家商业企业找到笔者，想请笔者帮助其修改经营数据，笔者没有同意。笔者提出，修改经营数据很容易在后期查出来，会有大麻烦，但商业企业的老板一定要做。于是，商业企业的人员连续两天修改数据，把纯销业务做成 2 亿元，以期增加自身的含金量，可以在被控股时获得更多的收益。

由于后期笔者没参与会议上的经营数据谈判，但知道唯一剩下的一家有意向的制药企业放弃收购这家商业公司。

笔者后来听说，数据造假当时就被制药企业看出来了，虽然有一些狡辩，但苍白无力。最终，制药企业不信任这家医药商业企业，放弃了这宗收购。

所以，商业企业如果真有被收编的意向，最好还是诚信地向有意向的制药企业呈现真实的经营数据，不要贪图未来不可获得的利益而进行欺骗。

依靠纯销业务要求被收购，不仅要提供真实的纯销数据，还要对纯销业务进行描述，要让制药企业真正感觉到收编这家商业企业有很大的好处。至于怎么描述，就要看这家制药企业在区域内的经营目标了。

二是构建区域第三方商业网络。

很多盘踞在省会城市的医药商业企业其实是没多少纯销能力的，这类企业如果还想做医药业务，就必须选好转型方向，好的转型方向一定是和增值服务分不开的。

很多大型制药企业其实很依赖原来的商业结构和渠道结构，"两票制"让很多制药企业原有的渠道结构和商业结构难以为继，这就需要一个新的第三方来替代原有的商业结构，以使制药企业的营销业绩得以持续下去。

很多大中型的商业企业又不愿意被制药企业收购或者控股，可以考虑构建第三方商业网络，协助诸多制药企业在区域重构商业结构和渠道结构。但这种第三方商业网络需要较大的仓储和物流系统，以及较好的资金能力，这是做第三方商业网络必备的要件。

由于"两票制"要求货票同行，第三方商业需要先承接诸多制药企业在区域的销售指标，之后根据销售指标，每周或者每月大批量从制药企业采购，采购后不开票、不分拆，而是放置到仓储。然后对仓储的药品要求下游下订单，根据订单数量，通过下游一层分销商业直接发货到医院、药店、门诊等终端。

在拟向终端发货时，进行批量分拆，并对分拆后的每一个部分要求制药企业开票，这样票据就构成了两票，直接到达终端。还有一种办法，就是从终端获得订单，根据订单数量、品规等向制药企业集中采购，并要求制药企业根据订单开出票据。其实，第三方赚取的钱是物流费用、仓储费用，还有就是纯销费用，也可以有差价费用。

无论商业企业采用哪种方法，都需要把自身的分销或者纯销资源梳理清楚，不能通过忽悠制药企业，自己再层层招商，下面的合作商业还要层层招商，导致窜货，难以形成真正的销售。

八、联合构建区域新型商业集团公司

一些医药商业企业经过多年的发展，已经在区域建立起较好的分销网络和商业网络，人脉关系也很好，老板是做事的人，不愿被制药企业或者其他大型商业收购。有没有更好的出路？这时，就要考虑通过自身在区域的资源和人脉，构建区域新型的商业集团公司。

构建新型区域商业集团公司，前提是要对区域的商业企业进行梳理，梳理后，看哪些医药商业适合作为区域医药商业集团成员，找到有意向合作转型的商业企业进行沟通。

由于构建新型的区域医药商业集团就需要构建区域总部，区域总部应该是股份制公司，就是有意向的适合的本区域内的医药商业企业成为总部即股份制公司的股东，这样有利于区域商业公司的构建。当然，如果构建区域商业集团的企业有强大的资金实力，完全可以通过收购的方式或者控股的方式运行。

新型是关键，在现有政策下，新型就是要适应"两票制"，就是要充分迎合政策。所以，新型的关键是总部即股份制公司要充分发挥以下几大功能：

一是市场功能。良好的市场功能是做好经销产品的关键，尤其是对代金销售打击力度空前的情况下，市场功能会发挥促进作用。

二是仓储功能。总部要有本省的中心仓储体系和各地市或者区县的分销仓储体系，这就要求领头做区域医药商业集团的商业企业能够整合或者自身就拥有较大的中心仓储体系。当然，有几个相对较大的也可以，便于集中采购进行仓储。同时，各个区域要有分销仓储，以便及时发货给下游分下商业，以便分销商业可以利用分销功能及时向终端供货。

三是要有较强的资金实力。资金实力的形成，可以是所有股东一致注入运营资金，也可以通过分销采购的方式届时注入集中采购资金，但资金能力是构建区域医药商业集团的基础。

四是要有强大的数据平台支持。数据平台的强大有利于采购、分销、订单等的及时处理，更有利于集中管理。总部和各个地市、区县的分销公司都要有统一接口的数据体系，这样商业行为都在平台上进行，有利于提高效率、强化整体监管。同时，数据平台可以完成流向可追溯分析和数据统一存储，利于国家相关部门的检查和监控。

五是最好有较好的物流功能。物流体系可以让总部有较好的收益，同时能够控制药品的流向，避免窜货。一般来说，仓储和物流应该具有一致性，这样容易形成稳固的集团经营态势，物流系统找另外的商业做不利于监管，容易中途发生问题。

六是要有良好的政府、招标等公共关系。现在做医药商业，地政关系非常重要，有良好的地政关系可以帮助制药企业完成招标事宜、二次议价事宜、大批次采购事宜，还可以帮助股份制公司的成员在区域内获得更多的市场资源尤其是医院资源。有良好的地政关系可以帮助政府做区域药品的使用和管理计划，甚至做好区域医药经济、区域医药发展规划，帮助政府完成相关医药方面的一些功能和职责。

总部的功能主要是服务层面的，主要是地政关系、集中采购、市场功能实现、集中仓储、集中物流、销售支持等服务功能。总部不承接"两票制"中的一票，"两票制"中的一票主要由股份制区域医药集团下面的分销商承接，因为分销商是直接面对终端销售的。

分销商业主要是向终端尤其是医疗机构销售，总部根据各个分销商业的采购数据，协同制药企业向分销商开票，之后分销商业再向终端开票。

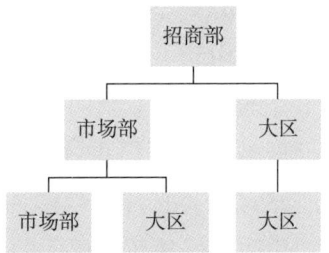

图8-7　区域医药商业集团布局示意图

如图 8 - 7 所示，这是一个简单的区域医药商业集团布局结构。构建区域医药商业集团首先要搭好架构，要根据不同区域有多少家合作商业企业构建整个省的商业布局图，这样可以寻找到合适的分销商业。一般而言，盘踞在各个地市、区县的分销商业具备纯销功能，没有纯销功能的分销商业即便是进来也没有多大用处，还会增加渠道结构中的层级、费用和成本。所以，选择合适商业做分销是架构建立的关键。

搭好架构后，就要确定游戏规则，游戏规则说简单了就是利益分配机制和运作机制。激励型的游戏规则可以让很多区域分销商业进来形成合作，没有良好的游戏规则是无法真正构建区域医药商业集团的。

架构和游戏规则做好后，最好形成可运作的方案，这样可以确定各地市和区县商业企业的沟通范围。因为有了具体可试行的方案，可以和拟订的商业企业进行实质性的沟通，可以让拟合作的分销商业清楚地知道自身利益是否得到了保证、进入区域医药商业集团对自身的好处，这样比较容易让一些合作商业进入架构。至于区域医药商业集团的运行和管理，需要总部做好管理体系，有良好的管理才能保证区域医药商业集团健康长久地运行。

区域医药商业集团的构建可以让优质的医药商业企业聚合在一起，做成区域最大的医药商业集团，可以让医院能够更合理的用药，可以帮助区域政府部门更好的管理区域医药运行，这一点也是地方政府愿意看到的。

做区域医药商业集团最好从政府层面的区域医药经济和区域医药监管处罚，这样容易获得政府的认可，可以保证本区域的医药经济掌控在本省的财政体系内，避免财税外流。

九、医药电商发展的出路

怎样找到医药电商的盈利架构？笔者把近期思考的内容梳理了一下，供大家参考。

1. 医药电商市场首先是多边市场

实际上，我们应该理清一点：医药电商市场首先是多边市场。这个多边市场包括平台、制药企业、配送方、药店、消费者、医院、政府、医保。

不管是药企的医药电商平台还是纯粹的医药电商平台，在构建自己的医药电商体系时，都会面临多边市场的需求。医药电商平台构建的其实是医药健康生态圈，这种生态圈的需求是多方面的，而不是单一的配送药服务。

2. 消费者用药需求是一个伪需求

很多医药电商平台动辄就将给消费者送药到家作为主要的平台构建核心，但大量的以配送药品为主体经营模式的电商平台都遇到了发展困境，一些平台甚至面临倒闭。

前面提到过，目前全国有 40 多万家药店，医疗卫生机构数达 98.7 万个。可见，消费者获得药品的途径非常多，而不是很难获得药品，比如任何社区半径 0.5 公里范围内，都有少则两家、多则七八家的药店，还有很多门诊。消费者想购买药品很容易。

药品不同于其他消费品，很多药品尤其是处方药，需要医生的建议或者诊疗，消费者的用药需求是被引导的，而不是完全自发的。被引导的消费者用药需求会明确指向医生所在的医院、门诊和药店，而不是线上平台。

3. 线上走向线下是发展的大势

很多线上平台在经历了痛苦的初期发展后，发现没有线下实体对接是根本发展不起来的。以前那种想象的和连锁药店联合发展的构想成为无奈的现实——或者连锁药店不配合，或者利益分配出现争执，或者因为经营理念不同而分道扬镳。而连锁药店也有苦衷，单次配送药品的数量太少，赔钱配送；距离太远，无法配送等。

笔者 2015 年就建议一些线上做医药电商的人向线下发展，通过布点式收购单体药店来布局真正的 O2O。这样既可以抢占大量的线下药店生意，又能对接医药分家、分级诊疗和药占比及医保政策，同时也能配合线上发展，线上抢流量、线下抢客户，发展几年就会成为行业巨头。

现在京东就开始布局线上平台和线下实体，线上是医药馆"京东大药房"，线下是"青岛安吉堂大药房"。所以，京东其实是走在所谓的 BAT 前面的。阿里健康搞来搞去，弄得药监码和 A 证都没了，也没形成核心模式。

如果笔者是阿里健康的决策者，肯定不会这样做，而是努力构建线上平台，对接多边市场和多边需求，直接在全国布点，打通线上、线下的自有体系，把消费者、医保和医院需求作为首要需求，把其他需求作为占据、驱动和整合的次要需求。最终构建其庞大的千万亿级的医药、医疗和健康生态圈体系。

天猫医药馆的事件不是整个医药电商的事件，仅仅是个别的案例。国家鼓励发展医药电商的政策性态度根本没有改变的迹象。所以，大家还是静下心来好好考虑自身发展的问题，不要在这上面浪费精力。

4. 区域化方向是医药电商做大坐实的根本

为什么这么说？这也不是笔者个人闭门造车想出来的思路，是和很多大咖、实践者和思考者经过多次沟通、碰撞，甚至争吵出来的思路。

记得有一次与药监、药企等朋友一起开会，晚上几个人就摆龙门阵，谈到了医药电商的问题，有几个不同的意见，当时就吵得不可开交，谁也说服不了谁，弄得大家不欢而散。后来一想，其实大家说的都有道理，因为医药电商是刚发展起来的事物，各种情况都有可能发生，没必要一定要说哪种思路对。

医药电商对应的多边市场（平台、制药企业、配送方、药店、消费者、医院、政府、医保）肯定会形成多种差异化业态，每种业态都有可能做得很好，只是大小不同罢了。

其实，医药电商对应的多边市场中最有可能影响不同业态大小的是医保。我们知道，医保的统筹、使用和管理是区域性的。简单地说，北京的医保只会为北京的统筹对象支付，不会为上海的统筹对象支付，医药电商如果想做大，就要想办法抢夺区域医保。

为什么说是抢夺？因为先进入者可以设定排他性壁垒，先入者获得医保对接后，可以通过设定标准、接口、数据运行和运作模式等方式让其他医药电商短期内难以再切入。就像医院购买了一台某企业的医疗器械后，只能用这家企业指定的耗材一样。

谁在抢夺区域医保资源？谁看清了趋势？

成大方圆和沈阳市医保协同构建沈阳医保网上购药平台。在沈阳医保网上便民购药服务平台上，市民足不出户就可以通过医保网上便民购药服务平台使用社会保障卡（或医保卡）个人账户购买沈阳市医保政策规定的药品、医疗器械。

参保人员先登陆具备医保网上购药资格的定点药店网购平台注册，再根据自身需要选择医保范围内的商品，提交订单后，专业配送人员会送药上门，使用配送人员的专用医保 POS 机刷社会保障卡（需先行设置密码）支付。

京东与淄博市人民政府、山东新华制药股份有限公司签署"健康城市"战略合作协议。依据协议，三方将在淄博市公立医院范围内建设"淄博市医疗处方流转信息平台"，试点处方药电子商务项目，探索医药分家、分级诊疗、慢性病管理等改革领域。三者的合作中，非常重要的一点是有一套信息化处方流转、医药流通平台系统。这套系统包括医院信息系统（HIS）、医生、医疗处方流转信息平台、云药房平台、社会药店、配送系统。

上述两个案例有一个共同点：与区域医保对接，政府相关部门参与。与区域医保对接就具备了做实的可能，多个区域医保对接就具备了做大的可能。

一个印度小伙卖避孕套，线上咨询，30 分钟送到，超过时间免单。

这家位于德里的创业公司 SMS Contraceptive 正试图在半小时内向用户派送避孕套和避孕药。如果公司没能兑现派送时效承诺，那么用户的包裹则全部免费。这家企业旨在打破人们在印度购买避孕产品时的社会尴尬。

SMS Contraceptive 创始人 Sirhaan Seth，现年 18 岁，他说："很多人都不想跟药剂师进行这样的尴尬对话。我们发现，18～25 岁的年轻人对这种服务的需求越来越大。"

SMS Contraceptive 还提供一系列避孕和其他两性产品，包括润滑剂和即时妊娠检查。对于订单和询问，公司采用 SMS、WhatsApp、Snapchat 乃至电话等方式提供客服和接单服务。

SMS Contraceptive 从开始运作就处于盈利状态，现在 Sirhaan Seth 正准备扩大业务，可见印度市场对 Sirhaan Seth 电商模式的认可及市场需求的真实性。

Sirhaan Seth 的医药电商模式肯定是经过调查的，年轻人不愿意和药剂师进行关于避孕套尺寸大小的对话，也不愿意就避孕事项和他人有过多的交流，非常需要一个机构帮助他们避免这些令人难堪的购买行为。

反观我国的医药电商，很多企业根本不考虑消费者或者患者的真实需求，而是主观地认为消费者或者患者就是需要送药上门服务。结果以送药为经营模式的医药电商基本都偃旗息鼓了，即便在做的也是举步维艰。

对中国消费者或者患者来说，获得药品的途径非常多，比如社区周边林立的药店、门诊，每个城市大量的公立医院、民营医院。门口的药店估计 5～10 分钟的路程，从药店购买药品不仅及时，还能够获得店员或者坐堂医的用药指导，更能保证药品的质量。药品不像其他产品，可以多存储一些，所以，对于头痛、感冒非慢性病等，购买零散性、总价低是常态。慢性病或者消费群最大的是老年群体，他们对网络、新媒体等使用存在障碍。所以，医药电商的发展单纯依靠网上平台的非目标性销售是难以做成规模的，到现在为止医药电商的规模不过是150亿元，而且已经发展了多年。

笔者认为，医药电商的未来发展可能有以下几个方向：

一是解决可接触的目标群体的需求，比如避孕用具、年轻态保健品、家用器械等。

二是以战略布点和分级策略向线下延伸，构建仓储式大药房，对接医保，大规模抢夺实体连锁药店的市场份额。

三是成为医院药房的托管者，协助政府完成医药分离。

四是和社区卫生对接，配合线下完成对消费者的疾病预防和慢性病用药。

五是通过获得、分析和运用大数据，通过专业部门，利用品牌推广和医疗专家群体讲座等方式直接面对消费者，构建健康管理体系。

六是帮助制药企业完成区域或者全国的销售布局。

未来医药市场的竞争格局一定是线上、线下结合的方式。这种线上、线下会囊括医药电商、医院、药店、门诊等，单纯的经营医药电商和单纯做药店都可能被未来医药行业的发展潮流湮灭。

推荐作者得新书！

博瑞森征稿启事

亲爱的读者朋友：

感谢您选择了博瑞森图书！希望您手中的这本书能给您带来实实在在的帮助！

博瑞森一直致力于发掘好作者、好内容，希望能把您最需要的思想、方法，一字一句地交到您手中，成为专业知识与管理实践的纽带和桥梁。

但是我们也知道，有很多深入企业一线、经验丰富、乐于分享的优秀专家，或者往来奔波没时间，或者缺少专业的写作指导和便捷的出版途径，只能茫然以待……

还有很多在竞争大潮中坚守的企业，有着异常宝贵的实践经验和独特的闪光点，但缺少专业的记录和整理者，无法让企业的经验和故事被更多的人了解、学习、参考……

这些都太遗憾了！

博瑞森非常希望能将这些埋藏的"宝藏"发掘出来，贡献给广大读者，让更多的人得到帮助。

所以，我们真心地邀请您，我们的老读者，帮助我们一起搜寻：

推荐作者。

可以是您自己或您的朋友，只要对本土管理有实践、有思考；可以是您通过网络、杂志、书籍或其他途径了解的某位专家，不管名气大小，只要他的思想和方法曾让您深受启发。

推荐企业。

可以是您自己所在的企业，或者是您熟悉的某家企业，其创业过程、运营经历、产品研发、机制创新，等等。无论企业大小，只要乐于分享、有值得借鉴书写之处。

总之，好内容就是一切！

博瑞森绝非"自费出书"，出版项目费用完全由我们承担。您推荐的作者或企业案例一经采用，我们会立刻向您赠送书币100元，可直接换取任何博瑞森图书的纸质版或电子版。

感谢您对本土管理的支持！感谢您对博瑞森图书的帮助！

推荐邮箱：bookgood@126.com   推荐手机：13611149991

1120 本土管理实践与创新论坛

这是由 100 多位本土管理专家联合创立的企业管理实践学术交流组织,旨在孵化本土管理思想、促进企业管理实践、加强专家间交流与协作。

论坛每年集中力量办好两件大事:第一,"**出一本书**",汇聚一年的思考和实践,把最原创、最前沿、最实战的内容集结成册,贡献给读者;第二,"**办一次会**",每年 11 月 20 日本土管理专家们汇聚一堂,碰撞思想、研讨案例、交流切磋、回馈社会。

论坛理事名单(以年龄为序,以示传承之意)
首届常务理事:

彭志雄	曾 伟	施 炜	杨 涛	张学军
郭 晓	程绍珊	胡八一	王祥伍	李志华
陈立云	杨永华			

理　　事:

卢根鑫	王铁仁	周荣辉	曾令同	陆和平	宋杼宸	张国祥
刘承元	曹子祥	宋新宇	吴越舟	吴 坚	戴欣明	仲昭川
刘春雄	刘祖轲	段继东	何 慕	秦国伟	贺兵一	张小虎
郭 剑	余晓雷	黄中强	朱玉童	沈 坤	阎立忠	张 进
丁兴良	朱仁健	薛宝峰	史贤龙	卢 强	史幼波	叶敦明
王明胤	陈 明	岑立聪	方 刚	何足奇	周 俊	杨 奕
孙行健	孙嘉晖	张东利	郭富才	叶 宁	何 屹	沈 奎
王 超	马宝琳	谭长春	夏惊鸣	张 博	李洪道	胡浪球
孙 波	唐江华	程 翔	刘红明	杨鸿贵	伯建新	高可为
李 蓓	王春强	孔祥云	贾同领	罗宏文	史立臣	李政权
余 盛	陈小龙	尚 锋	邢 雷	余伟辉	李小勇	全怀周

初勇钢　陈　锐　高继中　聂志新　黄　屹　沈　拓　徐伟泽
谭洪华　崔自三　王玉荣　蒋　军　侯军伟　黄润霖　金国华
吴　之　葛新红　周　剑　崔海鹏　柏　龑　唐道明　朱志明
曲宗恺　杜　忠　远　鸣　范月明　刘文新　赵晓萌　张　伟
韩　旭　韩友诚　熊亚柱　孙彩军　刘　雷　王庆云　李少星
俞士耀　丁　昀　黄　磊　罗晓慧　伏泓霖　梁小平　鄢圣安

企业案例·老板传记

书名.作者	内容/特色	读者价值
你不知道的加多宝:原市场部高管讲述 曲宗恺 牛玮娜 著	前加多宝高管解读加多宝	全景式解读,原汁原味
收购后怎样有效整合:一个重工业收购整合实录 李少星 著	讲述企业并购后的事	语言轻松活泼,对并购后的企业有借鉴作用
娃哈哈区域标杆:豫北市场营销实录 罗宏文 赵晓萌 等著	本书从区域的角度来写娃哈哈河南分公司豫北市场是怎么进行区域市场营销,成为娃哈哈全国第一大市场、全国增量第一高市场的一些操作方法	参考性、指导性,一线真实资料
像六个核桃一样:打造畅销品的 36 个简明法则 王 超 范萍 著	本书分上下两篇:包括"六个核桃"的营销战略历程和 36 条畅销法则	知名企业的战略历程极具参考价值,36 条法则提供操作方法
六个核桃凭什么:从 0 过 100 亿 张学军 著	首部全面揭秘养元六个核桃裂变式成长的巨著	学习优秀企业的成长路径,了解其背后的理论体系
借力咨询:德邦成长背后的秘密 官同良 王祥伍 著	讲述德邦是如何借助咨询公司的力量进行自身 与发展的	来自德邦内部的第一线资料,真实、珍贵,令人受益匪浅
解决方案营销实战案例 刘祖轲 著	用 10 个真案例讲明白什么是工业品的解决方案式营销,实战、实用	有干货、真正操作过的才能写得出来
招招见销量的营销常识 刘文新 著	如何让每一个营销动作都直指销量	适合中小企业,看了就能用
我们的营销真案例 联纵智达研究院 著	五芳斋粽子从区域到全国/诺贝尔瓷砖门店销量提升/利豪家具出口转内销/汤臣倍健的营销模式	选择的案例都很有代表性,实在、实操!
中国营销战实录:令人拍案叫绝的营销真案例 联纵智达 著	51 个案例,42 家企业,38 万字,18 年,累计 2000 余人次参与……	最真实的营销案例,全是一线记录,开阔眼界
双剑破局:沈坤营销策划案例集 沈 坤 著	双剑公司多年来的精选案例解析集,阐述了项目策划中每一个营销策略的诞生过程,策划角度和方法	一线真实案例,与众不同的策划角度令人拍案叫绝、受益匪浅
宗:一位制造业企业家的思考 杨 涛 著	1993 年创业,引领企业平稳发展 20 多年,分享独到的心得体会	难得的一本老板分享经验的书
简单思考:AMT 咨询创始人自述 孔祥云 著	著名咨询公司(AMT)的 CEO 创业历程中点点滴滴的经验与思考	每一位咨询人,每一位创业者和管理经营者,都值得一读
边干边学做老板 黄中强 著	创业 20 多年的老板,有经验、能写、又愿意分享,这样的书很少	处处共鸣,帮助中小企业老板少走弯路
三四线城市超市如何快速成长:解密甘雨亭 IBMG 国际商业管理集团 著	国内外标杆企业的经验 + 本土实践量化数据 + 操作步骤、方法	通俗易懂,行业经验丰富,宝贵的行业量化数据,关键思路和步骤
中国首家未来超市:解密安徽乐城 IBMG 国际商业管理集团 著	本书深入挖掘了安徽乐城超市的试验案例,为零售企业未来的发展提供了一条可借鉴之路	通俗易懂,行业经验丰富,宝贵的行业量化数据,关键思路和步骤

互联网 +

书名．作者	内容/特色	读者价值
互联网时代的银行转型 韩友诚 著	以大量案例形式为读者全面展示和分析了银行的互联网金融转型应对之道	结合本土银行转型发展案例的书籍
正在发生的转型升级·实践 本土管理实践与创新论坛 著	企业在快速变革期所展现出的管理变革新成果、新方法、新案例	重点突出对于未来企业管理相关领域的趋势研判
触发需求:互联网新营销样本·水产 何足奇 著	传统产业都在苦闷中挣扎前行,本书通过鲜活的案例告诉你如何以需求链整合供应链,从而把大家熟知的传统行业打碎了重构、重做一遍	全是干货,值得细读学习,并且作者的理论已经经过了他亲自操刀的实践检验,效果惊人,就在书中全景展示
移动互联新玩法:未来商业的格局和趋势 史贤龙 著	传统商业、电商、移动互联,三个世界并存,这种新格局的玩法一定要懂	看清热点的本质,把握行业先机,一本书搞定移动互联网
微商生意经:真实再现33个成功案例操作全程 伏泓霖 罗晓慧 著	本书为33个真实案例,分享案例主人公在做微商过程中的经验教训	案例真实,有借鉴意义
阿里巴巴实战运营——14招玩转诚信通 聂志新 著	本书主要介绍阿里巴巴诚信通的十四个基本推广操作,从而帮助使用诚信通的用户及企业更好地提升业绩	基本操作,很多可以边学边用,简单易学
今后这样做品牌:移动互联时代的品牌营销策略 蒋军 著	与移动互联紧密结合,告诉你老方法还能不能用,新方法怎么用	今后这样做品牌就对了
互联网＋"变"与"不变":本土管理实践与创新论坛集萃．2016 本土管理实践与创新论坛 著	本土管理领域正在产生自己独特的理论和模式,尤其在移动互联时代,有很多新课题需要本土专家们一起研究	帮助读者拓宽眼界、突破思维
创造增量市场:传统企业互联网转型之道 刘红明 著	传统企业需要用互联网思维去创造增量,而不是用电子商务去转移传统业务的存量	教你怎么在"互联网＋"的海洋中创造实实在在的增量
重生战略:移动互联网和大数据时代的转型法则 沈拓 著	在移动互联网和大数据时代,传统企业转型如同生命体打算与再造,称之为"重生战略"	帮助企业认清移动互联网环境下的变化和应对之道
画出公司的互联网进化路线图:用互联网思维重塑产品、客户和价值 李蓓 著	18个问题帮助企业一步步梳理出互联网转型思路	思路清晰、案例丰富,非常有启发性
7个转变,让公司3年胜出 李蓓 著	消费者主权时代,企业该怎么办	这就是互联网思维,老板有能这样想,肯定倒不了
跳出同质思维,从跟随到领先 郭剑 著	66个精彩案例剖析,帮助老板突破行业长期思维惯性	做企业竟然有这么多玩法,开眼界

行业类:零售、白酒、食品/快消品、农业、医药、建材家居等

	书名.作者	内容/特色	读者价值
零售·超市·餐饮·服装·汽车	1. 总部有多强大,门店就能走多远 2. 超市卖场定价策略与品类管理 3. 连锁零售企业招聘与培训破解之道 4. 中国首家未来超市:解密安徽乐城 5. 三四线城市超市如何快速成长:解密甘雨亭 IBMG 国际商业管理集团 著	国内外标杆企业的经验＋本土实践量化数据＋操作步骤、方法	通俗易懂,行业经验丰富,宝贵的行业量化数据,关键思路和步骤
	涨价也能卖到翻 村松达夫 【日】	提升客单价的 15 种实用、有效的方法	日本企业在这方面非常值得学习和借鉴
	移动互联下的超市升级 联商网专栏频道 著	深度解析超市转型升级重点	帮助零售企业把握全局、看清方向
	手把手教你做专业督导:专卖店、连锁店 熊亚柱 著	从督导的职能、作用,在工作中需要的专业技能、方法,都提供了详细的解读和训练办法,同时附有大量的表单工具	无论是店铺需要统一培训,还是个人想成为优秀的督导,有这一本就够了
	百货零售全渠道营销策略 陈继展 著	没有照本宣科、说教式的絮叨,只有笔者对行业的认知与理解,庖丁解牛式的逐项解析、展开	通俗易懂,花极少的时间快速掌握该领域的知识及趋势
	零售:把客流变成购买力 丁昀 著	如何通过不断升级产品和体验式服务来经营客流	如何进行体验营销,国外的好经营,这方面有启发
	餐饮企业经营策略第一书 吴坚 著	分别从产品、顾客、市场、盈利模式等几个方面,对现阶段餐饮企业的发展提出策略和思路	第一本专业的、高端的餐饮企业经营指导书
	赚不赚钱靠店长:从懂管理到会经营 孙彩军 著	通过生动的案例来进行剖析,注重门店管理细节方面的能力提升	帮助终端门店店长在管理门店的过程中实现经营思路的拓展与突破
	汽车配件这样卖:汽车后市场销售秘诀100条 俞士耀 著	汽配销售业务员必读,手把手教授最实用的方法,轻松得来好业绩	快速上岗,专业实效,业绩无忧
耐消品	跟行业老手学经销商开发与管理:家电、耐消品、建材家居 黄润霖 著	全部来源于经销商管理的一线问题,作者用丰富的经验将每一个问题落实到最便捷快速的操作方法上去	书中每一个问题都是普通营销人亲口提出的,这些问题你也会遇到,作者进行的解答则精彩实用
白酒	白酒到底如何卖 赵海永 著	以市场实战为主,多层次、全方位、多角度地阐释了白酒一线市场操作的最新模式和方法,接地气	实操性强,37 个方法、6 大案例帮你成功卖酒
	变局下的白酒企业重构 杨永华 著	帮助白酒企业从产业视角看清趋势,找准位置,实现弯道超车的书	行业内企业要减少 90%,自己在什么位置,怎么做,都清楚了

白酒	**1. 白酒营销的第一本书（升级版）** **2. 白酒经销商的第一本书** 唐江华 著	华泽集团湖南开口笑公司品牌部长，擅长酒类新品推广、新市场拓展	扎根一线，实战
	区域型白酒企业营销必胜法则 朱志明 著	为区域型白酒企业提供35条必胜法则，在竞争中赢销的葵花宝典	丰富的一线经验和深厚积累，实操实用
	10步成功运作白酒区域市场 朱志明 著	白酒区域操盘手必备，掌握区域市场运作的战略、战术、兵法	在区域市场的攻伐防守中运筹帷幄，立于不败之地
	酒业转型大时代：微酒精选2014-2015 微酒 主编	本书分为五个部分：当年大事件、那些酒业营销工具、微酒独立策划、业内大调查和十大经典案例	了解行业新动态、新观点，学习营销方法
快消品·食品	**中国快消标杆品牌观察：和内行一起看透营销套路** 陈海超 著	多年营销经验的一线老手把案例掰开了、揉碎了，从中得出的各种手段和方法给读者以帮助和启发	营销那些事儿的个中秘辛，求人还不一定告诉你，这本书里就有
	乳业营销第一书 侯军伟 著	对区域乳品企业生存发展关键性问题的梳理	唯一的区域乳业营销书，区域乳品企业一定要看
	食用油营销第一书 余 盛 著	10多年油脂企业工作经验，从行业到具体实操	食用油行业第一书，当之无愧
	中国茶叶营销第一书 柏 龑 著	如何跳出茶行业"大文化小产业"的困境，作者给出了自己的观察和思考	不是传统做茶的思路，而是现在商业做茶的思路
	调味品营销第一书 陈小龙 著	国内唯一一本调味品营销的书	唯一的调味品营销的书，调味品的从业者一定要看
	快消品营销人的第一本书：从入门到精通 刘 雷 伯建新 著	快消行业必读书，从入门到专业	深入细致，易学易懂
	变局下的快消品营销实战策略 杨永华 著	通胀了，成本增加，如何从被动应战变成主动的"系统战"	作者对快消品行业非常熟悉、非常实战
	快消品经销商如何快速做大 杨永华 著	本书完全从实战的角度，评述现象，解析误区，揭示原理，传授方法	为转型期的经销商提供了解决思路，指出了发展方向
	一位销售经理的工作心得 蒋 军 著	一线营销管理人员想提升业绩却无从下手时，可以看看这本书	一线的真实感悟
	快消品营销：一位销售经理的工作心得2 蒋 军 著	快消品、食品饮料营销的经验之谈，重点图书	来源与实战的精华总结
	快消品营销与渠道管理 谭长春 著	将快消品标杆企业渠道管理的经验和方法分享出来	可口可乐、华润的一些具体的渠道管理经验，实战
	成为优秀的快消品区域经理（升级版） 伯建新 著	用"怎么办"分析区域经理的工作关键点，增加30%全新内容，更贴近环境变化	可以作为区域经理的"速成催化器"
	销售轨迹：一位快消品营销总监的拼搏之路 秦国伟 著	本书讲述了一个普通销售员打拼成为跨国企业营销总监的真实奋斗历程	激励人心，给广大销售员以力量和鼓舞

快消品·食品	快消老手都在这样做：区域经理操盘锦囊 方刚 著	非常接地气，全是多年沉淀下来的干货，丰富的一线经验和实操方法不可多得	在市场摸爬滚打的"老油条"，那些独家绝招妙招一般你问都是问不来的
	动销四维：全程辅导与新品上市 高继中 著	从产品、渠道、促销和新品上市详细讲解提高动销的具体方法，总结作者18年的快消品行业经验，方法实操	内容全面系统，方法实操
农业	新农资如何换道超车 刘祖轲 等著	从农业产业化、互联网转型、行业营销与经营突破四个方面阐述如何让农资企业占领先机、提前布局	南方略专家告诉你如何应对资源浪费、生产效率低下、产能严重过剩、价格与价值严重扭曲等
	中国牧场管理实战：畜牧业、乳业必读 黄剑黎 著	本书不仅提供了来自一线的实际经验，还收入了丰富的工具文档与表单	填补空白的行业必读作品
	中小农业企业品牌战法 韩旭 著	将中小农业企业品牌建设的方法，从理论讲到实践，具有指导性	全面把握品牌规划，传播推广，落地执行的具体措施
	农资营销实战全指导 张博 著	农资如何向"深度营销"转型，从理论到实践进行系统剖析，经验资深	朴实、使用！不可多得的农资营销实战指导
	农产品营销第一书 胡浪球 著	从农业企业战略到市场开拓、营销、品牌、模式等	来源于实践中的思考，有启发
	变局下的农牧企业9大成长策略 彭志雄 著	食品安全、纵向延伸、横向联合、品牌建设……	唯一的农牧企业经营实操的书，农牧企业一定要看
医药	医药新营销：制药企业、医药商业企业营销模式转型 史立臣 著	医药生产企业和商业企业在新环境下如何做营销？老方法还有没有用？如何寻找新方法？新方法怎么用？本书给你答案	内容非常现实接地气，踏实谈问题说方法
	新医改下的医药营销与团队管理 史立臣 著	探讨新医改对医药行业的系列影响和医药团队管理	帮助理清思路，有一个框架
	医药营销与处方药学术推广 马宝琳 著	如何用医学策划把"平民产品"变成"明星产品"	有真货、讲真话的作者，堪称处方药营销的经典！
	新医改了，药店就要这样开 尚锋 著	药店经营、管理、营销全攻略	有很强的实战性和可操作性
	电商来了，实体药店如何突围 尚锋 著	电商崛起，药店该如何突围？本书从促销、会员服务、专业性、客单价等多重角度给出了指导方向	实战攻略，拿来就能用
	在中国，医药营销这样做：时代方略精选文集 段继东 主编	专注于医药营销咨询15年，将医药营销方法的精华文章合编，深入全面	可谓医药营销领域的顶尖著作，医药界读者的必读书
	OTC医药代表药店销售36计 鄢圣安 著	以《三十六计》为线，写OTC医药代表向药店销售的一些技巧与策略	案例丰富，生动真实，实操性强
	OTC医药代表药店开发与维护 鄢圣安 著	要做到一名专业的医药代表，需要做什么、准备什么、知识储备、操作技巧等	医药代表药店拜访的指导手册，手把手教你快速上手

医药	引爆药店成交率1:店员导购实战 范月明 著	一本书解决药店导购所有难题	情景化、真实化、实战化
	引爆药店成交率2:经营落地实战 范月明 著	最接地气的经营方法全指导	揭示了药店经营的几类关键问题
	医药企业转型升级战略 史立臣 著	药企转型升级有5大途径,并给出落地步骤及风险控制方法	实操性强,有作者个人经验总结及分析
建材家居	建材家居行业老手的营销革命:除了促销还能做什么? 孙嘉晖 著	一线老手的深度思考,告诉你在建材家居营销模式基本停滞的今天,除了促销,营销还能怎么做	给你的想法一场革命
	建材家居营销实务 程绍珊 杨鸿贵 主编	价值营销运用到建材家居,每一步都让客户增值	有自己的系统、实战
	建材家居门店销量提升 贾同领 著	店面选址、广告投放、推广助销、空间布局、生动展示、店面运营等	门店销量提升是一个系统工程,非常系统、实战
	10步成为最棒的建材家居门店店长 徐伟泽 著	实际方法易学易用,让员工能够迅速成长,成为独当一面的好店长	只要坚持这样干,一定能成为好店长
	手把手帮建材家居导购业绩倍增:成为顶尖的门店店员 熊亚柱 著	生动的表现形式,让普通人也能成为优秀的导购员,让门店业绩长红	读着有趣,用着简单,一本在手、业绩无忧
	建材家居经销商实战42章经 王庆云 著	告诉经销商:老板怎么当、团队怎么带、生意怎么做	忠言逆耳,看着不舒服就对了,实战总结,用一招半式就值了
工业品	销售是门专业活:B2B、工业品 陆和平 著	销售流程就应该跟着客户的采购流程和关注点的变化向前推进,将一个完整的销售过程分成十个阶段,提供具体方法	销售不是请客吃饭拉关系,是个专业的活计!方法在手,走遍天下不愁
	解决方案营销实战案例 刘祖轲 著	用10个真案例讲明白什么是工业品的解决方案式营销,实战、实用	有干货,真正操作过的才能写得出来
	变局下的工业品企业7大机遇 叶敦明 著	产业链条的整合机会、盈利模式的复制机会、营销红利的机会、工业服务商转型机会……	工业品企业还可以这样做,思维大突破
	工业品市场部实战全指导 杜忠 著	工业品市场部经理工作内容全指导	系统、全面、有理论、有方法,帮助工业品市场部经理更快提升专业能力
	工业品营销管理实务 李洪道 著	中国特色工业品营销体系的全面深化、工业品营销管理体系优化升级	工具更实战,案例更鲜活,内容更深化
	工业品企业如何做品牌 张东利 著	为工业品企业提供最全面的品牌建设思路	有策略、有方法、有思路、有工具
	丁兴良讲工业4.0 丁兴良 著	没有枯燥的理论和说教,用朴实真直白的语言告诉你工业4.0的全貌	工业4.0是什么?本书告诉你答案

	书名·作者	内容/特色	读者价值
工业品	资深大客户经理：策略准，执行狠 叶敦明 著	从业务开发、发起攻势、关系培育、职业成长四个方面，详述了大客户营销的精髓	满满的全是干货
	一切为了订单：订单驱动下的工业品营销实战 唐道明 著	其实，所有的企业都在围绕着两个字在开展全部的经营和管理工作，那就是"订单"	开发订单、满足订单、扩大订单。本书全是实操方法，字字珠玑、句句干货，教你获得营销的胜利
金融	交易心理分析 (美)马克·道格拉斯 著 刘真如 译	作者一语道破赢家的思考方式，并提供了具体的训练方法	不愧是投资心理的第一书，绝对经典
	精品银行管理之道 崔海鹏 何屹 主编	中小银行转型的实战经验总结	中小银行的教材很多，实战类的书很少，可以看看
	支付战争 Eric M. Jackson 著 徐彬 王晓 译	PayPal 创业期营销官，亲身讲述 PayPal 从诞生到壮大到成功出售的整个历史	激烈、有趣的内幕商战故事！了解美国支付市场的风云巨变
房地产	产业园区/产业地产规划、招商、运营实战 阎立忠 著	目前中国第一本系统解读产业园区和产业地产建设运营的实战宝典	从认知、策划、招商到运营全面了解地产策划
	人文商业地产策划 戴欣明 著	城市与商业地产战略定位的关键是不可复制性，要发现独一无二的"味道"	突破千城一面的策划困局
	电影院的下一个黄金十年：开发·差异化·案例 李保煜 著	对目前电影市场存大的问题及如何解决进行了探讨与解读	多角度了解电影院运营方式及代表性案例

经营类：企业如何赚钱，如何抓机会，如何突破，如何"开源"

	书名·作者	内容/特色	读者价值
抓方向	让经营回归简单·升级版 宋新宇 著	化繁为简抓住经营本质：战略、客户、产品、员工、成长	经典，做企业就这几个关键点！
	活系统：跟任正非学当老板 孙行健 尹贤 著	以任正非的独到视角，教企业老板如何经营公司	看透公司经营本质，激活企业活力
	公司由小到大要过哪些坎 卢强 著	老板手里的一张"企业成长路线图"	现在我在哪儿，未来还要走哪些路，都清楚了
	企业二次创业成功路线图 夏惊鸣 著	企业曾经抓住机会成功了，但下一步该怎么办？	企业怎样获得第二次成功，心里有个大框架了
	老板经理人双赢之道 陈明 著	经理人怎养选平台、怎么开局，老板怎样选/育/用/留	老板生闷气，经理人牢骚大，这次知道该怎么办了
	简单思考：AMT 咨询创始人自述 孔祥云 著	著名咨询公司（AMT）的CEO 创业历程中点点滴滴的经验与思考	每一位咨询人，每一位创业者和管理经营者，都值得一读
	企业文化的逻辑 王祥伍 黄健江 著	为什么企业绩效如此不同，解开绩效背后的文化密码	少有的深刻，有品质，读起来很流畅
	使命驱动企业成长 高可为 著	钱能让一个人今天努力，使命能让一群人长期努力	对于想做事业的人，'使命'是绕不过去的

	书名·作者	内容/特色	读者价值
思维突破	移动互联新玩法：未来商业的格局和趋势 史贤龙 著	传统商业、电商、移动互联，三个世界并存，这种新格局的玩法一定要懂	看清热点的本质，把握行业先机，一本书搞定移动互联网
	画出公司的互联网进化路线图：用互联网思维重塑产品、客户和价值 李蓓 著	18个问题帮助企业一步步梳理出互联网转型思路	思路清晰、案例丰富，非常有启发性
	重生战略：移动互联网和大数据时代的转型法则 沈拓 著	在移动互联网和大数据时代，传统企业转型如同生命体打算与再造，称之为"重生战略"	帮助企业认清移动互联网环境下的变化和应对之道
	创造增量市场：传统企业互联网转型之道 刘红明 著	传统企业需要用互联网思维去创造增量，而不是用电子商务去转移传统业务的存量	教你怎么在"互联网＋"的海洋中创造实实在在的增量
	7个转变，让公司3年胜出 李蓓 著	消费者主权时代，企业该怎么办	这就是互联网思维，老板有能这样想，肯定倒不了
	跳出同质思维，从跟随到领先 郭剑 著	66个精彩案例剖析，帮助老板突破行业长期思维惯性	做企业竟然有这么多玩法，开眼界
	麻烦就是需求 难题就是商机 卢根鑫 著	如何借助客户的眼睛发现商机	什么是真商机，怎么判断、怎么抓，有借鉴
	互联网＋"变"与"不变"：本土管理实践与创新论坛集萃·2016 本土管理实践与创新论坛 著	加速本土管理思想的孕育诞生，促进本土管理创新成果更好地服务企业、贡献社会	各个作者本年度最新思想，帮助读者拓宽眼界、突破思维
财务	写给企业家的公司与家庭财务规划——从创业成功到富足退休 周荣辉 著	本书以企业的发展周期为主线，写各阶段企业与企业主家庭的财务规划	为读者处理人生各阶段企业与家庭的财务问题提供建议及方法，让家庭成员真正享受财富带来的益处
	互联网时代的成本观 程翔 著	本书结合互联网时代提出了成本的多维观，揭示了多维组合成本的互联网精神和大数据特征，论述了其产生背景、实现思路和应用价值	在传统成本观下为盈利的业务，在新环境下也许就成为亏损业务。帮助管理者从新的角度来看待成本，进一步做好精益管理

管理类：效率如何提升，如何实现经营目标，如何"节流"

	书名·作者	内容/特色	读者价值
通用管理	1. 让管理回归简单·升级版 2. 让经营回归简单·升级版 3. 让用人回归简单 宋新宇 著	宋博士的"简单"三部曲，影响20万读者，非常经典	被读者热情地称作"中小企业的管理圣经"
	管理：以规则驾驭人性 王春强 著	详细解读企业规则的制定方法	从人与人博弈角度提升管理的有效性
	员工心理学超级漫画版 邢雷 著	以漫画的形式深度剖析员工心理	帮助管理者更好了解员工，从而更轻松地管理员工

通用管理	分股合心:股权激励这样做 段磊 周剑 著	通过丰富的案例,详细介绍了股权激励的知识和实行方法	内容丰富全面、易读易懂,了解股权激励,有这一本就够了
	边干边学做老板 黄中强 著	创业20多年的老板,有经验、能写、又愿意分享,这样的书很少	处处共鸣,帮助中小企业老板少走弯路
	中国式阿米巴落地实践之从交付到交易 胡八一 著	本书主要讲述阿米巴经营会计,"从交付到交易",这是成功实施了阿米巴的标志	阿米巴经营会计的工作是有逻辑关联的,一本书就能搞定
	集团化企业阿米巴实战案例 初勇钢 著	一家集团化企业阿米巴实施案例	指导集团化企业系统实施阿米巴
	阿米巴经营的中国模式 李志华 著	让员工从"要我干"到"我要干",价值量化出来	阿米巴在企业如何落地,明白思路了
	中国式阿米巴落地实践之激活组织 胡八一 著	重点讲解如何科学划分阿米巴单元,阐述划分的实操要领、思路、方法、技术与工具	最大限度减少"推行风险"和"摸索成本",利于公司成功搭建适合自身的个性化阿米巴经营体系
	欧博心法:好管理靠修行 曾伟 著	用佛家的智慧,深刻剖析管理问题,见解独到	如果真的有'中国式管理',曾老师是其中标志性人物
流程管理	1. 用流程解放管理者 2. 用流程解放管理者2 张国祥 著	中小企业阅读的流程管理、企业规范化的书	通俗易懂,理论和实践的结合恰到好处
	跟我们学建流程体系 陈立云 著	畅销书《跟我们学做流程管理》系列,更实操,更细致,更深入	更多地分享实践,分享感悟,从实践总结出来的方法论
质量管理	IATF16949质量管理体系详解与案例文件汇编:TS16949转版IATF16949:2016 谭洪华 著	针对IATF的新标准做了详细的解说,同时指出了一些推行中容易犯的错误,提供了大量的表单、案例	案例、表单丰富,拿来就用
	五大质量工具详解及运用案例:APQP/FMEA/PPAP/MSA/SPC 谭洪华 著	对制造业必备的五大质量工具中每个文件的制作要求、注意事项、制作流程、成功案例等进行了解读	通俗易懂、简便易行,能真正实现学以致用
	1. ISO9001:2015新版质量管理体系详解与案例文件汇编 2. ISO14001:2015新版环境管理体系详解与案例文件汇编 谭洪华 著	紧密围绕2015新版,逐条详细解读,工具也可以直接套用,易学易上手	企业认证、内审必备
战略落地	重生——中国企业的战略转型 施炜 著	从前瞻和适用的角度,对中国企业战略转型的方向、路径及策略性举措提出了一些概要性的建议和意见	对企业有战略指导意义
	公司大了怎么管:从靠英雄到靠组织 AMT 金国华 著	第一次详尽阐释中国快速成长型企业的特点、问题及解决之道	帮助快速成长型企业领导及管理团队理清思路,突破瓶颈
	低效会议怎么改:每年节省一半会议成本的秘密 AMT 王玉荣 著	教你如何系统规划公司的各级会议,一本工具书	教会你科学管理会议的办法
	年初订计划,年尾有结果:战略落地七步成诗 AMT 郭晓 著	7个步骤教会你怎么让公司制定的战略转变为行动	系统规划,有效指导计划实现

	书名/作者	内容	评价
人力资源	HRBP 是这样炼成的之"菜鸟起飞" 新 海 著	以小说的形式,具体解析HRBP 的职责,应该如何操作,如何为业务服务	实践者的经验分享,内容实务具体,形式有趣
	HRBP 是这样炼成的之中级修炼 新 海 著	本书以案例故事的方式,介绍了 HRBP 在实际工作中碰到的问题和挑战	书中的 HR 解决方案讲因时因地制宜、简单有效的原则,重在启发读者思路,可供各类企业 HRBP 借鉴
	回归本源看绩效 孙 波 著	让绩效回顾"改进工具"的本源,真正为企业所用	确实是来源于实践的思考,有共鸣
	世界 500 强资深培训经理人教你做培训管理 陈 锐 著	从 7 大角度具体细致地讲解了培训管理的核心内容	专业、实用、接地气
	曹子祥教你做激励性薪酬设计 曹子祥 著	以激励性为指导,系统性地介绍了薪酬体系及关键岗位的薪酬设计模式	深入浅出,一本书学会薪酬设计
	曹子祥教你做绩效管理 曹子祥 著	复杂的理论通俗化,专业的知识简单化,企业绩效管理共性问题的解决方案	轻松掌握绩效管理
	把招聘做到极致 远 鸣 著	作为世界 500 强高级招聘经理,作者数十年招聘经验的总结分享	带来职场思考境界的提升和具体招聘方法的学习
	人才评价中心·超级漫画版 邢 雷 著	专业的主题,漫画的形式,只此一本	没想到一本专业的书,能写成这效果
	走出薪酬管理误区 全怀周 著	剖析薪酬管理的 8 大误区,真正发挥好枢纽作用	值得企业深读的实用教案
	集团化人力资源管理实践 李小勇 著	对搭建集团化的企业很有帮助,务实,实用	最大的亮点不是理论,而是结合实际的深入剖析
	我的人力资源咨询笔记 张 伟 著	管理咨询师的视角,思考企业的 HR 管理	通过咨询师的眼睛对比很多企业,有启发
	本土化人力资源管理 8 大思维 周 剑 著	成熟 HR 理论,在本土中小企业实践中的探索和思考	对企业的现实困境有真切体会,有启发
企业文化	拿来就用的企业文化工具箱 海融心胜 主编	数十个工具,为了方便拿来就用,每一个工具都严格按照工具属性、操作方法、案例解读划分,实用、好用	企业文化工作者的案头必备书,方法都在里面,简单易操作
	华夏基石方法:企业文化落地本土实践 王祥伍 谭俊峰 著	十年积累、原创方法、一线资料,和盘托出	在文化落地方面真正有洞察,有实操价值的书
	企业文化的逻辑 王祥伍 著	为什么企业之间如此不同,解开绩效背后的文化密码	少有的深刻,有品质,读起来很流畅
	企业文化激活沟通 宋柠宸 安 琪 著	透过新任 HR 总经理的眼睛,揭示出沟通与企业文化的关系	有实际指导作用的文化落地读本
	在组织中绽放自我:从专业化到职业化 朱仁健 王祥伍 著	个人如何融入组织,组织如何助力个人成长	帮助企业员工快速认同并投入到组织中去,为企业发展贡献力量
	企业文化定位·落地一本通 王明胤 著	把高深枯燥的专业理论创建成一套系统化、实操化、简单化的企业文化缔造方法	对企业文化不了解,不会做?有这一本从概念到实操,就够了

生产管理	精益思维：中国精益如何落地 刘承元 著	笔者二十余年企业经营和咨询管理的经验总结	中国企业需要灵活运用精益思维，推动经营要素与管理机制的有机结合，推动企业管理向前发展
	300 张现场图看懂精益 5S 管理 乐涛 编著	5S 现场实操详解	案例图解，易懂易学
	高员工流失率下的精益生产 余伟辉 著	中国的精益生产必须面对和解决高员工流失率问题	确实来源于本土的工厂车间，很务实
	车间人员管理那些事儿 岑立聪 著	车间人员管理中处理各种"疑难杂症"的经验和方法	基层车间管理者最闹心、头疼的事，'打包'解决
	1. 欧博心法：好管理靠修行 2. 欧博心法：好工厂这样管 曾伟 著	他是本土最大的制造业管理咨询机构创始人，他从 400 多个项目、上万家企业实践中锤炼出的欧博心法	中小制造型企业，一定会有很强的共鸣
	欧博工厂案例 1：生产计划管控对话录 欧博工厂案例 2：品质技术改善对话录 欧博工厂案例 3：员工执行力提升对话录 曾伟 著	最典型的问题、最详尽的解析，工厂管理 9 大问题 27 个经典案例	没想到说得这么细，超出想象，案例很典型，照搬都可以了
	苦中得乐：管理者的第一堂必修课 曾伟 编著	曾伟与师傅大愿法师的对话，佛学与管理实践的碰撞，管理禅的修行之道	用佛学最高智慧看透管理
	比日本工厂更高效 1：管理提升无极限 刘承元 著	指出制造型企业管理的六大积弊；颠覆流行的错误认知；掌握精益管理的精髓	每一个企业都有自己不同的问题，管理没有一剑封喉的秘笈，要从现场、现物、现实出发
	比日本工厂更高效 2：超强经营力 刘承元 著	企业要获得持续盈利，就要开源和节流，即实现销售最大化，费用最小化	掌握提升工厂效率的全新方法
	比日本工厂更高效 3：精益改善力的成功实践 刘承元 著	工厂全面改善系统有其独特的目的取向特征，着眼于企业经营体质（持续竞争力）的建设与提升	用持续改善力来飞速提升工厂的效率，高效率能够带来意想不到的高效益
	3A 顾问精益实践 1：IE 与效率提升 党新民 苏迎斌 蓝旭日 著	系统的阐述了 IE 技术的来龙去脉以及操作方法	使员工与企业持续获利
	3A 顾问精益实践 2：JIT 与精益改善 肖志军 党新民 著	只在需要的时候，按需要的量，生产所需的产品	提升工厂效率
员工素质提升	TTT 培训师精进三部曲（上）：深度改善现场培训效果 TTT 培训师精进三部曲（中）：构建最有价值的课程内容 TTT 培训师精进三部曲（下）：职业功力沉淀与修为提升 廖信琳 著	从内到外全方位指导企业内训师从专业到卓越	成为优秀企业内训师/培训师的案头必备书籍

	书名 . 作者	内容/特色	读者价值
员工素质提升	手把手教你做专业督导:专卖店、连锁店 熊亚柱 著	从督导的职能、作用,在工作中需要的专业技能、方法,都提供了详细的解读和训练办法,同时附有大量的表单工具	无论是店铺需要统一培训,还是个人想成为优秀的督导,有这一本就够了
	跟老板"偷师"学创业 吴江萍 余晓雷 著	边学边干,边观察边成长,你也可以当老板	不同于其他类型的创业书,让你在工作中积累创业经验,一举成功
	销售轨迹:一位快消品营销总监的拼搏之路 秦国伟 著	本书讲述了一个普通销售员打拼成为跨国企业营销总监的真实奋斗历程	激励人心,给广大销售员以力量和鼓舞
	在组织中绽放自我:从专业化到职业化 朱仁健 王祥伍 著	个人如何融入组织,组织如何助力个人成长	帮助企业员工快速认同并投入到组织中去,为企业发展贡献力量
	企业员工弟子规:用心做小事,成就大事业 贾同领 著	从传统文化《弟子规》中学习企业中为人处事的办法,从自身做起	点滴小事,修养自身,从自身的改善得到事业的提升
	手把手教你做顶尖企业内训师:TTT 培训师宝典 熊亚柱 著	从课程研发到现场把控、个人提升都有涉及,易读易懂,内容丰富全面	想要做企业内训师的员工有福了,本书教你如何抓住关键,从入门到精通

营销类:把客户需求融入企业各环节,提供"客户认为"有价值的东西

	书名 . 作者	内容/特色	读者价值
营销模式	洞察人性的营销战术:沈坤教你28式 沈 坤 著	28 个匪夷所思的营销怪招令人拍案叫绝,涉及商业竞争的方方面面,大部分战术可以直接应用到企业营销中	各种谋略得益于作者的横向思维方式,将其操作过的案例结合其中,提供的战术对读者有参考价值
	动销操盘:节奏掌控与社群时代新战法 朱志明 著	在社群时代把握好产品生产销售的节奏,解析动销的症结,寻找动销的规律与方法	都是易读易懂的干货!对动销方法的全面解析和操盘
	变局下的营销模式升级 程绍珊 叶 宁 著	客户驱动模式、技术驱动模式、资源驱动模式	很多行业的营销模式被颠覆,调整的思路有了!
	卖轮子 科克斯【美】	小说版的营销学!营销理念巧妙贯穿其中,贵在既有趣,又有深度	经典、有趣!一个故事读懂营销精髓
	弱势品牌如何做营销 李政权 著	中小企业虽有品牌但没名气,营销照样能做的有声有色	没有丰富的实操经验,写不出这么具体、详实的案例和步骤,很有启发
	老板如何管营销 史贤龙 著	高段位营销16招,好学好用	老板能看,营销人也能看
	动销:产品是如何畅销起来的 吴江萍 余晓雷 著	真真切切告诉你,产品究竟怎么才能卖出去	击中痛点,提供方法,你值得拥有
销售	资深大客户经理:策略准,执行狠 叶敦明 著	从业务开发、发起攻势、关系培育、职业成长四个方面,详述了大客户营销的精髓	满满的全是干货

销售	成为资深的销售经理：B2B 、工业品 陆和平 著	围绕"销售管理的六个关键控制点"——展开，提供销售管理的专业、高效方法	方法和技术接地气，拿来就用，从销售员成长为经理不再犯难
	销售是门专业活：B2B 、工业品 陆和平 著	销售流程就应该跟着客户的采购流程和关注点的变化向前推进，将一个完整的销售过程分成十个阶段，提供具体方法	销售不是请客吃饭拉关系，是个专业的活计！方法在手，走遍天下不愁
	向高层销售：与决策者有效打交道 贺兵一 著	一套完整有效的销售策略	有工具，有方法，有案例，通俗易懂
	卖轮子 科克斯 【美】	小说版的营销学！营销理念巧妙贯穿其中，贵在既有趣，又有深度	经典、有趣！一个故事读懂营销精髓
	学话术 卖产品 张小虎 著	分析常见的顾客异议，将优秀的话术模块化	让普通导购员也能成为销售精英
组织和团队	升级你的营销组织 程绍珊 吴越舟 著	用"有机性"的营销组织替代"营销能人"，营销团队变成"铁营盘"	营销队伍最难管，程老师不愧是营销第1操盘手，步骤方法都很成熟
	用数字解放营销人 黄润霖 著	通过量化帮助营销人员提高工作效率	作者很用心，很好的常备工具书
	成为优秀的快消品区域经理(升级版) 伯建新 著	用"怎么办"分析区域经理的工作关键点，增加30%全新内容，更贴近环境变化	可以作为区域经理的"速成催化剂"
	一位销售经理的工作心得 蒋军 著	一线营销管理人员想提升业绩却无从下手时，可以看看这本书	一线的真实感悟
	快消品营销：一位销售经理的工作心得2 蒋军 著	快消品、食品饮料营销的经验之谈，重点突出	来源于实战的精华总结
	销售轨迹：一位快消品营销总监的拼搏之路 秦国伟 著	本书讲述了一个普通销售员打拼成为跨国企业营销总监的真实奋斗历程	激励人心，给广大销售员以力量和鼓舞
	用营销计划锁定胜局：用数字解放营销人2 黄润霖 著	全方位教你怎么做好营销计划，好学好用真简单	照搬套用就行，做营销计划再也不头痛
	快消品营销人的第一本书：从入门到精通 刘雷 伯建新 著	快消行业必读书，从入门到专业	深入细致，易学易懂
产品	产品炼金术Ⅰ：如何打造畅销产品 史贤龙 著	满足不同阶段、不同体量、不同行业企业对产品的完整需求	必须具备的思维和方法，避免在产品问题上走弯路
	产品炼金术Ⅱ：如何用产品驱动企业成长 史贤龙 著	做好产品、关注产品的品质，就是企业成功的第一步	必须具备的思维和方法，避免在产品问题上走弯路
	新产品开发管理，就用IPD 郭富才 著	10年IPD研发管理咨询总结，国内首部IPD专业著作	一本书掌握IPD管理精髓

	书名．作者	内容/特色	读者价值
品牌	中小企业如何建品牌 梁小平 著	中小企业建品牌的入门读本,通俗、易懂	对建品牌有了一个整体框架
	采纳方法:破解本土营销8大难题 朱玉童 编著	全面、系统、案例丰富、图文并茂	希望在品牌营销方面有所突破的人,应该看看
	中国品牌营销十三战法 朱玉童 编著	采纳20年来的品牌策划方法,同时配有大量的案例	众包方式写作,丰富案例给人启发,极具价值
	今后这样做品牌:移动互联时代的品牌营销策略 蒋军 著	与移动互联紧密结合,告诉你老方法还能不能用,新方法怎么用	今后这样做品牌就对了
	中小企业如何打造区域强势品牌 吴之 著	帮助区域的中小企业打造自身品牌,如何在强壮自身的基础上往外拓展	梳理误区,系统思考品牌问题,切实符合中小区域品牌的自身特点进行阐述
渠道通路	快消品营销与渠道管理 谭长春 著	将快消品标杆企业渠道管理的经验和方法分享出来	可口可乐、华润的一些具体的渠道管理经验,实战
	传统行业如何用网络拿订单 张进 著	给老板看的第一本网络营销书	适合不懂网络技术的经营决策者看
	采纳方法:化解渠道冲突 朱玉童 编著	系统剖析渠道冲突,21个渠道冲突案例、情景式讲解,37篇讲义	系统、全面
	学话术 卖产品 张小虎 著	分析常见的顾客异议,将优秀的话术模块化	让普通导购员也能成为销售精英
	向高层销售:与决策者有效打交道 贺兵一 著	一套完整有效的销售策略	有工具,有方法,有案例,通俗易懂
	通路精耕操作全解:快消品20年实战精华 周 俊 陈小龙 著	通路精耕的详细全解,每一步的具体操作方法和表单全部无保留提供	康师傅二十年的经验和精华,实践证明的最有效方法,教你如何主宰通路

管理者读的文史哲·生活

	书名．作者	内容/特色	读者价值
思想·文化	德鲁克管理思想解读 罗 珉 著	用独特视角和研究方法,对德鲁克的管理理论进行了深度解读与剖析	不仅是摘引和粗浅分析,还是作者多年深入研究的成果,非常可贵
	中西哲学的歧异与会通 张再林 著	本书以一种现代解释学的方法,对中国传统哲学内在本质尝试一种全新的和全方位的解读	发掘出掩埋在古老传统形式下的现代特质和活的生命,在此基础上揭示中西哲"你中有我,我中有你"之旨
	治论:中国古代管理思想 张再林 著	本书主要从儒、法墨三家阐述中国古代管理思想	看人本主义的管理理论如何不留斧痕地克服似乎无法调解的存在于人类社会行为与社会组织中的种种两难和对立
	中国古代政治制度(修订版)上:皇帝制度与中央政府 刘文瑞 著	全面论证了古代皇帝制度的形成和演变的历程	有助于读者从政治制度角度了解中国国情的历史渊源

思想·文化	中国古代政治制度(修订版)下:地方体制与官僚制度 刘文瑞 著	全面论证了古代地方政府的发展演变过程	有助于读者从政治制度角度了解中国国情的历史渊源
	通天彻地,九大法则:《尚书·洪范》讲记 史幼波 著	精析"洪范九畴"这一中华传统政治哲学的理论基础	寓渊深义理于通俗口语之中,使现代人也能一睹中华文化原典之精湛奥义
	中国思想文化十八讲(修订版)待出版 张茂泽 著	中国古代的宗教思想文化,如对祖先崇拜、儒家天命观、中国古代关于"神"的讨论等	宗教文化和人生信仰或信念紧密相联,在文化转型时期学习和研究中国宗教文化就有特别的现实意义
	每个中国人身上的春秋基因 史贤龙 著	春秋368年(公元前770-公元前403年),每一个中国人都可以在这段时期的历史中找到自己的祖先,看到真实发生的事件,同时也看到自己	长情商、识人心
	内功太极拳训练教程 王铁仁 编著	杨式(内功)太极拳(俗称老六路)的详细介绍及具体修炼方法,身心的一次升华	书中含有大量图解并有相关视频供读者同步学习
	中医治心脏病 马宝琳 著	引用众多真实案例,客观真实地讲述了中西医对于心脏病的认识及治疗方法	看完这本书,能为您节约10万元医药费
	史幼波大学讲记 史幼波 著	用儒释道的观点阐释大学的深刻思想	一本书读懂传统文化经典
	史幼波《周子通书》《太极图说》讲记 史幼波 著	把形而上的宇宙、天地,与形而下的社会、人生、经济、文化等融合在一起	将儒家的一整套学修系统融合起来